Wettrennen der Regionen nach Brüssel

Philipp Studinger

Wettrennen der Regionen nach Brüssel

Die Entwicklung der Regionalvertretungen

 Springer VS

Philipp Studinger
Lauchringen, Deutschland

Dissertation der Universität Konstanz

Tag der mündlichen Prüfung: 16. Februar 2012
Referenten: Prof. Dr. Michael W. Bauer
Prof. Dr. Christoph Knill

ISBN 978-3-658-00420-0   ISBN 978-3-658-00421-7 (eBook)
DOI 10.1007/978-3-658-00421-7

Die Deutsche Nationalbibliothek verzeichnet diese Publikation in der Deutschen National-
bibliografie; detaillierte bibliografische Daten sind im Internet über http://dnb.d-nb.de
abrufbar.

Springer VS
© Springer Fachmedien Wiesbaden 2013
Springer VS ist eine Marke von Springer DE. Springer DE ist Teil der Fachverlagsgruppe
Springer Science+Business Media
www.springer-vs.de

Danksagung

Diese Arbeit ist das Ergebnis einer Entwicklung, die bereits im Studium der Verwaltungswissenschaften an der Universität Konstanz begann. Die Förderung meines Interesses an der Wissenschaft und die Prägung meiner fachlichen Ausrichtung verdanke ich insbesondere meinem Doktorvater Prof. Dr. Michael W. Bauer. Für seinen Vertrauensvorschuss und die Freiräume die er mir bei der Erstellung der Dissertation gegeben hat, bin ich ihm sehr verbunden. Ihm und meinem Zweitgutachter Prof. Dr. Christoph Knill danke ich, dass sie mich in dieser Zeit stets wohlwollend unterstützt und zu meiner fachlichen und beruflichen aber ebenso meiner persönlichen Entwicklung beigetragen haben.

Den Kollegen am Lehrstuhl Vergleichende Policy-Forschung und Verwaltungswissenschaft der Universität Konstanz danke ich für die schöne gemeinsame Zeit und die mir entgegengebrachte Hilfsbereitschaft. Einen besonderen Dank verdient Diana Pitschel, die mich als Kollegin durch die Jahre der Promotion begleitet hat, stets ein offenes Ohr für meine Fragen hatte und sich Zeit für fachliche Diskussionen nahm. Auch die über die Wissenschaft hinausreichenden Gespräche haben mir geholfen, das Ziel fest im Blick zu behalten. Des Weiteren danke ich allen, die mich durch unermüdliches Korrekturlesen, Kommentieren und Recherchehilfe unterstützt haben.

Doch den eingeschlagenen Weg hätte ich nie begonnen ohne die großartige und liebevolle Unterstützung meiner Eltern. Sie haben mir nicht nur all das mit auf den Lebensweg gegeben, was zum erfolgreichen Absolvieren solch einer Etappe erforderlich ist, sondern haben mir überhaupt erst ermöglicht, so weit zu kommen. Meinen Geschwistern und ihren Familien danke ich für den Rückhalt, die Unterstützung und die wunderbare gemeinsame Zeit.

Schließlich gilt ein besonders inniger Dank meiner Frau, die vor allem in den letzten Monaten und Wochen vor Fertigstellung der Arbeit viel Verständnis für mich aufbrachte, mir Zeit gab und mir den Rücken freihielt. Dafür mein liebstes Dankeschön.

Inhalt

Abbildungsverzeichnis

Tabellenverzeichnis

Abkürzungsverzeichnis

AdR	Ausschuss der Regionen
AIC	Akaikes Informationskriterium
BIC	Bayesianische Informationskriterium
EU	Europäische Union
FN	Fußnote
Nuts	Nomenclature des unités territoriales statistiques

1 Einleitung

1.1 Inhalt

Seitdem Mitte der 1980er Jahre die ersten Repräsentanzen regionaler Gebietskörperschaften in Brüssel eröffnet wurden, stieg ihre Zahl in den darauffolgenden Jahren kontinuierlich an. Bis heute ist dieser Prozess nicht abgeschlossen. Immer mehr Regionen und Kommunen von Mitgliedstaaten der Europäischen Union (EU) etablieren in Brüssel ein Informationsbüro. Der Prozess geht einher mit der Stärkung und vermehrten formalen Einbindung regionaler Entitäten in den europäischen Politikprozess. Beides, die steigende Anzahl der Vertretungen und die Stärkung der Regionen, führte dazu, dass in Politik und Wissenschaft sogar von einem „Europa der Regionen" die Rede war. Dass dies den Beginn einer Veränderung des Institutionen- und Machtgefüges zugunsten von Regionen markieren könnte, wurde allerdings sehr schnell revidiert. Jedenfalls hat die Frage nach der Beteiligung von Regionen an der Politikgestaltung in der öffentlichen Diskussion, aber auch in der politikwissenschaftlichen Forschung an Relevanz gewonnen (Elias 2008; Hepburn 2008; Keating 2008; Moore 2008; Tatham 2008; Stahl 2010; Ausschuss der Regionen 2009).

Die Frage nach der Rolle von Region in der EU ist in der Politikwissenschaft eng mit dem Multilevel Governance Ansatz (Hooghe/Marks 2001) verknüpft, der das europäische Politiksystem als Mehrebenensystem konzipiert. Seit Anfang der 1990er Jahre etablierte sich diese neue Perspektive immer mehr im wissenschaftlichen Diskurs. Zu Beginn zeigte Marks (1992, 1993, 1996a, 1996b) am Beispiel der Regionalpolitik der EU, dass Regionen am europäischen Politikprozess beteiligt sind und mit der nationalen sowie der europäischen Ebene interagieren. Als wesentliches Unterscheidungsmerkmal zu den bis zu diesem Zeitpunkt vorherrschenden Ansätzen, wie zum Beispiel des Intergouvernementalismus (Moravcsik 1998), betrachtet der Multilevel Governance Ansatz die „Dritte Ebene" als wichtigen Akteur im Politikprozess der EU (Marks/Hooghe/Blank 1996). Politische Macht liegt demzufolge nicht mehr ausschließlich auf den Schultern der Nationalstaaten, sondern erstreckt sich über mehrere Ebenen hinweg.[1] Dabei werden die verschiedenen Ebenen - die europäische, die nationale und die regionale oder kommunale - als nicht hierarchisch, sondern ineinander geschachtelt konzipiert; vielmehr sieht sie der Multilevel Governance Ansatz als lose miteinander gekoppelt und in einem ständigen Aushandlungsprozess (vgl. Hooghe/Marks 2001: 4).

---

[1] Hooghe und Marks definieren Multilevel Governance als „dispersion of authoritative decision making across multiple territorial levels" (2001: xi).

In diesem Mehrebenensystem interagieren Regionen und Kommunen zunehmend mit Institutionen, die am europäischen Politikprozess beteiligt sind, wozu ihnen verschiedene Wege offenstehen. Neben Verbindungsbüros können subnationale Entitäten über den Ausschuss der Regionen, regionale Netzwerke, die Entsendung eines Vertreters in den Ministerrat oder direkte Kontakte zur Europäischen Kommission Zugang zu europäischen Politikentscheidungsprozessen finden (Hooghe/Marks 1996). Das wachsende Engagement innerhalb dieser verschiedenen Zugangskanäle zur EU wird als subnationale Mobilisierung bezeichnet.[2] Sichtbares Zeichen dieser Aktivität sowie des Aufbrechens der Vorherrschaft von Nationalstaaten bei der Politikgestaltung in der EU sind Vertretungen regionaler und kommunaler Gebietskörperschaften in Brüssel (Magone 2003). Bis zum Jahr 2007 ist die Anzahl existierender und akkreditierter Vertretungen von Regionen, Kommunen und kommunal-regionaler Netzwerke auf 226 – darunter 165 Regionalbüros – angewachsen (Huysseune/Jans 2008). Auch in den darauffolgenden Jahren eröffneten weitere subnationale Entitäten Büros.

Die vorliegende Arbeit analysiert die Entwicklung regionaler Interessenvertretungen in Brüssel in den letzten 25 Jahren.[3] Der Prozess der Entwicklung der regionalen Interessenvertretung in Brüssel wurde bisher nicht systematisch untersucht. Existierende Studien, die ihren Fokus auf Repräsentanzen subnationaler Gebietskörperschaften richten, beschäftigen sich hauptsächlich mit deren Organisation, Funktions- und Arbeitsweise in Verbindung mit einzelnen Politikfragen (z.B. van den Hoven/Sutcliffe 2003). Bislang wurden die Beweggründe regionaler Entitäten, warum sie eine Interessenvertretung in Brüssel eröffnen, ausschließlich im Rahmen weniger qualitativer Studien untersucht (z.B. Badiello 1998; Jeffery 1996a; Neunreither 2001). Lediglich zwei quantitative Studien untersuchen die Existenz bzw. Nicht-Existenz von Vertretungen einzelner Regionen auf der Datenbasis des Jahres 1993 (Marks et al. 1996; Nielsen/Salk 1998). Diese und die übrige für subnationale Mobilisierung einschlägige Literatur basieren auf zwischenzeitlich veralteten empirischen Bedingungen. Aber die Frage nach den Erklärungsfaktoren für das Engagement der subnationalen Entitäten ist hingegen weiterhin offen geblieben.

---

[2] In Kapitel 2 wird der Begriff der subnationalen Mobilisierung näher erläutert und unterschiedliche Definitionen vorgestellt. Während Hooghe (1995) unter subnationaler Mobilisierung allgemein eine Form der Interessenaggregation und -vertretung subnationaler Entitäten in europäischen Angelegenheiten versteht, definiert Jeffery subnationale Mobilisierung als „the growing engagement of subnational governmental actors with the institutions and processes of EU policy-making" (2000: 1-2). Ganz allgemein bezieht sich subnationale Mobilisierung auf Aktivität regionaler und kommunaler Akteure in europapolitischen Angelegenheiten.

[3] Die Definition der Untersuchungseinheiten für die spätere Datenanalyse erfolgt im Kapitel zum Forschungsdesign (vgl. Abschnitt 4.1).

Da das Unterhalten einer Vertretung heute zur Norm gehört (Moore 2008: 519) und die Mehrheit der regionalen Gebietskörperschaften mit einem Büro in Brüssel vertreten sind, kann diese Frage nach der Motivation nur mit einem Blick auf die Geschichte beantwortet werden. Deshalb macht die vorliegende Arbeit die Entwicklung der Vertretungen von Regionen in Brüssel von 1986 bis 2009 zum Untersuchungsgegenstand. Die entscheidende Varianz liegt nicht im Querschnitt, also in der Frage *ob eine Region eine Vertretung* unterhalt oder nicht, sondern in der Frage nach der zeitlichen Abfolge: *Wann* hat welche Region ein Büro in Brüssel eröffnet und insbesondere, welche Gründe zur Eröffnung bzw. Nicht-Eröffnung geführt haben. Die sich wiederum daran anschließende Forschungsfrage lässt sich wie folgt formulieren:

Welche Faktoren führen dazu, dass einige regionale Entitäten früher, andere erst später und manche noch keine Vertretung eröffnet haben?

Dass diese letztere Forschungsfrage bisher noch nicht gestellt, mithin die Entstehung und Entstehungsbedingungen nicht systematisch untersucht und beantwortet wurden, ist auf ein grundlegendes Defizit der subnationalen Mobilisierungsforschung zurückzuführen. Die Literatur konnte keinen allgemeinen Erklärungsansatz entwickeln, der auf das vielseitige Engagement subnationaler Gebietskörperschaften in seiner Gesamtheit der potentiellen Zugangskanäle zu europäischen Politikentscheidungsprozessen angewandt werden könnte. Das liegt daran, dass die Mobilisierungsliteratur primär auf das subnationale Engagement durch Regionalvertretungen abgestellt hatte oder aber sich innerstaatlichen Beteiligungsmöglichkeiten an europäischer Politik des Nationalstaats zuwandte. Eine ganzheitliche Betrachtungsweise der verschiedenen Mobilisierungsformen und Wechselwirkungen blieb bislang aus.[4]

Die vorliegende Arbeit entwickelt in mehreren Arbeitsschritten einen theoretischen Erklärungsansatz, der diese Aspekte berücksichtigt. Sie leistet somit nicht nur einen empirischen Mehrwert für die subnationale Mobilisierungsforschung, sondern trägt auch zur Theorieentwicklung auf diesem Feld bei.

In Einklang mit anderen Mobilisierungsstudien (Marks et al. 1996; Nielsen/Salk 1998) geht das zu entwickelnde Erklärungsmodell von rational handelnden Akteuren aus. Diese entscheiden auf Grundlage einer ökonomischen Kalkulation von Kosten und Nutzen subnationaler Mobilisierung, ob sie in Mobilisierungsaktivitäten investieren. Fällt der erwartete Nutzen größer aus als

---

[4] Eine Ausnahme stellt die Arbeit von Jeffery (2000) dar, der die Bedeutung der innerstaatlichen Beteiligung von Regionen an EU-Politik hervorhebt. Des Weiteren wird in neueren Arbeiten auch die Zusammenarbeit von subnationalen Gebietskörperschaften mit den jeweiligen Zentralregierungen thematisiert (z.B. Tatham 2010).

die Kosten, investieren Regionen in subnationale Mobilisierung. Übertragen auf die in dieser Arbeit verfolgte Forschungsfrage bedeutet dies, dass die Wahrscheinlichkeit, dass eine Region eine Vertretung in Brüssel eröffnet, steigt, je höher der Nettonutzen (Nutzen minus Kosten) aus der Repräsentanz ausfällt. Hinsichtlich der Nutzenkalkulation stellt das Konzept des europäischen Mehrebenensystems den Handlungsrahmen von Regionen. Dadurch können Kosten und Nutzen von Regionalvertretungen als handlungsmotivierende Basis für Entscheidungen innerhalb des Modells noch näher spezifiziert werden: Zum einen können Regionen ihre Interessen direkt und unabhängig von der Nationalregierung auf europäischer Ebene vertreten. Zum anderen bringt das Unterhalten einer Repräsentanz in Brüssel weitere Vorteile mit sich, die in der nationalen Politikarena genutzt werden können. So vermag die Emanzipation vom Nationalstaat und die Etablierung eines eigenen Informationskanals von und nach Brüssel die eigene innerstaatliche Position gegenüber der Nationalregierung und/oder anderen Regionen zu stärken.

Mit dieser expliziten Integration eines auf die nationale Politikarena bezogenen Nutzens in den zu entwickelnden Erklärungsansatz eliminiert die vorliegende Arbeit ein großes Defizit bisheriger Mobilisierungsforschung, die in der Vergangenheit zu sehr auf die außerstaatliche Aktivität der Regionen fokussierte (Jeffery 2000) und erst seit kurzem die Kooperation von Regionen mit ihren Nationalregierungen untersucht (z.B. Tatham 2010). Gleichzeitig fließen Ergebnisse und Argumente bisheriger Studien (z.B. Marks et al. 1996; Nielsen/Salk 1998) in die Entwicklung des theoretischen Rahmens ein, so dass die vorliegende Arbeit direkt an den aktuellen Forschungsstand anknüpft.

Des Weiteren bereichert der zu konzipierende theoretische Rahmen auch die Diskussion über den Multilevel Governance Ansatz. Denn für dessen Weiterentwicklung ist die Integration einer „bottom-up"-Perspektive notwendig (Jeffery 2000; Jordan 2001). Da Kritiker (Grande 1996; Bache 1998; Peters/Pierres 2002) bemängeln, dass der Multilevel Governance Ansatz von einer „top-down"-Perspektive dominiert wird, durch die vornehmlich die Nationalstaaten und die EU in den Fokus der Studien, weniger aber die Regionen und Kommunen rücken. Diese Perspektive vernachlässigt die von der „Dritten Ebene" ausgehende Dynamik, die für das Mehrebenensystem elementar ist. Im Gegensatz dazu fokussiert die subnationale Mobilisierungsforschung auf solche Aktivitäten von Regionen innerhalb des europäischen Mehrebenensystems. Der Erklärungsansatz dieser Arbeit trägt somit zur Stärkung der „bottom-up"-Perspektive bei der Theorieentwicklung des Multilevel Governance Ansatzes bei.

Schließlich liegt eine essentielle Aufgabe und damit auch ein weiterer zentraler Mehrwert der Arbeit im Forschungsdesign und in der Erstellung eines umfassenden Datensatzes zur Entwicklung der regionalen Präsenz in Brüssel. Zu

225 regionalen Gebietskörperschaften aus 17 EU-Mitglieds- und Beitrittskandidatenländern wurden Informationen darüber zusammengetragen, ob und seit wann die subnationalen Entitäten eine Vertretung in Brüssel unterhalten. Die Daten zu den Ereignissen der Büroeröffnungen werden anhand eines logistischen Mehrebenenmodells analysiert. Insgesamt unterstützen die Ergebnisse der quantitativen Datenanalyse die Hypothesen des entwickelten theoretischen Rahmens. Die signifikanten Faktoren der europäischen und nationalen Nutzenkomponente heben den Mehrwert der Differenzierung zwischen den beiden hervor und weisen darauf hin, dass subnationale Mobilisierungsforschung das Mehrebenensystem als Handlungsrahmen berücksichtigen muss.

1.2 Aufbau der Arbeit

Die vorliegende Arbeit leistet zwei zentrale Beiträge im Bereich der subnationalen Mobilisierungsforschung. Neben der Aufarbeitung der Entwicklung von Regionalvertretungen in Brüssel wird ein theoretischer Erklärungsansatz entwickelt, der nicht nur auf den Forschungsgegenstand dieser Arbeit, sondern auf die verschiedenen Kanäle der subnationalen Mobilisierung anwendbar ist. Vor diesem Hintergrund widmet sich das Kapitel 2 dem Stand der bisherigen Mobilisierungsforschung und der Interessenvertretung von Verbänden und Unternehmen auf europäischer Ebene. In Abschnitt 2.1 wird anhand eines Schemas der Forschungsstand zur subnationalen Mobilisierung aufgearbeitet, das die existierenden Studien nach ihren Beiträgen hinsichtlich der Konzeption subnationaler Mobilisierung (Abschnitt 2.1.1), den daraus ableitbaren Implikationen (Abschnitt 2.1.2) und Erklärungsbemühungen (Abschnitt 2.1.3) unterscheidet. Der Forschungsstand zu Interessengruppen wird nach dem gleichen Vorgehen präsentiert (Abschnitte 2.2.1 bis 2.2.3).
Auf Basis der Ergebnisse der bisherigen Mobilisierungsliteratur und den Erkenntnissen der Forschung zu Interessengruppen wird in Kapitel 3 der theoretische Rahmen für die spätere Analyse entwickelt. Zunächst werden in Abschnitt 3.1 die Eigenschaften und Vorteile formaler Modelle in der Politikwissenschaft erläutert. Anschließend wird in Abschnitt 3.2 ein formales Modell zur Erklärung subnationaler Mobilisierung im Allgemeinen entwickelt, das auf einer Abwägung von Kosten und Nutzen aus Mobilisierungsaktivität beruht. In Abschnitt 3.3 wird dieses allgemeine Erklärungsmodell zur Anwendung auf den Untersuchungsgegenstand der vorliegenden Arbeit, den Regionalvertretungen in Brüssel, spezifiziert. Das zentrale Element des Modells ist dabei die Unterscheidung zweier Nutzenkomponenten voneinander. Zum einen wird der europäische Nutzen aus einer Regionalvertretung durch die regionale Interessenspezifität be-

stimmt (Abschnitt 3.3.1). Zum anderen beeinflusst der Emanzipationswillen einer Region den nationalen Nutzen eines Büros in Brüssel (Abschnitt 3.3.2). Die Kostenkomponente des Erklärungsmodells umfasst die Investitions- und Legitimationskosten einer Regionalvertretung (Abschnitt 3.3.3).

In Kapitel 4 wird das Forschungsdesign zur Untersuchung der Entwicklung subnationaler Repräsentanzen in Brüssel erarbeitet. Bei der Eröffnung einer Regionalvertretung handelt es sich um ein Ereignis, das anhand einer Ereignisdatenanalyse untersucht werden kann. Hierfür ist zu definieren, welche subnationalen Entitäten in die Untersuchung aufgenommen werden und ab welchem Zeitpunkt sie dem „Risiko" ausgesetzt sind, eine Vertretung in Brüssel zu eröffnen (Abschnitt 4.1). Wie die Daten erhoben wurden, ob und seit wann die zu untersuchenden Regionen eine Vertretung in Brüssel unterhalten, wird in Abschnitt 4.2 erläutert. Die Operationalisierung der beiden Nutzenkomponenten und des Kostenaspekts des theoretischen Erklärungsmodells erfolgt im Abschnitt 4.3. Schließlich wird das logistische Mehrebenenmodell als Analyseverfahren vorgestellt, das bestens geeignet ist, um die Ereignisdatenanalyse durchzuführen, da auf diese Weise die hierarchische Struktur des Datensatz berücksichtigt wird.

Die Ergebnisse der Datenanalyse auf Grundlage des entwickelten Erklärungsmodells subnationaler Mobilisierung werden in Kapitel 5 präsentiert. Zunächst wird in einer deskriptiven Analyse die Entwicklung der Regionalvertretungen in Brüssel nachgezeichnet (Abschnitt 5.1). Im Anschluss werden die Ergebnisse der quantitativen Datenanalyse dargelegt (Abschnitt 5.2). Dabei werden zuerst die einzelnen Modelle für die beiden Nutzenaspekte und den Kostenaspekt diskutiert (Abschnitte 5.2.1 bis 5.2.3). Danach wird das Gesamtmodell, das die Variablen aller Komponenten des Erklärungsmodells umfasst, präsentiert (Abschnitt 5.2.4). Die Bewertung der Ergebnisse der quantitativen Datenanalyse findet in Abschnitt 5.3 vor einem statistischen und einem inhaltlichen Hintergrund statt. Den Abschluss der Datenanalyse bildet eine Fallstudie zum österreichischen Bundesland Vorarlberg, das einen „crucial case" (Gerring 2007) darstellt, weil es als einzige österreichische Region keine Vertretung in Brüssel unterhält.

In der Schlussbetrachtung in Kapitel 6 werden die Erkenntnisse die Arbeit zusammengefasst und noch einmal in den Kontext der subnationalen Mobilisierungsforschung gestellt. Außerdem wird ein Ausblick auf noch offene Fragen gegeben, die Gegenstand zukünftiger Studien sein sollten.

2 Subnationale Mobilisierung und Lobbying in der EU

Dieses Kapitel arbeitet den Stand der dieser Arbeit zugrunde liegenden Frage nach den Einflussfaktoren, die zur Eröffnung regionaler Vertretungen in Brüssel führen. Relevant ist zum einen die Debatte über subnationale Mobilisierung. Sie setzt sich mit den Regionen zur Verfügung stehenden Wegen der Interessenvertretung auf europäischer Ebene auseinander und definiert Regionalbüros als einen wichtigen Kanal der subnationalen Mobilisierung. Zum anderen ist der mit der Mobilisierung eng verwandte Forschungszweig relevant, der sich mit dem Lobbying privater Akteure und Interessengruppen auf supranationaler Ebene beschäftigt. Beide Bereiche stellen die Beziehung zwischen Interessengruppen und EU-Institutionen bzw. der europäischen Politikarena ins Zentrum. Wie zu zeigen sein wird, stehen beide Forschungsstränge vor den gleichen methodischen und theoretischen Herausforderungen. Die Betrachtung und Synthetisierung der verschiedenen Lösungsansätze für die gleichen Probleme stellt ein großes Potential dar, das diese Arbeit ausschöpfen möchte.

Von einem Zusammenführen der Erkenntnisse könnten beide Forschungsbereiche gleichermaßen profitieren. Durch eine Diskussion des Forschungsstandes beider Bereiche kann sich die vorliegende Arbeit schließlich das Potential an Synergieeffekten zunutze machen. Der erste Teil dieses Kapitels beschäftigt sich nach einer kurzen Vorstellung des dem Literaturüberblick zugrundeliegenden Schemas mit den Erkenntnissen der subnationalen Mobilisierungsforschung (Abschnitt 2.1). Im zweiten Teil werden zentrale Erkenntnisse aus dem Forschungsbereich der Interessengruppen in der EU erörtert (Abschnitt 2.2).

2.1 Forschungsstand zur subnationalen Mobilisierung

Der Forschungsbereich „subnationale Mobilisierung" leidet an zwei grundlegenden Defiziten. Erstens beschäftigen sich nur sehr wenige Studien im Detail mit den Vertretungen subnationaler Einheiten in Brüssel (Michalowitz 2004). Hinzu kommt, dass sich diese Studien in der Regel auf die Beschreibung der Aktivitäten, den Aufbau und die Organisationsform der Regionalbüros beschränken und das Finden von Erklärungen von sekundärer Bedeutung sind (z.B. Neunreither 2001). Zweitens bietet der Forschungsstand keinen allgemeinen Erklärungsansatz für das Phänomen der subnationalen Mobilisierung, auf den die vorliegende Arbeit zurückgreifen könnte. Zwar existieren einige Studien (z.B. Blatter et al. 2008; Marks et al. 1996; Nielsen/Salk 1998), die sich der Erklärung subnationaler Mobilisierung widmen, doch beschäftigen sich diese nur mit einzelnen Teilaspekten und vernachlässigen die Variationsvielfalt europapolitischen Engagements regionaler Gebietskörperschaften. In der Folge liegen lediglich Teilargumente und Puzzlestücke eines möglichen allgemeinen Erklärungsansatzes subnationaler Mobilisierung vor.

Für die in dieser Arbeit zum Ziel gesetzte Erarbeitung eines allgemeinen Erklärungsansatzes, der sowohl auf die verschiedenen Formen als auch auf die Gesamtheit der subnationalen Mobilisierung angewandt werden kann, muss der Literaturstand zu Regionalvertretungen im Speziellen und der Mobilisierung im Allgemeinen umfassend aufgearbeitet werden. Dies erfolgt in drei Schritten.[5] Zunächst wird erarbeitet, was unter Mobilisierung verstanden wird und wie sie sich empirisch manifestiert. Definitionen und verschiedene Konzeptionen der Mobilisierung werden hier ebenso diskutiert, wie die in den zahlreichen Studien enthaltenen empirischen Informationen zum tatsächlichen Engagement subnationaler Entitäten (Abschnitt 2.1.1). Hieraus lassen sich erste Schlussfolgerungen zum Zusammenspiel verschiedener Mobilisierungskanäle ziehen. In einem zweiten Schritt werden die sich bereits bei den Konzeptionalisierungen von Mobilisierungskanälen abzeichnenden Implikationen für einen möglichen Erklärungsansatz näher betrachtet (Abschnitt 2.1.2). Insbesondere ist zu diskutieren, zu welchen Ergebnissen die Mobilisierungsforschung bezüglich des Erfolgs und des Zusammenspiels der verschiedenen Einflusskanäle kommt. Diese Ergebnisse sind wichtig, weil sie detailliert Aufschluss über Unterschiede im Erfolg von Mobilisierungskanälen geben. Schließlich wird der Forschungsstand hinsichtlich der Erklärungsansätze und -faktoren für subnationale Mobilisierung aufgearbeitet, welche die Literatur hervorgebracht hat (Abschnitt 2.2.3).

---

[5] In Tabelle 2.1 im Zwischenfazit zum Forschungsstand der subnationalen Mobilisierung (Abschnitt 2.1.4) sind Leitfragen formuliert, welche die Aufarbeitung der drei Aspekte Konzeption, Implikation und Erklärung erleichtert. Des Weiteren sind die wichtigsten Ergebnisse der bisherigen Forschung zur subnationalen Mobilisierung im Allgemeinen und der zu Regionalvertretungen im Speziellen zusammengefasst.

2.1.1 Konzeptionen subnationaler Mobilisierung

Während subnationale Mobilisierung zunächst als eine Form der regionalen Interessenaggregation verstanden wurde (Hooghe 1995: 175), hat sich im Laufe der Zeit eine breitere Definition etabliert. Derzufolge umfasst subnationale Mobilisierung das wachsende Engagement subnationaler Entitäten in Bezug auf Institutionen und Prozesse europäischer Politikentscheidungen (Jeffery 2000: 1-2). Bereits in den ersten Beiträgen zu diesem Forschungsbereich (z.B. Hooghe 1995) wurde ein großes Portfolio an potentiellen Wegen, d.h. Mobilisierungskanälen, identifiziert, die es regionalen und lokalen Entitäten ermöglichen, subnationale Interessen in den europäischen Politikentscheidungsprozess einfließen zu lassen (z.B. Hooghe 1995). Die Mehrheit der Studien konzentriert sich auf fünf Kanäle, die aus regionaler Sicht als besonders erfolgversprechend erscheinen. Diese sind – neben den Vertretungen von Regionen in Brüssel – der Ausschuss der Regionen, der Ministerrat, die Verbindungen zur Europäischen Kommission sowie Netzwerke subnationaler Entitäten (z.B. Hooghe/Marks 1996). Darüber hinaus argumentieren manche Autoren, dass das Europäische Parlament ebenfalls einen Kanal für eine potentielle Einflussnahme auf europäische Politikentscheidungen darstellt (z.B. Tatham 2008).

Die bloße Identifikation möglicher Einflusskanäle sagt allerdings noch nichts über deren Wirksamkeit aus. Deshalb ist ein zweiter Schritt notwendig, bei welchem von den einzelnen Wegen der Interessenvertretung abstrahiert wird. Dabei werden zuerst Konzeptionalisierungen regionaler Einflussnahme basierend auf Gemeinsamkeiten und Unterschieden erarbeitet, welche später die Ableitung von Implikationen ermöglichen.[6] In diesem Zusammenhang sind in der Mobilisierungsliteratur zwei Herangehensweisen der Konzeptionalisierung zu finden. Die erste differenziert nach formellen und informellen Zugängen zur europäischen Politikarena. Formelle Zugänge beziehen sich auf Institutionen, die in den europäischen Politikentscheidungsprozess direkt involviert sind. Der Ausschuss der Regionen (AdR), der Ministerrat und die Verbindungen zur Europäischen Kommission gelten als diejenigen institutionellen Kanäle, die einen direkten Zugang zu Entscheidungsträgern bieten (Hooghe/Marks 1996).[7] Regionalvertretungen und regionale Netzwerke hingegen werden als informelle Kanäle typologisiert, weil sie von subnationalen Entitäten zwar als Sprachrohr genutzt werden können, aber nicht als institutionalisierte Zugänge zu Politikentscheidungsprozessen den Regionen zur Verfügung stehen (Hooghe 1995).

---

[6] Die Ableitung konkreter Implikationen erfolgt in Abschnitt 2.2.2.
[7] In diesem Zusammenhang beziehen sich die direkten Verbindungen von Regionen zur Europäischen Kommission auf ihre Beteiligung in der Strukturpolitik (vgl. Hooghe/Marks 1996: 78).

In der zweiten Herangehensweise ist das Entscheidungskriterium die Verortung der Kanäle im institutionellen Gefüge. Hierbei wird unterschieden, ob sie innerhalb des Nationalstaates oder direkt auf europäischer Ebene angesiedelt sind. Eine Vielzahl von Beiträgen befasst sich mit den oft umstrittenen Wegen der Interessenvertretung, die außerhalb des Nationalstaates liegen (z.B. Neunreither 2001; Tatham 2008). Denn obwohl Außenpolitik und das Unterhalten internationaler Beziehungen Privilegien eines Nationalstaates sind, unternehmen viele subnationale Entitäten paradiplomatische Aktivitäten.[8] Das Umgehen des Nationalstaates ist deshalb ein höchst interessanter Aspekt subnationaler Mobilisierung, da es das Aufbrechen des nationalstaatlichen Monopols in der europäischen Politik demonstriert und die „gate keeper"-Rolle des Nationalstaats infrage stellt (Bache 1998). Parallel haben sich auch innerstaatlich strukturelle Veränderungen zugunsten regionaler Gebietskörperschaften vollzogen. So konnten regionale Einheiten in den zurückliegenden Jahren Zugangsmöglichkeiten zur nationalen Positionsfindung in europäischen Politikfragen aufbauen.[9] Diese Entwicklungen zwangen Nationalstaaten, Kooperations- und Koordinationsprozeduren mit den regionalen Gebietskörperschaften zu etablieren (Jeffery 1996b: 212). Als Ergebnis zeigt sich, dass sich unter dem Einfluss der europäischen Integration die intergouvernementalen Beziehungen innerhalb der Nationalstaaten zugunsten der Regionen verschoben haben. Die entstandenen Gelegenheitsstrukturen eröffnen den subnationalen Entitäten das Potential, europäische Politik zu beeinflussen (Desideri/Santantonio 1996).[10] Dennoch ist dieser verstärkte Einfluss subnationaler Entitäten auf die nationale Positionsfindung nicht ausreichend für eine Einflussnahme auf EU-Entscheidungen, denn in den schlussendlichen Verhandlungen auf europäischer Ebene sind Regionen nicht direkt involviert (Kerremans/Beyers 1996: 51).

Neben diesen konzeptionellen und theoretischen Aspekten haben zahlreiche Studien (z.B. Morass 1996; Smith 1996) empirische Erkenntnisse zusammengetragen, welche die angesprochenen Konzeptionen konsolidieren und weitere Hinweise zu möglichen Implikationen geben. Die Studien können entsprechend

---

[8] Im Laufe der Zeit wurde in vielen EU-Mitgliedsstaaten den subnationalen Gebietskörperschaften das Recht eingeräumt, Vertretungen in Brüssel oder Kontaktbüros zu anderen Regionen und Nationalstaaten zu etablieren. Auch in Deutschland war diese Form der außenpolitischen Aktivität deutscher Länder juristisch umstritten. So kam Westerwelle (1989) zum Schluss, dass die Einrichtung von Ländervertretungen im Ausland nicht verfassungskonform sei.
[9] Beispielsweise ist das Koordinationssystem zwischen Nationalstaat und subnationalen Einheiten in Belgien nach Politikbereichen unterschiedlich ausgestaltet. Kerremans (2000) erörtert detailliert das belgische Koordinationssystem im Bereich der Umweltpolitik.
[10] „SNAs [subnational authorities] have begun (…) to mobilize this through rather than beyond the established structures of the Member State. ‘Europe', for SNAs [Subnational Authorities], has become domesticated rather more than the have become internationalized" (Jeffery 2000: 2).

ihrem Fokus in drei Gruppen eingeteilt werden. In der ersten Gruppe sind Studien zu finden, die einen oder mehrere Kanäle in den Mittelpunkt ihres Interesses stellen. In diesem Fall sind die Prozesse innerhalb der Kanäle und die Frage zentral, wie subnationale Interessen im europäischen Politikprozess eingebracht werden. Das Hauptaugenmerk liegt folglich auf dem Prozess der Einflussnahme und nicht auf dem tatsächlichen Ergebnis der Lobbyingaktivität.[11] Ziel dieser Studien ist es, Kenntnisse zu Abläufen beim Einflussnahmeversuch durch die verschiedenen Kanäle zusammenzutragen (z.B. John 1996; Kerremans 2000). Beispielsweise analysiert in diesem Zusammenhang Millan (1997) die Arbeits- und Funktionsweise des AdR und wie dort subnationale Akteure ihre Interessen in den europäischen Politikentscheidungsprozess einfließen lassen können.

Die zweite Gruppe setzt sich aus Beiträgen zusammen, die ihren Fokus auf bestimmte subnationale Entitäten eines EU-Mitgliedsstaates (z.B. Kerremans/Beyers 1996) oder mehrerer Mitgliedsstaaten (z.B. van den Hoven/Sutcliffe 2003) legen. Die Fallauswahl beschränkt sich in der Regel auf westeuropäische Untersuchungseinheiten. Länder und Regionen aus den neuen EU-Mitgliedsstaaten sind hingegen bislang selten Gegenstand der Mobilisierungsforschung (siehe aber Scherpereel 2007). Größtenteils thematisieren Studien dieser Gruppe innerstaatliche und außerstaatliche Strukturen, die das Einbringen subnationaler Interessen in den europäischen Politikentscheidungsprozess ermöglichen. Auch analysieren sie die Veränderung dieser Strukturen im Zeitverlauf und im Zuge einer stattfindenden „Europäisierung" (z.B. Mazey 1994; John 1996; John 2000). Die dritte Gruppe umfasst Studien, die einzelne Politiken zum Gegenstand haben.[12] Allerdings ist eine Unterscheidung von Studien mit einem Policy-Fokus von obigen akteurs-orientierten Beiträgen schwierig, da häufig die Gelegenheitsstrukturen der potentiellen Einflussnahme in Verbindung mit einzelnen Politiken beleuchtet werden und sich deshalb sehr ähneln (z.B. Bursens 2002).

Insbesondere liefern vergleichende Beiträge aus der zweiten Gruppe empirische Evidenzen, welche Unterschiede zwischen einzelnen subnationalen Gebietskörperschaften hinsichtlich des Zugangs zu Einflusskanälen und deren Qualität des potentiellen Einflusses bestehen (z.B. Bomberg/Peterson 1998). Wie die Konzeptionalisierungen der Kanäle in formelle und informelle bzw. die Verortung der Kanäle andeuten, variiert der Zugang zu europäischen Politikentscheidungsprozessen aufgrund nationaler Dispositionen. Regionalen Gebietskörperschaften aus föderalen Mitgliedsstaaten ist es möglich, im Einvernehmen mit der

---

[11] Die Frage nach dem tatsächlichen Erfolg der subnationalen Mobilisierung ist Teil der Implikationen und wird im Abschnitt 2.1.2 diskutiert.
[12] Stein (2007) beschreibt anhand zweier Fallbeispiele die Lobbyingaktivität der Landesvertretung Nordrhein-Westfalens in Brüssel.

Nationalregierung und den anderen regionalen Gebietskörperschaften einen Regionalvertreter in den Ministerrat als Repräsentant des Nationalstaates zu entsenden. Da der Ministerrat eine Schlüsselfunktion im europäischen Politikentscheidungsprozess innehat, verspricht er, ein wirksamer Kanal zu sein, um regionale Interessen einfließen zu lassen. So sind institutionell starke Regionen begünstigt, weil nur ihnen diese Option zur Verfügung steht.

Regionalvertretungen selbst stehen nur selten im Zentrum von Studien zur subnationalen Mobilisierung (Michalowitz 2004). Die Fallauswahl beschränkt sich zudem meist auf wenige ausgewählte Nationalstaaten und Regionen. Die Regionalvertretungen der spanischen Autonomen Gemeinschaften, der deutschen Länder und die Regionalbüros Großbritanniens sind die mit Abstand am häufigsten gewählten Untersuchungseinheiten. Als Ausgangspunkt für die Entwicklung der Regionalvertretungen werden übereinstimmend die Vorbereitungs- und Verhandlungsphase zur Einheitlichen Europäischen Akte (1986) sowie die Reform der Strukturfonds genannt. Dennoch darf diese Phase in der europäischen Integration nicht als der einzige Auslöser angesehen werden. So beklagten beispielsweise die deutschen Länder schon seit Beginn der europäischen Integration, dass sie nur wenige Informationen und kaum Gehör in Angelegenheiten der Europäischen Gemeinschaft bekommen hätten (Borchmann 1994; Fastenrath 1990; Zumschlinge 1989: 224). Die Motivation zur Einrichtung von Informationsbüros in Brüssel wird für alle Regionen auf ähnliche Faktoren zurückgeführt. Ausschlaggebend ist zum einen die wachsende Kompetenz der EU als Regelungsebene in einer größer werdenden Anzahl von Politikbereichen. Zum anderen lässt der Ausbau der europäischen Regionalförderung die EU-Ebene für die Regionen immer bedeutender werden.

Neben der Motivation zur Einrichtung ähneln sich auch die Funktionen und Tätigkeitsprofile der verschiedenen Regionalvertretungen. Sie leisten unterstützende Arbeit beim Einwerben von Fördermitteln aus den Strukturfonds und dienen als Plattform bei der Suche nach potentiellen Kooperationspartnern. Ein weiterer, allen Regionalbüros gemeinsamer Schwerpunkt ist die Informationsbeschaffung zu und -verarbeitung von europäischen Gesetzesinitiativen. Häufig arbeiten spezialisierte Referenten zu einzelnen Ressorts (z.B. Umwelt- oder Bildungspolitik) und berichten den Heimatverwaltungen als quasi Frühwarneinheiten über die neusten Entwicklungen und Diskussionen in den europäischen Institutionen. Diese Informationen verbessern die intergouvernementalen Verhandlungsmöglichkeiten der regionalen Autoritäten innerhalb des Nationalstaates (Moore 2006: 198).

Neben dem Informationsfluss von oben nach unten dienen die Regionalvertretungen auch als Knotenpunkt zur Versorgung europäischer Institutionen mit Informationen aus den Regionen. Damit verbunden ist in der Regel der Versuch, europäische Politikvorhaben zu beeinflussen und die europäischen Entscheidungsträger für die eigenen Anliegen und Probleme zu sensibilisieren. Diese Form der direkten Interessenvertretung geschieht häufig im Rahmen thematischer Veranstaltungen und Fachgesprächen, wobei regionale Interessenvertreter Kontakt mit Mitgliedern der Europäischen Kommission, des Europäischen Parlaments und anderer Institutionen suchen, um bei ihnen für die regionale Position zu werben.

Hinsichtlich der spezifischen Gestaltung der Lobbyingaktivitäten durch Regionalvertretungen finden Studien Unterschiede zwischen den subnationalen Entitäten. Diese beziehen sich einerseits auf die Ambition der Regionen im „legislativen Lobbying" und andererseits auf den Zugang sowie die von den Regionen gewählte Strategie. Insbesondere die deutschen Regionen versuchen bereits in der Phase der Politikformulierung Einfluss auf die Europäische Kommission zu nehmen (Neunreither 2001: 170). Allerdings wird dort die Funktion des Büros erweitert. Es wird gesehen als ein einzelnes Element und Teil einer Gesamtstrategie der Interessenvertretung (Neunreither 2001: 171). Bereits in einem frühen Stadium der Entwicklung der Regionalvertretungen in Brüssel sieht Bauer (1996), dass das direkte Lobbying deutscher Länder nur in einer Doppelstrategie erfolgreich sein kann. Die Länder können durch die direkte Interessenvertretung in Brüssel ihre Positionen stärker zum Ausdruck bringen, versuchen aber dennoch, die Partizipationsmöglichkeiten innerhalb des Nationalstaates für sich zu nutzen. Französische Regionen konzentrieren sich hingegen mehr auf die Verarbeitung von Informationen und überlassen die Einflussnahme den nationalstaatlichen Institutionen (Neunreither 2001).

Ein weiterer Unterschied ist auch bezüglich der Bandbreite der von den Regionalbüros bearbeiteten Politikfelder zu erkennen (Jeffery 1996c: 194). Beispielsweise beobachten und engagieren sich die deutschen Regionalbüros in einer größeren Bandbreite an Policies als französische Regionen. Der Umfang und Intensität der interessierenden Policies und damit auch der Umfang der Funktionen von Regionalbüros ist eng mit der Struktur des Nationalstaats und der regionalen Autonomie verknüpft (Michalowitz 2004: 117). Je mehr Kompetenzen eine subnationale Entität hat, desto breiter und intensiver wird das Engagement bei der direkten Interessenvertretung ausfallen. Dies schlägt sich auch in der besseren finanziellen und personellen Ausstattung der Büros nieder.

Zwar dienen die Regionalbüros der individuellen Interessenvertretung der jeweiligen subnationalen Entitäten, dennoch findet eine enge Kooperation zwischen Regionen eines Mitgliedstaates statt. Diese haben gemeinsame Arbeitsgruppen eingerichtet, in denen Informationen ausgetauscht und gegebenenfalls gemeinsame Strategien besprochen werden. Die Kooperation bindet auch häufig die Ständige Vertretung des jeweiligen Nationalstaates bei der EU ein. Allerdings sind der Zusammenarbeit mit den nationalstaatlichen Vertretern Grenzen gesetzt, und sie verläuft nicht immer konfliktfrei (Greenwood 2007: 168; Jeffery 1996c; Michalowitz 2004; Moore 2006: 202; Neunreither 2001: 168-170). Insgesamt ist festzuhalten, dass subnationale Mobilisierung ein facettenreiches Phänomen ist. Neben institutionellen Zugangsmöglichkeiten existieren zahlreiche informelle Wege, regionale Interessen in den europäischen Politikprozess einfließen zu lassen. Danach werden konzeptionelle Unterscheidungen getroffen. Diese und die Evidenzen aus empirischen Studien deuten an, dass zwischen den Kanälen und unter den Regionen Unterschiede bezüglich des potentiellen Einflusses bestehen. Doch in welchem Verhältnis stehen die verschiedenen Kanäle zueinander? Welche Rolle spielen Regionalvertretungen im Vergleich zu den formellen Kanälen? Wie einflussreich sind die Regionen tatsächlich bei der Vertretung ihrer Interessen im europäischen Politikprozess?

2.1.2 Implikationen subnationaler Mobilisierung

Die stetig steigende Zahl regionaler Informationsbüros in Brüssel zeigt die große Mobilisierungsaktivität in den europäischen Regionen. Doch können die Regionen Erfolge ihres Engagements vorweisen? Und welche Implikationen haben die sich in den Konzeptionalisierungen andeutenden Differenzen zwischen den Kanälen und den Regionen? Die Antwort auf diese Fragen ist für die Debatte von höchster Relevanz: Wenn Lobbyingaktivitäten subnationaler Gebietskörperschaften marginale oder keine Auswirkungen auf die europäische Politik hätten, würde dies die Relevanz des ganzen Forschungszweiges in Frage stellen. Der Forschungsbereich ist nur dann von Bedeutung, wenn subnationale Akteure tatsächlich europäische Politikentscheidungen beeinflussen können.

Obwohl das Forschungsziel mit der Formulierung der Forschungsfrage (vgl. Abschnitt 1.1) klar definiert und von großer Bedeutung für das Forschungsfeld der subnationalen Mobilisierung ist, befassen sich nur wenige Studien mit dem Einfluss von Regionen auf europäische Politikentscheidungen (z.B. Bursens 2002; Murphy 2011). Die wenigen verfügbaren Studien zu diesem Themenschwerpunkt beschäftigen sich nicht in erster Linie mit der Beurteilung des tatsächlichen Einflusses, sondern streifen diese Frage am Rande. Überblickt man die Ergebnisse der Beiträge zur Evaluation subnationaler Mobilisierungsanstrengungen, so entsteht kein eindeutiges Bild über den tatsächlichen Einfluss auf Politikentscheidungen. Einige Studien kommen zum Schluss, dass subnationale Gebietskörperschaften durch Mobilisierung Politikentscheidungen kaum maßgeblich beeinflussen können (John 2000: 890). Andere Studien finden sehr wohl

Evidenzen für erfolgreiches Lobbying subnationaler Einheiten (John/McAteer 1998).[13]

Die Gründe für die Inkonsistenz in den Ergebnissen sind vielschichtig. Im Allgemeinen sind diese Studien nicht darauf ausgerichtet, die Fragen nach dem subnationalen Einflusserfolg zu beantworten. Erstens liegt das Hauptinteresse existierender Literatur auf anderen Kernpunkten, z.B. dem Herausarbeiten von Lobbyingprozessen und den dabei involvierten Akteuren. Zweitens unterscheiden sich die Studien hinsichtlich der konkreten Forschungsgegenstände. Einige Beiträge widmen sich den Möglichkeiten der Einflussnahme im Bereich der „low-level politics" (z.B. Strukturfonds), währenddessen andere die Interaktion von Akteuren in Bezug auf „high-level politics" (z.B. intergouvernementale Konferenzen) thematisieren. Da die Studien auf andere Ziele als die (ausdrückliche) Evaluation der subnationalen Mobilisierung und ihrer vielfältigen einzelnen Kanäle ausgerichtet sind, ist das jeweilige Forschungsdesign nicht darauf ausgerichtet, Schlussfolgerungen bezüglich des subnationalen Einflusserfolgs zu ziehen. Deshalb müssen Evidenzen für oder gegen das Vorliegen von Lobbyingerfolg aus diesen Studien mit Vorsicht bewertet werden. Auch Vergleiche der Ergebnisse untereinander sind lediglich mit Einschränkungen möglich.

Der gewichtigste Grund für die Persistenz der Forschungslücke sind methodische Schwierigkeiten bei der Beantwortung der Frage nach den Einflussmöglichkeiten der Regionen. Denn das Identifizieren und Bewerten des Erfolges von Lobbyinganstrengungen ist unter methodologischen Gesichtspunkten eine schwierige Aufgabe (John/McAteer 1998: 108-109; Neunreither 2001: 172), da hierfür der kausale Prozess der Einflussnahme aufgedeckt werden muss. Allein die Korrelation von subnationaler Position in einer Politikfrage mit der schlussendlich getroffenen europäischen Politikentscheidung ist keine Evidenz für das erfolgreiche Wirken subnationaler Lobbyinganstrengungen. Die Kongruenz von getroffener Politikentscheidung und subnationaler Position könnte das Produkt von Zufall, von Lobbyingbemühungen anderer Interessengruppen oder das Ergebnis der Antizipation der Verhandlungsergebnisse durch subnationale Akteure sein (John/McAteer 1998).[14]

Somit ist festzuhalten, dass bisher vorliegende empirische Beiträge keine wegweisenden Ergebnisse zur Frage nach dem tatsächlichen Mobilisierungserfolg hervorbringen konnten. Schon gar nicht kann anhand dieser Studien identi-

---

[13] Auch Murphy (2011) nennt Beispiele für eine erfolgreiche Einflussnahme Nordirlands. Allerdings diskutiert sie ebenfalls, dass Nordirland bei der Reform der Gemeinschaftlichen Agrarpolitik, bei der die regionale Präferenz von derjenigen Großbritanniens abwich, kaum Erfolg hatte.

[14] Dür (2008a) diskutiert methodische Schwierigkeiten in der Messung des Einflusses von Interessengruppen auf Politikentscheidungen der EU und mögliche Strategien mit diesen umzugehen (siehe auch Abschnitt 2.2.2).

fiziert werden, welcher der Einflusskanäle am meisten Erfolg verspricht. Aus den Ergebnissen diverser Studien (z.B. John/McAteer 1998; Lynch 2004; McAteer/Mitchell 1996) ist jedoch abzuleiten, dass nicht ein Kanal alleine entscheidend ist, sondern das Gesamtengagement der Region bestimmt, wie gut ihre Interessen bei den europäischen Institutionen wahrgenommen werden und in den Politikentscheidungsprozess einfließen.

Deshalb muss beleuchtet werden, welche Rolle das Regionalbüro in Brüssel für das Gesamtengagement von Regionen bei ihrer Interessenvertretung spielt.

Wie herausgearbeitet wurde, dient die Regionalvertretung als Verbindungsknoten zwischen einer Region und der europäischen Ebene. Durch sie können Kontakte für regionale Politiker zu EU-Verantwortlichen hergestellt werden und sie dienen, verallgemeinernd gesagt, als Schaufenster und Sprachrohr für die Regionen. Genau betrachtet ist die zentrale Aufgabe von Regionalbüros, Informationen über europäische Gesetzesinitiativen zu sammeln und den Verantwortlichen in der Heimatregion zu übermitteln. Denn Kenntnisse über Entwicklungen in den europäischen Institutionen sind elementar nicht nur für das direkte Lobbying in Brüssel, sondern auch für innerstaatliche Aktivität. Nur gut informierte regionale Gebietskörperschaften können rechtzeitig bei der Nationalregierung intervenieren mit dem Ziel, auf diesem Weg die regionale Position in die Verhandlungen zwischen den Vertretern der Nationalstaaten auf europäischer Ebene einzubringen.[15] Diese Vielfältigkeit der Funktionen einer Regionalvertretung ist von zentraler Bedeutung für subnationale Entitäten in ihrer Strategie der Einflussnahme. Dieser Sachverhalt muss seine Entsprechung im theoretischen Rahmen dieser Arbeit finden (vgl. Abschnitt 3.3).

2.1.3 Erklärung subnationaler Mobilisierung

Sowohl in der Literatur mit einem theoretischem als auch mit empirischem Ansatz zur subnationalen Mobilisierung und regionalen Interessenvertretungen können vier Erklärungsprogramme identifiziert werden, die einig sind in der zentralen Frage nach denjenigen Faktoren, welche die Emanzipationsbestrebung subnationaler Entitäten beeinflussen (van Houten 2007).

Der erste Ansatz zielt auf die Wirkung *kultureller Charakteristika* (z.B. Existenz von Minoritäten) für die Motivation von Regionen, ihre Interessen unabhängig vom Nationalstaat in Brüssel zu vertreten. Die Grundannahme ist, dass Regionen, die sich in kulturellen Aspekten vom Nationalstaat unterschei-

---

[15] Verhandlungen zwischen nationalen Vertretern beziehen sich nicht nur auf den Ministerrat. Vielmehr sind die Arbeitsgruppen und der Ausschuss der Ständigen Vertreter (COREPER) bedeutsam (vgl. Wessels 1998).

den, Emanzipationsbestrebungen oder Anspruch auf Selbstbestimmung aufweisen, die in der (von der Zentralregierung) unabhängigen Interessenvertretung in
europäischen Angelegenheiten Ausdruck finden (Marks/Hooghe/Blank 1996).
Mit einer vom Nationalstaat distinkten regionalen Identität können Unterschiede
in der Interessenlage zwischen dem Nationalstaat und der subnationalen Entität
einhergehen. Das Potential an Diskrepanz zwischen den beiden Ebenen steigt mit
dem Grad der ethnischen Distinktheit einer Region. Zwar sind im Falle einer
regionalen Distinktheit die Interessen der subnationalen Gebietskörperschaft
nicht automatisch gegenläufig zu denen des Nationalstaats, aber es ist anzunehmen, dass die Prioritäten der beiden Einheiten zumindest in unterschiedlichen
Politikfeldern liegen. Da für die regionale Identität Faktoren wie Sprache (Keating 1999a; Nielsen/Salk 1998; Urwin 1982), Religion (Esman 1979; Urwin
1982) oder die Existenz ethnischer Minoritäten in der Region (van Houten 2003)
von Bedeutung sind, werden die Politikbereiche und – fragen mit sprachlichen,
kulturellen und ethnischen Aspekten hohe Priorität für regional distinkte Entitäten haben (Korhecz 2002; Schakel 2009). Eine eigene Vertretung in Brüssel gibt
diesen Gebietskörperschaften ein Instrument an die Hand, um ihre Regionalinteressen in den Politikentscheidungsprozess auf europäischer Ebene einfließen zu
lassen und sich als (kulturell) distinkte Region vor den EU-Institutionen zu prä-
sentieren.

Des Weiteren bietet das Unterhalten von Kommunikationskanälen zu europäischen Institutionen die Möglichkeit, auf eventuelle politische, ökonomische
oder kulturelle Diskriminierung durch den Nationalstaat aufmerksam zu machen.
Auch die europäische Integration selbst gefährdet die Kultur von Minoritäten
aufgrund der mit ihr einhergehenden Homogenisierungstendenzen. Gleichzeitig
aber bietet die EU die Möglichkeit, regionale Identitäten zu bewahren (Kea-
ting/Loughlin/Deschouwer 2003: 40), u.a. indem die Regionen ihre Interessen
bei europäischen Institutionen einbringen können (van Houten 2001: 3).

Der zweite, *institutionelle Erklärungsansatz* umfasst mehrere Mechanismen, die auf die Grundthese zurückgeführt werden können, dass institutionell
starke Regionen größeren Bedarf an Mobilisierung haben als institutionell
schwächere Entitäten.[16] Denn institutionell starke Regionen sind von EU-
Entscheidungen und Regelungen häufiger und intensiver betroffen als schwächere Entitäten (Marks et al. 1996: 170). Generell steigt die Verantwortlichkeit regionaler Entitäten mit dem Grad ihrer Autonomie im Nationalstaat. Diese Verantwortlichkeit schlägt sich sowohl in der Anzahl der Politikfelder nieder, in denen
subnationale Gebietskörperschaften über Kompetenzen verfügen, als auch in der
Intensität der Policy-Kompetenzen. Institutionell starke Regionen üben häufiger

---

[16] Institutionelle Stärke bezieht sich auf die Ausstattung subnationaler Gebietskörperschaften mit
Kompetenzen.

eigenständig, d.h. vom Nationalstaat unabhängig, Verantwortung in Politikfeldern aus. In diesem Fall sind Regionen von EU-Entscheidungen in ihrer Autonomie betroffen. Gleichzeitig stehen ihnen nicht die Möglichkeiten zur Verfügung, direkt auf jene einzuwirken, wie es ein Nationalstaat über Verhandlungen im Ausschuss der Ständigen Vertreter oder im Ministerrat könnte. Deshalb steigt mit der politischen Autonomie subnationaler Gebietskörperschaften deren Bedarf, auf EU-Entscheidungen Einfluss nehmen zu können.

Darüber hinaus verfügen institutionell starke Regionen somit über bessere Gelegenheitsstrukturen (Smyrl 1997: 293) zu subnationaler Mobilisierung. Subnationale Mobilisierung wird durch die Möglichkeiten regionaler Entitäten zur selbständigen Interessenvertretung bestimmt. Sind Regionen institutionell stark verfasst, verfügen sie über einen größeren administrativen Apparat und somit über größere Kapazitäten, europapolitische Themen zügig zu verarbeiten, inhaltlich Stellung zu beziehen und ggf. für die eigenen Standpunkte auf EU-Ebene zu werben. Zudem ist die formelle Stellung von Regionen im Nationalstaat zu beachten. Die Voraussetzungen für paradiplomatische Aktivitäten variieren mit den konstitutionellen Gegebenheiten eines Staates (Keating 1999b: 11). So ist Außenpolitik traditionell das Monopol des Nationalstaates. Aber manche Staaten gestatten ihren subnationalen Entitäten größere Freiheiten, damit diese außenpolitisch eigenständig agieren können. So verfügen die belgischen Regionen im Vergleich zu anderen subnationalen Gebietskörperschaften in der EU über das am stärksten ausgeprägte Recht, autonom Außenpolitik zu gestalten (Paquin 2003: 627), während den italienischen Regionen erst ein Gesetz von 1996 offiziell das Recht zugesteht, Vertretungen in Brüssel zu unterhalten (Blatter et al. 2008: 473). Dies verdeutlicht bestehende Unterschiede in den Gelegenheitsstrukturen zwischen Regionen verschiedener Nationalstaaten.

Ein weiterer Aspekt, der mit dem institutionellen System des Nationalstaats verbunden ist, bezieht sich auf die Teilhabe subnationaler Gebietskörperschaften im nationalen Politikentscheidungsprozess. Starke Regionen sind in der Regel eng in nationale Politikentscheidungen eingebunden, was ihnen ermöglicht, auf europapolitische Entscheidungen des Nationalstaats Einfluss zu nehmen. Damit dieses Potential möglichst effektiv genutzt werden kann, sollten subnationale Gebietskörperschaften bereits in der Phase der Politikformulierung aktiv werden. Neben der notwendigen europapolitischen Expertise ist vor allem die Information über geplante Regelungsvorhaben der Kommission und des Parlaments erforderlich. Dies haben bereits in den 1980er Jahren führende Regionalpolitiker erkannt und bemängelt, dass sie zu spät über Diskussionen, die auf der europäischen Ebene geführt wurden, in Kenntnis gesetzt wurden (vgl. Zumschlinge 1989). Die Einrichtung von Regionalbüros in Brüssel kann unter anderem als Reaktion auf dieses Defizit angesehen werden.

Der dritte, *sozioökonomische Erklärungsansatz* rückt die strukturellen Charakteristika der regionalen Gebietskörperschaften in den Blickpunkt. Die sozioökonomische Situation einer Region, so das Argument, beeinflusst deren Fähigkeit zur Mobilisierung einerseits und setzt andererseits Anreize, eine Regionalvertretung in Brüssel zu etablieren. Für die Fähigkeit zur Mobilisierung ist die Ressourcensituation eine wesentliche Einflussgröße.[17] Es ist naheliegend, dass sozioökonomisch starke Regionen über mehr Ressourcen verfügen als schwächere subnationale Entitäten und es ihnen daher möglich ist, die Einrichtung und den Unterhalt einer Vertretung zu finanzieren. Während die Zusammenhangsrichtung für den Aspekt der Fähigkeit bezüglich der Finanzierung offenkundig ist, ist hingegen der Zusammenhang zwischen der sozioökonomischen Situation einer Region und dem Anreiz zur eigenständigen Interessenvertretung nicht eindeutig. Hier sind in der theoretischen Betrachtung zwei kausale Mechanismen denkbar, die jedoch in die jeweils entgegengesetzte Richtungen wirken.

Die erste Überlegung geht davon aus, dass sozioökonomisch starke Regionen einen Anreiz zur Mobilisierung haben. Sie wollen ihre wirtschaftliche Situation sichern und Prosperität fördern. Da der Einfluss nationaler Politiken zur Stimulierung der regionalen Wirtschaft aufgrund der negativen Integration im Zuge der europäischen Binnenmarktintegration und der Globalisierung schwindet, wächst die Bedeutung der europäischen Ebene. Die EU setzt mit ihrer Politik die wirtschaftlichen Rahmenbedingungen. Folglich ist die EU-Wirtschaftspolitik von besonderer Bedeutung für subnationale Entitäten. Dementsprechend groß ist auch deren Interesse, am Informationsaustausch mit den europäischen Institutionen und ebenso groß das Bestreben für ihre Regionen für günstige Rahmenbedingungen zu sorgen, um im wirtschaftlichen Wettbewerb zu bestehen (Keating 1999b).

Man könnte aber auch mit einem zweiten kausalen Mechanismus argumentieren, der in entgegengesetzter Richtung wirkt. Hierbei werden sozioökonomisch schwach ausgestattete Regionen von den auf der EU-Ebene verfügbaren Ressourcen „angezogen" (Marks et al. 1996: 169). Als strukturschwache Regionen kommen sie in den Genuss von Fördermitteln im Rahmen der europäischen Kohäsionspolitik. Hieraus ergibt sich das Interesse sozioökonomisch schwacher Regionen, sich für die sie begünstigenden Regelungen zur Vergabe der Strukturfondsmittel einzusetzen und das Volumen des Fonds auszubauen.[18]

---

[17] Vgl. McCarthy/Zald (1977).

[18] Die Funktion einer Regionalvertretung als Frühwarnsystem ermöglicht den regionalen Gebietskörperschaften, frühzeitig über Pläne zur europäischen Strukturpolitik informiert zu sein und sich für eine für die Region günstige Gestaltung einzusetzen. In der Vergangenheit haben europäische Institutionen und subnationale Entitäten bereits eine zentrale Rolle in der Bestimmung der Regeln für die Nutzung des Strukturfonds gespielt (vgl. Marks 1992: 209-212).

Schließlich wird in einem vierten Erklärungsansatz Bezug auf die *parteipolitische Divergenz* einer Region vom Nationalstaat genommen. Die parteipolitische Situation beeinflusst, ob und inwiefern eine Interessendivergenz zwischen National- und Regionalregierung besteht und wie gut diese ausgeglichen werden kann. Werden beide Regierungen von der gleichen Partei oder Koalition geführt, mindert dies die Gefahr eines Interessenskonflikts beider Einheiten in einer konkreten Politikfrage. Zum einen sind sich beide Regierungsebenen inhaltlich und programmatisch sehr ähnlich, zum anderen bietet innerparteiliche Koordination die Möglichkeit, bestehende Divergenzen auszuräumen, und spezifische Regionalinteressen können durch den parteipolitischen Kanal auf die internationale Ebene gelangen. Im Gegensatz dazu erhöht eine ungleiche politische Färbung der National- und Regionalregierung das Potential eines Interessenskonflikts zwischen beiden Einheiten. Gleichzeitig stehen keine innerparteilichen Koordinationsmöglichkeiten zur Verfügung, um Interessenkonflikte zwischen den beiden Ebenen zu lösen, die ihren Ursprung in der unterschiedlichen Interessenlage von Region und Nationalstaat haben. Folglich besteht für Regionen ein erhöhter Anreiz, ihre Interessen unabhängig von der Zentralregierung zu vertreten, wenn in einer Region eine andere politische Partei als die auf der nationalstaatlichen Ebene dominiert (Marks et al. 1996).

Diese vier Erklärungsprogramme finden sich ebenfalls in den einzigen beiden Beiträgen wieder, die ausschließlich auf die Erklärung subnationaler Mobilisierung ausgerichtet sind (Marks et al. 1996; Nielsen/Salk 1998). Von besonderem Interesse für die vorliegende Arbeit ist zudem, dass im Zentrum beider Studien die Erklärung der Existenz bzw. Nicht-Existenz regionaler Vertretungen in Brüssel steht. Allerdings wählen sie unterschiedliche Ansätze. Marks et al. gründen ihre theoretischen Überlegungen auf die Annahme, dass die Entscheidung für oder gegen eine Regionalvertretung in Brüssel das Ergebnis einer wirtschaftlichen Kosten-Nutzen-Kalkulation ist (1996: 167). Im Gegensatz dazu betrachten Nielsen und Salk (1998) die Existenz eines subnationalen Informationsbüros als Indikator für erfolgreiches kollektives Handeln.

Während sich also die Herangehensweise an eine mögliche Erklärung der Existenz von Regionalvertretungen in Brüssel unterscheidet, sind die in ihre Analyse aufgenommenen Erklärungsfaktoren – auch mit denen der oben angesprochenen vier Erklärungsprogramme – nahezu deckungsgleich. Da auch der Datensatz und das angewandte statistische Analyseverfahren identisch sind, stimmen beide Studien in ihren Ergebnissen überein und kommen zum Schluss, dass sowohl institutionelle, politische, kulturelle als auch sozioökonomische Faktoren die Existenz regionaler Verbindungsbüros in Brüssel erklären. Da sich die Variablen auf unterschiedliche theoretische Konstrukte beziehen, bleibt der Mehrwert für die Entwicklung einer Mobilisierungstheorie gering.

Diese beiden Studien basieren auf einem Datensatz aus dem Jahr 1993. Dieser erfasst, ob eine Region eine Vertretung in Brüssel unterhält. Mit ihren jeweiligen Erklärungsansätzen versuchen sie, die Existenz bzw. Nicht-Existenz der Regionalbüros zu erklären. Jedoch war der Datensatz eine damalige Momentaufnahme, dessen Stand schon zu den Zeitpunkten der Veröffentlichungen (1996 bzw. 1998) überholt war. Betrachtet man die Entwicklung subnationaler Interessenvertretung von Beginn an bis heute (vgl. Abbildung 2.1), so wird deutlich, dass sich der Wettbewerb um den Einfluss auf EU-Politik in den vergangenen 20 Jahren stetig verschärft hat. Die erste Regionalvertretung wurde im Jahr 1984 von Birmingham City eröffnet (Jeffery 1996c: 183). Der rasante Anstieg in der Anzahl subnationaler Vertretungen in Brüssel (Huysseune/Jans 2007; Moore 2008; Smeets 1998) verstärkte sich im Laufe der Jahre zunehmend, so dass im Jahr 1993 bereits 55 Repräsentanzen subnationaler Entitäten in Brüssel existierten (Marks et al. 1996: 172-173). Im Zuge der Erweiterungsrunden in den vergangenen Jahren stieg die Zahl subnationaler Gebietskörperschaften in der EU deutlich an. Damit setzt sich der Trend der wachsenden Anzahl regionaler Vertretungen in Brüssel fort.

Abbildung 1:   Entwicklung der Regionalvertretungen in Brüssel

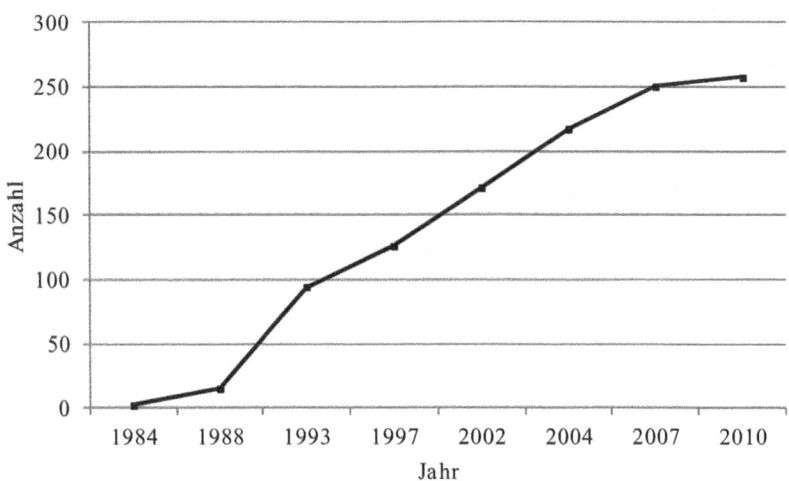

Quelle: Nach Moore (2008: 520).

Auch die subnationalen Entitäten aus den neuen EU-Mitgliedsstaaten möchten ihre Interessen direkt auf europäischer Ebene einbringen. Der Anreiz, ein Büro in Brüssel zu etablieren ist so stark, dass Regionen der neuen Mitgliedsstaaten teilweise bereits vor dem Beitritt des Nationalstaates eine Vertretung in Brüssel eröffnet haben (Scherpereel 2007). Diese empirische Evidenz weist auf ein zusätzliches Defizit der beiden Studien von Marks et al. und Nielsen und Salk hin. Denn diese vernachlässigen in ihren Analysen die Regionen der damaligen Beitrittskandidaten Finnland, Norwegen, Österreich und Schweden.

2.1.4   Zwischenfazit

Die Literatur zur subnationalen Mobilisierung beschäftigt sich zum größten Teil mit der Identifikation und der Beschreibung der europapolitischen Aktivität subnationaler Entitäten. Wie Tabelle 2 verdeutlicht, konzentriert sich die Mehrzahl der Studien auf die empirische Erfassung der Lobbyingaktivität. Sie arbeiten subnationale Mobilisierung als ein facettenreiches Phänomen heraus, von welchem Regionalbüros nur einen Ausschnitt darstellen. Doch die Vertretungen übernehmen dabei zentrale Aufgaben, die für das europapolitische Engagement subnationaler Gebietskörperschaften insgesamt wichtig sind.[19]

Daneben sind, mit Mehrwert für die theoretisch orientierte Aufarbeitung des Phänomens, Konzeptionalisierungen von (formellen versus informellen und inner- versus außerstaatlichen) Mobilisierungskanälen entwickelt worden, aus denen heraus sich Unterschiede hinsichtlich des Einflusserfolgs andeuten. Allerdings wurden diese Implikationen nicht weitergehend evaluiert. Auch das Verhältnis zwischen den einzelnen Kanälen bleibt unbeantwortet, so dass lediglich festgehalten werden kann, dass Regionalvertretungen neben Lobbying weitere zentrale Aufgaben (z.B. Informationsverarbeitung) erfüllen, die den subnationalen Entitäten u.a. in der nationalen Politikarena Nutzen bringen.

Hinsichtlich der Erklärung des Phänomens der subnationalen Mobilisierung konnten in der bisherigen Forschung nur wenige Fortschritte erzielt werden. Aus den Konzeptionalisierungen der explorativen Aufbereitung wurden zwar Hypothesen generiert, allerdings wurden diese bisher nicht zu einem allgemeinen Erklärungsansatz zusammengeführt. Dieses Defizit im Forschungsstand zur subnationalen Mobilisierung äußert sich nicht zuletzt in der geringen Anzahl der in die Kategorie Erklärung eingeordneten Studien (vgl. Tabelle 2).

---

[19] Marks et al. (2002) analysieren anhand eines Surveys unter Regionalvertretungen in Brüssel, welche Bedeutung den verschiedenen Aufgaben zugeschrieben werden.

Tabelle 1: Fragen der subnationaler Mobilisierungsforschung

	Leitfragen	Ergebnisse allgemein	Ergebnisse Regionalvertretungen
Identifikation & Konzeption	■ Welche Formen nimmt Mobilisierung an? ■ Existiert Mobilisierung in der EU? ■ Wie funktioniert Mobilisierung?	■ Entstehung und Entwicklung von verschiedenen Zugangsstrukturen zu EU-Entscheidungen, die potentiellen Einfluss erwarten lassen. ■ Konzeptionalisierung von formalen vs. informalen und inner- vs. außerstaatlichen Kanälen	■ Mitte der 1980er begannen subnationale Gebietskörperschaften, Vertretungen in Brüssel zu eröffnen. ■ Zentrale Aufgaben der Regionalbüros sind: Informationsgewinnung, Lobbying, Einwerben von Strukturfondsmittel.
Implikation	■ Welches Einflusspotential haben die Kanäle? ■ Bestehen tatsächlich Einflusschancen? ■ Was sind Implikation für das EU Polity-System?[1]	■ Tatsächlicher Einfluss von Regionen im Allgemeinen ist umstritten. ■ Nützlichkeit der Kanäle im Vergleich festzustellen, ist schwierig.	■ Aus den oben genannten Aufgaben und deskriptiven Studien kann gefolgert werden, dass Regionalbüros eine vielseitige Rolle spielen und zu einem Dreh- und Angelpunkt im europapolitischen Engagement (auf europäischer und nationaler Ebene) von Regionen geworden sind. ■ Europäischer und nationaler Nutzen aus Regionalbüros.
Erklärung	■ Was erklärt subnationale Mobilisierung? ■ Was erklärt den (Lobbying-) Erfolg?[2]	■ Es existiert kein allgemeiner Erklärungsansatz für subnationale Mobilisierung. ■ In der Literatur sind 4 Erklärungsprogramme zu finden.	■ Aus deskriptiven, aber weniger systematischen Arbeiten sind Hinweise auf einzelne potentielle Erklärungsfaktoren zu finden. ■ Erklärungsansatz bezieht sich auf kollektives Handeln, nicht Mobilisierung.

Anmerkungen: [1] Die Frage nach den Implikationen subnationaler Mobilisierung auf das europäische Polity-System betrifft einen in der Literatur viel diskutierten Aspekt. Sie ist Brücke zum eigentlichen Ausgangspunkt der Mobilisierungsforschung, zum Multilevel Governance Ansatz, der in der Einleitung besprochen wurde. Die Antworten zu dieser Leitfrage werden in der Literaturdiskussion nicht erörtert, weil sie keinen zusätzlichen Mehrwert für die Erarbeitung eines allgemeinen Erklärungsansatzes mit sich bringen. [2] Da die Literatur uneins über den tatsächlichen Erfolg subnationaler Entitäten bei der Einflussnahme auf EU-Entscheidungen ist, ist die Frage nach den Erfolgsfaktoren vorläufig nicht zu beantworten.

Tabelle 2: Einordnung der Literatur zur subnationalen Mobilisierung

	Forschungsperspektive	
	theoretisch	empirisch
Identifikation & Konzeptionalisierung	Bomberg/Peterson 1998; Bulmer et al. 2006; Heinelt/Niederhafner 2008; Hooghe 1995; Hooghe/Marks 1996; Jeffery 1996a; Jeffery 2000; Kerremans 2000	Ansell/Parsons/Darden 1997; Badiello 1998; Bauer 1996; Bauer 2004 Bomberg/Peterson 1998; Brunazzo/Domorenok 2008; Bullmann 1996; Bulmer et al. 2006; Bursens 2002; Christiansen 1997; Desideri/Santantonio 1996; Farrows/McCarthy 1997; Fastenrath 1990; Grasnick 2007; Gress 1996; Hooghe 1995; Huysseune/Jans 2007; Jeffery 1996a; Jeffery 1996b; Jeffery 2000; John 1996; John 2000; John/McAteer 1998; Keating 1999; Kerremans 2000; Kerremans/Beyers 1996; Knodt 2002; Loughlin 1996a; Loughlin 1996; Lynch 2004; Macphail 2008; Marks/Haesly/Mbaye 2002; Martin 1993; Mazey 1994; McAleavey/Mitchell 1994; McAteer/Mitchell 1996; Michalowitz 2004; Millan 1997; Moore 2006; Moore 2007; Moore 2008; Morass 1996; Neunreither 2001; Nikolova 2008; Reilly 2001; Schwaiger 1997; Smeets 1998; Smith 1996; Stein 2007; Sykes/Shaw 2008; Tatham 2008; Tömmel 1998; van den Hoven/Sutcliffe 2003; Weyand 1996; Zumschlinge 1989
Evaluation und Implikationen	Ansell/Parsons/Darden 1997; Bursens 2002; Hooghe/Marks 1996; Jeffery 1996a; Jeffery 2000; Keating 1999; Loughlin 1996; Tatham 2008; Tömmel 1998	Ansell/Parsons/Darden 1997; Badiello 1998; Bauer 2004 Bomberg/Peterson 1998; Brunazzo/Domorenok 2008; Farrows/McCarthy 1997; Jeffery 1996a; Jeffery 1996b; John/McAteer 1998; Lynch 2004; Macphail 2008; McAteer/Mitchell 1996; Millan 1997; Murphy 2011; Neunreither 2001; Schwaiger 1997; Sykes/Shaw 2008; Tatham 2008; van den Hoven/Sutcliffe 2003
Erklärung	Jeffery 2000; Marks et al. 1996; Moore 2007; Neshkova 2010; Nielsen/Salk 1998	Blatter et al. 2008; Huysseune/Jans 2007; Jeffery 2000; John 2000; Loughlin 1996a; Moore 2007; Marks/Haesly/Mbaye 2002; Neshkova 2010; Nielsen/Salk 1998

Anmerkungen: Zur Unterscheidung der theoretischen und empirischen Forschungsperspektive wird die subnationale Mobilisierungsliteratur danach differenziert, ob ein Literaturbeitrag von der reinen Empirie abstrahiert (theoretische Forschungsperspektive) oder empirische Evidenzen liefert. Die Tabelle basiert auf einer umfangreichen Literaturrecherche in der Datenbank „Scopus" und wurde mit weiteren Monographien ergänzt. Wesentliche Beiträge sind erfasst. Es besteht jedoch kein Anspruch auf Vollständigkeit *aller* relevanten Beiträge.

2.2   Forschung zum Einfluss von Interessengruppen

Da sich die Forschung zur subnationalen Mobilisierung ausschließlich auf das
europapolitische Engagement öffentlicher Akteure bezieht, würde eine allgemeine Aufarbeitung zu Interessenvertretungen zu kurz greifen, wenn sie sich nur auf
diese Akteure beschränken würde. Daher ist es notwendig, den Literaturstand zur
Forschung von Lobbyingaktivität privater Akteure ebenfalls aufzuarbeiten. Dadurch dass beide Forschungsbereiche auf die Beziehungen zwischen Interessengruppen und europäischer Politikarena fokussieren, sind eine wechselseitige
Befruchtung und Synergieeffekte zu erwarten.

Im Folgenden werden die Grundzüge der Literatur zu Lobbying privater
Akteure in der EU zusammengefasst. Dabei folgt die Diskussion dem bereits
oben eingeführten Schema (vgl. Abschnitt 2.1), um die Vergleichbarkeit zu gewährleisten.[20] Allgemein betrachtet ist dieser Forschungsbereich im Vergleich zu
dem der subnationalen Mobilisierung weiter vorangeschritten. Insbesondere ist
die theoretische Fundierung der einschlägigen Studien stärker ausgearbeitet.

2.2.1   Identifikation/Konzeption der EU-Aktivität privater Interessen

Als sich Interessenvertretungen von privaten Firmen und Interessenverbände in
den 1970er Jahren zu entwickeln begannen, waren diese zunächst auf die politischen Prozesse im Nationalstaat bezogen (Hix 2005: 213). Als auslösendes Mo-
ment für die Entwicklung von Interessenvertretung auf europäischer Ebene wird
– ähnlich wie bei der subnationalen Mobilisierung – auch hier die Einheitliche
Europäische Akte angesehen (Hix 2005). Ab den 1980er Jahren stieg die Anzahl
privater Gruppen, die Einfluss auf den europäischen Politikprozess nehmen woll-
ten, drastisch an (Greenwood/Grote/Ronit 1992; Greenwood/Aspinwall 1998;
Mazey/Richardson 1993). Die Zahl der in Brüssel registrierten Büros dieser
Interessengruppen wuchs von rund 500 Mitte der 1980er auf über 2000 im Jahr
2001 (Greenwood 2007). Darunter sind einzelne (große) Unternehmen aber auch
(Wirtschafts-)Verbände und Nichtregierungsorganisationen. Durch den gemeinsamen Binnenmarkt wurden die Wirtschaftsinteressen auf das neue Zentrum, die
europäische Ebene, verlagert (Hix 2005: 213). Im Zuge der fortschreitenden
europäischen Integration hat die EU als Regulierungsebene, und insbesondere
die Europäische Kommission als Institution mit dem exklusiven Recht zur Ge-

---

[20] In Tabelle 3 im Zwischenfazit zum Forschungsstand der EU-Aktivität privater Interessen (Ab-
schnitt 2.2.4) sind Leitfragen formuliert, welche die Aufarbeitung der drei Aspekte Konzeption,
Implikation und Erklärung erleichtern. Des Weiteren sind die wichtigsten Ergebnisse der bisherigen
Forschung zu Interessengruppen in der EU zusammengefasst

setzesinitiative, an Macht hinzugewonnen und ist somit zunehmend wichtiger für Unternehmen geworden.[21] Zum einen ist sie für immer mehr Politikbereiche zuständig, zum anderen machte die Ausweitung des Abstimmungsmodus der qualifizierten Mehrheit im Ministerrat die Europäische Kommission als Ziel für pro-aktives Lobbying für Interessengruppen bedeutsamer (Coen 1997).

Die empirische Forschung zu Interessengruppen setzt bei dieser Entwicklung an (vgl. Coen 2007). So widmen sich zahlreiche Beiträge der Europäisierung von Interessengruppen und der einzelner Unternehmen sowie deren Entstehung und Aktivität auf europäischer Ebene (z.b. Beyers 2002; Coen 1997).[22] Im Zentrum von Forschungsbeiträgen aus diesem Bereich stehen zum einen einzelne Gruppen privater Akteure (Geddes 2000) und zum anderen die unterschiedlichen Zugangsmöglichkeiten von Interessengruppen, die manchmal auch in Zusammenhang mit einzelnen Politikbereichen diskutiert werden (z.b. Bouwen 2004a; Pollack 1997). Ähnlich wie für subnationale Akteure sind die Nationalregierungen, der Ministerrat und das Parlament, vor allem aber die Kommission „access points" für diese Interessengruppen. Aber auch der Europäische Gerichtshof eröffnet privaten Akteuren einen Weg zu europäischen Politikentscheidungen (Bouwen/McCown 2007; Pollack 1997).

Während manche Studien sich auf den Zugang von Interessengruppen zu den einzelnen Institutionen konzentrieren (z.B. Bouwen 2004b), betrachten andere, welche Strategien die Akteure verfolgen (z.B. Beyers 2002; Tenbücken 2002). In der Entwicklung der Interessenvertretung privater Akteure in der EU ist über die Nationalstaaten hinweg Konvergenz in den Lobbyingstrategien zu beobachten; jedoch bestehen weiterhin Differenzen in Bezug auf den Grad der Europäisierung von Lobbying und die Geschwindigkeit der Veränderung (Coen 1998: 96-98). So fällt es britischen Firmen im Vergleich zu deutschen leichter, um den Zugang zur europäischen Ebene zu konkurrieren, weil das Interessengruppensystem ihres Nationalstaates ähnlich wie das des europäischen Systems funktioniert und sie diese Strategien auf die EU-Ebene übertragen können.

2.2.2 Evaluation des Lobbyings privater Akteure

Die in der Literatur aufgezeigte Bandbreite an Aktivitäten von Interessenverbänden hinsichtlich der Einflussnahme auf europäische Politik zeigt, dass ihnen

---

[21] „Evidently, the change in the locus of firm political activity towards Brussels is a direct consequence of the increasing competencies of the European Commission" (Coen 1998: 88).
[22] Die Bildung von speziellen Abteilungen innerhalb von Unternehmen, die sich ausschließlich mit dem Unterhalten von Kontakten zu europäischen Institutionen beschäftigen, ist ebenfalls ein Zeichen für den Bedeutungszuwachs der EU.

verschiedene Zugangsmöglichkeiten zu Entscheidungsprozessen offen stehen. Aber warum bestimmte Kanäle zur europäischen Politikarena mehr oder weniger einflussreich sind, konnte die Forschung zu Interessengruppen in der EU jedoch nicht klären. Bislang liegen lediglich wenige Einschätzungen von Lobbyisten zur Effektivität einzelner Zugangsmöglichkeiten vor (z.B. Coen 1997). Demnach wird neben anderen europäischen Kanälen insbesondere der der Europäischen Kommission als guter Adressat für Lobbyingaktivität angesehen, weil er ein gutes Verhältnis von aufzuwendenden Ressourcen und resultierendem Nutzen aufweist. Hieraus lässt sich begründen, warum sich die Lobbyingaktivität privater Akteure zunehmend von der nationalen auf die europäische Ebene verlagert.[23] Dennoch ist zu beachten, dass die Nationalregierung immer noch eine effektive Zugangsmöglichkeit zu europäischen Politikentscheidungen bleibt (Coen 1997: 102-103). Diese Evidenzen verdeutlichen, dass die nationale Ebene nicht unwichtiger geworden ist, sondern die europäische Politikarena vielmehr an Bedeutung gewonnen hat (Coen 1998). Deshalb kann eine erfolgreiche Strategie zur Einflussnahme nur aus einem optimalen Mix aus verschiedenen Kanälen bestehen, der auch die Akteure und Institutionen der Nationalstaaten einschließt (Coen 1997). Welche Strategien am ehesten den Einfluss von Interessengruppen maximieren, ist kaum erforscht (Dür 2008b).[24]

Auch inwiefern die Lobbyingaktivität im Allgemeinen von Erfolg gekrönt ist, ist umstritten. Da die Frage nach dem Einfluss der Interessengruppen auf die Ergebnisse des Politikentscheidungsprozesses ein vernachlässigter Aspekt des Forschungsbereichs ist (Beyers/Eising/Maloney 2008a), existieren wenige Studien dazu. Während manche Autoren zum Ergebnis gelangen, dass Interessengruppen erfolgreich ihre Anliegen in die europäischen Regelungen einbringen konnten (Egdell/Thomson 1999; Mahoney 2007), zeigen andere Autoren, dass Lobbyingbemühungen nicht unbedingt den intendierten Erfolg nach sich ziehen (Dür/de Bièvre 2007; Schneider/Baltz 2003).

Nicht nur in ihrem Ergebnis, sondern auch in der Art der Messung von Einflusserfolg unterscheiden sich die Studien. Zum einen erfassen einige Beiträge Einfluss anhand von „attributed influence" (March 1955), d.h. durch Befragungen der Lobbyisten, Einschätzungen zu ihren Einschätzungen über ihren Erfolg (z.B. Egdell/Thomson 1999). Zum anderen ziehen Studien aus der Distanz zwischen dem Politikoutcome und der Präferenz des Lobbyisten Rückschlüsse auf

---

[23] Auch das Europäische Parlament hat an Bedeutung im europäischen Institutionengefüge gewonnen und stellt somit einen wichtigen Adressaten von Lobbying dar (vgl. Eising 2007: 399).

[24] Crombez (2002) nutzt eine spieltheoretische Herangehensweise, um theoretisch die optimale Strategie eines Lobbyisten hinsichtlich des Adressaten von Lobbying und der Politikphase zu erarbeiten. Ein Ergebnis ist beispielsweise, dass ein Lobbyist sich an den „Policy-Maker" mit den möglichst ähnlichen Präferenzen in der Vorschlagsphase wendet.

den Erfolg von Lobbying (z.B. Mahoney 2007). Bei letzterem wird dem Lobbyisten größerer Erfolg zugeschrieben, je näher die Politikentscheidung an dessen
Präferenz liegt.[25]

Neben der Schwierigkeit der Messung von Einfluss an sich ist insbesondere
auf die des Vergleiches von Einflusserfolg zwischen Lobbyingkanälen hinzuweisen. Auch die Forschung zu Interessengruppen sollte sich verstärkt der Verschie-
denartigkeit der Wege der Interessenvertretung widmen und in den Studien zum
Einflusserfolg berücksichtigen. Wenn sie dem nicht nachkommen, laufen sie
Gefahr, den Erfolg von Lobbying zu über- oder unterschätzen (Dür 2008b:
1223). Dies demonstriert noch deutlicher, dass die Erfassung verschiedener Ein-
flusswege und Strategien, z.B. der von Lobbyingaktivität direkt auf europäischer
Ebene aber auch auf nationaler Ebene, wichtig ist, um der Gesamtheit des interessierenden Gegenstands gerecht zu werden.

2.2.3 Erklärung des EU-Lobbyings von Interessengruppen

Welche Ansätze bietet die Literatur, um Lobbyingaktivitäten und die unterschiedlichen Lobbyingstrategien zu erklären? Hinsichtlich dieser Fragen orientiert sich die Forschung stark an der nationalen Verbändeforschung. Diese
Herangehensweise lässt sich jedoch nicht ohne Weiteres auf die europäische
Ebene übertragen (Michalowitz 2007: 196). Trotz dieser Schwierigkeit und der
Tatsache, dass sich bis jetzt kein dominanter Erklärungsansatz etabliert hat, kann
der Forschungsstand in Bezug auf die Erklärung von Lobbying als vorangeschritten eingestuft werden. So wird aus Tabelle 4 ersichtlich, dass sich sogar
eine Vielzahl von Beiträgen mit der Erklärung der verschiedenen Aspekte von
EU-Lobbying durch Interessengruppen beschäftigt.

Neben den Theorien des (Neo-)Pluralismus, (Neo-)Korporatismus und der
Politiknetzwerke ist insbesondere die „Theorie des Zugangs" von Bouwen
(2002) hervorzuheben.[26] Bouwen verbindet organisationelle Merkmale der Interessengruppen mit deren Fähigkeiten, bestimmte Güter bereitzustellen, wodurch
sie Zugang zu europäischen Institutionen erhalten. Mit dieser allgemeinen
Herangehensweise eröffnet er die Möglichkeit, nicht nur den Zugang von Ver-

---

[25] Eine fortgeschrittenere Herangehensweise zur Messung von Einflusserfolg anhand von Präferenz-
distanzen wird von Schneider und Baltz (2003) angewandt (vgl. hierzu Dür 2008a). Sie nutzen die
Distanz zwischen dem aus den Präferenzen der formal entscheidenden Akteure vorhergesagten
Ergebnis und der zu beobachtenden Entscheidung als Maß für den Einfluss von Interessengruppen.

[26] (Neo-)Pluralismus, (Neo-)Korporatismus und Politiknetzwerke sind Theorien, die in der Forschung
zu Lobbying in der EU zu finden sind. Da sie zwar zu einem besseren Verständnis europäischer
Interessenvermittlung geführt haben, aber nur geringen Mehrwert bei der Erklärung liefern, wird hier
nicht auf diese Ansätze eingegangen (vgl. Michalowitz 2007).

bänden zu europäischen Institutionen, sondern auch den einzelner Unternehmen zu untersuchen. Jedoch dient dieser Ansatz primär der Erklärung des Zugangs zu institutionellen Entscheidungsträgern in der EU, aus dem sich gegebenenfalls Einfluss entwickeln könnte.[27] Somit können weder Rückschlüsse auf den Einflusserfolg von Interessengruppen gezogen werden, noch ist eine Erklärung der generellen EU-Aktivität der Lobbyinggruppen ohne eine Veränderung dieses Ansatzes möglich.

Ein Beispiel für die Anwendung eines klassischen theoretischen Ansatzes auf das Engagement von Interessengruppen auf europäischer Ebene bzw. den Beitritt von Unternehmen zu europäischen Interessenverbänden bieten Greenwood und Aspinwall (1998). Sie konfrontieren die Theorie des kollektiven Handelns (Olson 2004) mit den Entscheidungen von Firmen und Organisationen, Interessengruppen auf europäischer Ebene beizutreten. Diese theoretische Herangehensweise erfasst allerdings nur indirekt das europapolitische Engagement einzelner Akteure, wie es im Rahmen dieser Arbeit verstanden wird (vgl. Abschnitt 1.1). Denn in diesen Studien bezieht sich das europapolitische Engagement auf die Entscheidung von Unternehmen, Interessensverbänden beizutreten und nicht in erster Linie um die Entscheidung in eine Form von Lobbying zu investieren. Zudem leidet der Ansatz an einem strukturellen Problem. Nach der Theorie des kollektiven Handelns ist der Beitritt zu einer Interessengruppe auf europäischer Ebene unwahrscheinlich. Dass einzelne Akteure sich dennoch in europäischen Verbänden zusammenschließen, ist durch den starken materiellen und sozialen Anreiz zu erklären (Greenwood/Aspinwall 1998).

Anreize und Gelegenheitsstrukturen sind die vorherrschenden Faktoren, die in den zahlreichen Beiträgen zur Erklärung von Lobbyingaktivität privater Akteure angeführt werden. Diese Beiträge lassen sich in drei Gruppen einteilen. Die erste Gruppe setzt sich aus *institutionellen Faktoren* zusammen. Beyers (2002) und Eising (2004) heben hervor, dass Gruppen, die im Nationalstaat stark sind, auch auf EU-Ebene besonders aktiv sind. Multilevel Governance verstärkt folglich bereits im nationalstaatlichen Rahmen bestehende Unterschiede (Princen/Kerremans 2008). Auch Beyers und Kerremans (1996) argumentieren in ihrem Beitrag, dass die Art der Einbindung in das nationale System wichtig bei der Erklärung der Europäisierung von Interessengruppen ist. In der Folge sind nicht nur Ressourcen der Interessengruppen für europapolitisches Engagement relevant, sondern auch die Integration der privaten Interessen in die Positionsfindung des Nationalstaates.

Gleichzeitig ist in der Literatur auch eine konträre Argumentation zu finden. Nach Della Porta und Kriesi (1999) ist die Hinwendung privater Akteure zur

---

[27] Allerdings muss betont werden, dass Zugang nicht identisch ist mit Einfluss.

europäischen Ebene dann am wahrscheinlichsten, wenn die Bedingungen dort günstiger sind als auf der nationalen Ebene. Diese These wird von den Ergebnissen der Studie von Poloni-Staudinger (2008) gestützt. Nach dieser sind insbesondere die nationalen Gelegenheitsstrukturen dafür verantwortlich, ob Interessengruppen vornehmlich innerhalb des Nationalstaates agieren oder versuchen, ihre Interessen direkt auf europäischer Ebene zu repräsentieren (s. auch Bernhagen/Mitchell 2009).

Jedoch wird diese Stärke von Interessengruppen nicht nur vom institutionellen System bestimmt, sondern auch von *Ressourcen*. So finden Greer et al. (2008), dass die auf europäischer Ebene starken Gruppen diejenigen sind, die viel Geld, Personal und Engagement investieren, um ihre Stellung zu sichern. Die Ressourcenausstattung eines Akteurs entscheidet somit über dessen Fähigkeit, intensiv Lobbying zu betreiben und sich dabei an verschiedene europäische Institutionen zu wenden (Eising 2007: 399).

Anreize für ein solches Engagement sind eng mit der Macht der EU als Regulierungsebene verknüpft. Mit wachsender Kompetenz hinsichtlich der Intensität und der Anzahl der Politikbereiche, gewinnt die EU an Bedeutung für Interessengruppen. Da der Gestaltungsspielraum der supranationalen Ebene je nach Politikfeld unterschiedlich groß ausfällt, verändern sich damit auch die Anreize für die privaten Akteure je nach den Sektoren, in denen sie sich bewegen. Broscheid und Coen (2007) finden heraus, dass in regulativen Politikfeldern mehr Interessengruppen auf europäischer Ebene aktiv sind, da in diesen Bereichen die Nationalstaaten Politiken weniger autonom gestalten können und so der Anreiz zu EU-Lobbying besonders groß ist (Coen 1998). Hingegen ist die geringere Zahl an Interessengruppen in distributiven Policies ein Indikator, dafür dass diese intergouvernemental geprägt sind.

Zuletzt ist die *Strategiewahl*, d.h. die Entscheidung, bei welchen Entscheidungsträgern Interessengruppen Lobbyingarbeit betreiben, unter anderem von deren Machtstellung im Politikentscheidungsprozess der EU abhängig. Bei der Erklärung von Lobbyingerfolg steht neben den oben diskutierten Faktoren die Strategie selbst im Vordergrund. Die Wahl der idealen Strategie, d.h. in welcher Phase des Politikentscheidungsprozesses bei welchen Akteuren Lobbyingarbeit betrieben wird, entscheidet darüber, wie hoch der Einfluss auf die Entscheidung ausfällt (Dür 2008b).

2.2.4 Zwischenfazit

Der Forschungsstand zu privaten Interessengruppen in der EU stellt sich als gut entwickelt dar. Verschiedene Strategien von Lobbying auf europäischer Ebene durch private Akteure sind herausgearbeitet worden. Klassische theoretische Ansätze (z.B. die Theorie des kollektiven Handelns), aber auch neu entwickelte Ansätze (z.B. die Theorie des Zugangs) werden zur Erklärung verschiedener Teilfragen und Aspekte herangezogen. Als wichtige Anreize für das Engagement dieser Akteure in der europäischen Politikarena identifiziert die Literatur neben den zur Verfügung stehenden Ressourcen auch einzelne Politikfelder, in denen unterschiedlich starke Aktivität zu verzeichnen ist. Auch die Wahl der richtigen Lobbyingstrategie befindet über den effektiven Einfluss privater Akteure. Insgesamt nimmt die Anzahl und Aktivität von Interessengruppen auf europäischer Ebene zu, da die EU als Regulierungsebene immer mehr an Bedeutung gewinnt. Gleichwohl bleibt die nationale Politikarena für Interessengruppen zur Einflussnahme auf Politikentscheidungen von großer Bedeutung.

Tabelle 3: Fragen der Forschung zu Interessengruppen in der EU

	Leitfragen	Ergebnisse
Identifikation & Konzeption	▪ In welchen Formen tritt private Interessenvertretung auf? ▪ Wie funktioniert Lobbying?	▪ Nationale und europäische Verbände, einzelne Unternehmen, Nichtregierungsorganisationen sind auf EU-Ebene aktiv.
Implikation	▪ Wie einflussreich sind die einzelnen Kanäle und Strategien? ▪ Können private Akteure tatsächlich EU-Entscheidungen beeinflussen? ▪ Welche Implikation hat die Interessenvertretung für das EU Polity-System?*	▪ Die Wahl der idealen Strategie maximiert den potentiellen Einfluss. ▪ Messung von Einfluss ist schwierig; Einschätzungen durch Befragung und Auswertung von Akteurspräferenzen stellen mögliche Wege dar.
Erklärung	▪ Welche Faktoren erklären EU-Lobbying? ▪ Welche Faktoren erklären den (Lobbying-) Erfolg privater Akteure?	▪ Lobbyingaktivität variiert nach Politikfeld und wird von den Ressourcen des Akteurs und institutionellen Faktoren beeinflusst. ▪ Zugang zur nationalen Politikarena ist einflussreich. ▪ Einflusserfolg ist auch von der Wahl der (idealen) Strategie abhängig.

Anmerkungen: [1] Die Frage nach den Implikationen des Engagements von Interessengruppen in der EU auf das europäische Polity-System bezieht sich auf die Frage nach der Verzerrung von Politik zugunsten von Einzelinteressen und demokratischer Legitimation (z.B. Saurugger 2008).

Dass eine Verbindung verschiedener Forschungszweige, wie es in dieser Arbeit von der Lobbying- und Mobilisierungsforschung gefordert wird, für alle beteiligten Bereiche gewinnbringend ist, zeigt das Beispiel der Verknüpfung von amerikanischer und europäischer Literatur, die sich beide mit der Rolle von Interessengruppen befassen. Lange Zeit sind beide Stränge getrennte Wege gegangen, obwohl sie vom jeweils anderen lernen und sich dessen Erkenntnisse zu eigen machen könnten (Mahoney/Baumgartner 2008). Eine dahingehende Tendenz, dass neuere Beiträge zunehmend die amerikanische Forschung integrieren, trägt bereits Früchte (z.B. Bernhagen/Mitchell 2009). Studien zu Lobbying von Interessengruppen haben Möglichkeiten zur Messung von Einflusserfolg hervorgebracht und zur Beantwortung der Frage nach Lobbyingerfolg beigetragen. Zudem ist die Entwicklung eines theoretischen Erklärungsansatzes wesentlich weiter vorangeschritten. Auch die subnationale Mobilisierungsforschung könnte von diesen Erkenntnissen profitieren. Denn die Forderung an die zukünftige Forschung zu Interessengruppen, empirische Studien mit der systematischen Konstruktion von theoretischen Konzepten zu verknüpfen (Beyers/Eising/Maloney 2008b), gilt auch für die subnationale Mobilisierungsforschung.

Tabelle 4: Einordnung der Literatur zu Interessengruppen in der EU

	Literatur zu Interessengruppen in der EU
Identifikation & Konzeptionalisierung	Beyers 2008; Bouwen/McCown 2007; Coen 1998; Dür 2008a; Geddes 2000; Grande 1996; Pollack 1997; Richardson 2000; Schendelen 2002;
Evaluation und Implikationen	Crombez 2002; Dür 2008a; Dür 2008b; Eising 2007; Eising 2008; Saurugger 2008; Schendelen 2002;
Erklärung	Bennett 1999a; Bernhagen/Mitchell 2009; Beyers 2002; Beyers/Kerremans 2007; Bouwen 2002a; Bouwen 2002b; Bouwen 2004; Bouwen/McCown 2007; Broscheid/Coen 2007; Coen 1997; Coen 1998; Eising 2004; Eising 2007; Grande 1996; Greenwood/Aspinwall 1998; Greer/da Fonseca/Adolph 2008; Mahoney 2007b; Poloni-Staudinger 2008; Princen/Kerremans 2008

Anmerkungen: Diese Tabelle umfasst zentrale Beiträge zur Forschung von Interessengruppen in der EU. Es besteht jedoch kein Anspruch auf Vollständigkeit dahingehend, dass *alle* relevanten Beiträge aufgeführt wären. Da die Literatur zu Interessengruppen in der EU im Regelfall sowohl Mehrwert hinsichtlich der theoretischen und empirischen Fortentwicklung des Forschungsbereich hat, findet hier keine Unterteilung in empirische und theoretische Perspektive, wie es bei der Literatur zur subnationalen Mobilisierung vollzogen wurde.

2.3 Zusammenfassung

Das Kapitel identifiziert zwei für diese Arbeit zentrale Forschungsbereiche. Neben der subnationalen Mobilisierung bietet auch der Forschungsstand im Bereich des Lobbying von Interessengruppen in EU-Angelegenheiten wichtige Erkenntnisse, die für die vorliegende Arbeit fruchtbar gemacht werden können.

Die Literatur zur subnationalen Mobilisierung hebt die Bedeutung von Regionalvertretungen für das gesamte europapolitische Engagement subnationaler Gebietskörperschaften hervor. Diese stellen nicht nur eine Mobilisierungsform dar, sondern nehmen darüber hinaus Funktionen und Aufgaben wahr, welche die Heimatverwaltung und die politischen Entscheidungsträger einer Region in die Lage versetzen, überhaupt effektiv Einfluss auf europäische Politikentscheidungen nehmen zu können, sei es auf EU- oder nationaler Ebene. Während über Funktion, und Organisation von Regionalvertretungen und Mobilisierungsaktivität im Allgemeinen fundierte Kenntnisse zusammengetragen wurden, hinkt die Erarbeitung von Erklärungsansätzen zu subnationaler Mobilisierung hinterher. Zwar existieren einige Studien, welche potentielle Erklärungsfaktoren, z.B. Ressourcenausstattung und/oder institutionelle Kompetenzen von Regionen, nennen oder sogar auf einen theoretischen Rahmen zurückgreifen; dennoch weisen diese Arbeiten zwei zentrale Defizite auf. Denn obwohl der Multilevel Governance Ansatz als Bezugsrahmen für die meisten Studien dient, wird der Mehrebenendynamik subnationaler Mobilisierung und der Vielschichtigkeit der Aufgaben von Regionalverwaltungen bei der Bildung theoretischer Ansätze nur begrenzt Rechnung getragen. Darüber hinaus bleibt unbeachtet, dass europapolitisches Engagement für regionale Gebietskörperschaften auch mit Kosten verbunden ist.

Im Vergleich dazu ist der Forschungsbereich zu Lobbying von Interessengruppen bereits weiter vorangeschritten. Im voranstehenden Abschnitt wurde deutlich, dass auch Unternehmen und Verbände in den letzten 20 Jahren sich zunehmend in der europäischen Politikarena bewegten. Auch ist die Erforschung der Strategiewahl bei Lobbying von Interessengruppen und der Erfolgsabschätzung ausgeprägter als bei der subnationalen Mobilisierung. Hinsichtlich theoretischer Erklärungsansätze zeichnet sich der Forschungsbereich zu Interessengruppen ebenfalls durch eine größere Bandbreite existierender Ansätze aus. Wichtige Erkenntnisse sind in diesem Zusammenhang, dass das Engagement auf europäischer Ebene nur einen Weg beim Versuch der Einflussnahme auf politische Entscheidungen darstellt, und dass die nationale Situation die Aktivität in Brüssel beeinflusst. Für die Entwicklung eines theoretischen Rahmens ist zudem die Identifikation von sozialen und materiellen Anreizstrukturen, die nach Akteuren und Politikfeldern variieren können, essentiell. Dies ist bei der Entwicklung des theoretischen Ansatzes im folgenden Kapitel zu berücksichtigen.

Die in beiden Forschungsbereichen gewonnenen Erkenntnisse helfen, einen kohärenten theoretischen Rahmen a) zur Erklärung subnationaler Mobilisierung im Allgemeinen und b) zu der in dieser Arbeit verfolgten Frage nach der Entwicklung der Existenz von Regionalvertretungen in Brüssel zu entwickeln. Für die Griffigkeit und das Erklärungspotential solch eines Ansatzes müssen einige Anforderungen erfüllt sein. Aus der geführten Diskussion erscheint es notwendig, dass die Mehrebenenlogik und die Vielschichtigkeit der Funktionen von Regionalvertretungen sich im Modell widerspiegeln müssen. Neben den Anreizen zur Mobilisierung bzw. der Eröffnung von Repräsentanzen in Brüssel darf aber nicht nur der potentielle Nutzen berücksichtigt werden, sondern es müssen auch die damit verbundenen Kosten in das Modell Eingang finden. Insgesamt erscheint somit der Weg, einen auf einer Kosten-Nutzen-Kalkulation basierenden theoretischen Ansatz zu entwickeln, als erfolgsversprechend. Die Entwicklung des Erklärungsansatzes wird im folgenden Kapitel geleistet.

3 Theoretischer Rahmen

Erklärungsansätze zu subnationaler Mobilisierung – definiert als Engagement subnationaler Entitäten mit Institutionen und Prozessen des EU Policy-Making (vgl. Jeffery 2000: 1-2) – sind rar. In Abschnitt 2.1 wurden Stand und Defizite der subnationalen Mobilisierungsforschung aufgearbeitet. Deutlich wurde dabei, dass sich die bisherigen Bemühungen zur Bildung eines theoretischen Rahmens lediglich auf die Frage der (Nicht-)Existenz regionaler Vertretungen beschränken. Andere Aspekte und Formen subnationaler Mobilisierung blieben hingegen außen vor, weshalb eine Weiterentwicklung der Erklärungsansätze und deren Anwendung auf andere Mobilisierungskanäle in direktem Anschluss nicht möglich ist. Um die Forschung an diesem Punkt voranzutreiben, muss dieses Defizit der Mobilisierungsliteratur geschlossen werden. Dazu müssen die in der Literatur zu Lobbying von privaten Interessengruppen gewonnenen Erkenntnisse und die dortigen Fortschritte in der Theoriebildung genutzt werden, um dieses Defizit zu schließen.

In diesem Sinne verfolgt die vorliegende Arbeit nicht einfach nur das Ziel, ein Erklärungsmodell zu entwickeln, das in der Lage ist zu erklären, warum manche Regionen früher und andere später eine Vertretung in Brüssel eröffnet haben. Vielmehr ist das Ziel, einen allgemein gehaltenen theoretischen Rahmen zu erarbeiten, der nicht nur auf diesen einen Mobilisierungskanal Anwendung finden kann, sondern auch auf die anderen. In Anbetracht der Vielfältigkeit der Mobilisierungskanäle (vgl. Abschnitt 2.1), muss ein Erklärungsansatz zwei Dinge leisten. Einerseits muss er flexibel genug sein, um den Eigenschaften des jeweils analysierten Kanals hinreichend Rechnung zu tragen. Andererseits muss er in seiner Gesamtkonzeption allgemein bleiben, so dass Erkenntnisse aus der Studie zu einem bestimmten Kanal auf andere übertragen werden können, um auf diese Weise zum Fortschritt in der Entwicklung eines Erklärungsansatzes zur subnationalen Mobilisierung beizutragen. Hierfür ist zwingend notwendig, dass die Spezifizierung des allgemeinen Modells zur Anwendung auf einen spezifischen Kanal kohärent und stringent durchgeführt wird. Um diese Anforderung an das allgemeine Erklärungsmodell und deren Spezifizierung sicherzustellen, bietet sich die Nutzung eines formalen Models als adäquate Herangehensweise an. Die Anwendung formaler Modelle hat bereits in vielen Forschungsbereichen der Politikwissenschaft, insbesondere im Bereich der internationalen Beziehungen oder der Wahlforschung, zu neuen Erkenntnissen verholfen (z.B. Banks/Kiewiet 1989; Downs 1975).

In Bezug auf diese Zielvorgaben werden im Folgenden zunächst die Vorteile formaler Modelle erläutert (Abschnitt 3.1). Im Anschluss wird das allgemeine Erklärungsmodell zur subnationalen Mobilisierung entwickelt (Abschnitt 3.2). Schließlich folgt die Spezifizierung dieses formalen Modells als theoretischer Rahmen zur Erklärung der zeitlichen Entwicklung regionaler Vertretungen in Brüssel (Abschnitt 3.3).

3.1 Formale Modellierung

Die Entwicklung ausgefeilter Methoden in der Ökonometrie zur Datenanalyse und der Fortschritt in den Datenanalyseprogrammen führten in den vergangenen Jahren dazu, dass die Übernahme und Anwendung solcher Techniken auch in den Politikwissenschaften zu beobachten ist (King 1991). Dies scheint jedoch zu Lasten der Verbindung zwischen Theorie und Empirie zu gehen. Häufig werden empirische Ergebnisse nicht auf die ursprüngliche theoretische Anknüpfung rückbezogen und dahingehend interpretiert. Zudem wird die wissenschaftliche Debatte über die Ergebnisse häufig von rein methodologischen Aspekten dominiert (Morton 2005: 3). Parallel zu diesen Entwicklungen kam der Einsatz von Techniken zur formalen Modellierung auf. Dennoch blieb eine wechselseitige Befruchtung beider Forschungsschulen größtenteils aus. Zum einen wurden formale Modelle nur selten einer empirischen Evaluation unterzogen, um die Güte des Modells festzustellen. Zum anderen nutzen auch nur wenige Wissenschaftler formale Modelle als Ausgangsbasis zur Erklärung empirischer Phänomene (Morton 2005). Doch gerade die Verknüpfung beider Herangehensweisen – der empirischen und der formalen – verspricht aufgrund der Vorteile formaler Modelle, einen großen wissenschaftlichen Mehrwert zu erbringen (Fiorina 1975; Morton 2005).

Die Stärke formaler Modelle liegt in der Präzision, mit der die Argumente ausgedrückt werden. Bei der Entwicklung eines formalen Modells ist man zu einer eindeutigeren Formulierung gezwungen (Fiorina 1975). Die Transparenz der Argumente wird sowohl für den Entwickelnden als auch für den Rezipienten größer (Powell 1999: 29).[28] Die Transparenz in der Argumentation bringt zudem weitere Vorteile mit sich (vgl. Powell 1999 29-32). Erstens ermöglicht die explizite Formulierung von Annahmen die Prüfung der internen Logik des Arguments

---

[28] Die Verwendung mathematischer Ausdrücke führt automatisch zu einer präzisen Sprache (Kreps 1990: 6). Vergleiche auch King (1991: 1): „The advantage of formal and quantitative approaches is that they are abstract representations of the political world and are, thus, much clearer."

und sie gibt an, unter welchen Bedingungen das Modell als zutreffend anzunehmen ist. Zweitens sind aus der expliziten Benennung der Annahmen leichter
neue und testbare Hypothesen ableitbar.[29] Schließlich kann ein formales Modell
auf eine große Bandbreite von Fragestellungen angewandt werden, weil die zugrunde liegenden Mechanismen allgemein gehalten sind. So könnte ein formales
Modell zur subnationalen Mobilisierung nicht nur auf diesen Bereich beschränkt
bleiben, sondern auch zur Diskussion und der (Weiter-)Entwicklung einer Theorie zu Multilevel Governance beitragen.

Trotz dieser Vorteile formaler Modelle darf nicht übersehen werden, dass
auch der Wissen generierende Prozess mithilfe von formalen Modellen eine
Entwicklung darstellt, die sich zwei Einschränkungen gegenübersieht. Zum einen muss das Modell einfach gehalten werden, damit es anwendbar bleibt. Zum
anderen ist es abhängig vom Wissen des Forschers über das vorliegende Phänomen und dessen Einsicht darin, welche Faktoren das Phänomen erklären können
(Powell 1999: 24). Folglich ist nicht zu erwarten, dass das erste aufgestellte Modell in der Lage ist, das interessierende Phänomen vollständig zu erklären.
Gleichwohl drängt sich auf, bisherige theoretische Argumente in einem Erklärungsmodell zusammenzuführen und zu formalisieren. Damit wäre gewährleistet, dass der bisherige Kenntnisstand optimal genutzt würde. Die Entwicklung
eines Modells zur subnationalen Mobilisierung muss als ein Unternehmen verstanden werden, das mit einfachen Argumenten beginnt und in der Fortführung
weiter spezifiziert wird. Selbst wenn Modelle sich in der empirischen Evaluation
teilweise oder komplett als falsch erweisen, tragen sie zum Erkenntnisgewinn
bei. Denn würde dieser Fall eintreten, wäre dies eine Bestätigung dafür, dass das
Model oder das ihm zugrundeliegende Verständnis des Phänomens inadäquat ist.
Spiegelt das Modell sogar das in der Literatur vorherrschende Verständnis wider,
bedeutet dies, dass das in der Literatur gängige Verständnis inadäquat ist, und
somit einer Revision bedarf (Powell 1999: 25). Trotz solcher – oder aber gerade
wegen dieser – scheinbaren Hemmnisse erscheint die Entwicklung eines formalen Modells als ein wichtiger und notwendiger Ansatz in der Diskussion um
subnationale Mobilisierung. Aber welche Anforderungen sind an solch ein Modell zu stellen? Was macht ein Modell zu einem formalen Modell?

Nicht-formale Modelle bestehen in der Regel aus Beschreibungen realer
Dinge; es sind Vermutungen über tatsächliche Zusammenhänge als Resultat von
Beobachtungen und Intuition. Ein formales Modell hingegen besteht aus Abs-
traktionen und Behauptungen, die von den explizit gemachten Annahmen abge-

---

[29] Morton (2005) verweist in diesem Zusammenhang auf ein Beispiel von Fearon (1994), der unter
Zuhilfenahme eines Informationsasymmetrie-Modells zu internationalen politischen Krisen neue,
direkt überprüfbare Hypothesen und Faktoren ableiten konnte. Auf diese Weise hat er zu einem
erweiterten Verständnis von Abschreckung in internationaler Politik beigetragen.

leitet werden.[30] Annahmen sind für ein formales Modell von herausragender Bedeutung, weil sie die akzeptierten Prämissen für darauffolgende Argumente ausdrücken. Sie werden als wahr angesehen oder zumindest so betrachtet, dass einige Anzeichen dafür existieren, dass die Annahmen korrekt sind. In der Regel sind viele Annahmen nicht direkt messbar oder sogar falsch.[31] Dennoch sind sie nützlich. Annahmen sind das Mittel, um auf die wesentlichen Aspekte zu fokussieren und irrelevante Aspekte oder höchst unwahrscheinliche Ereignisse von der Betrachtung auszuschließen (Morton 2005: 38). Die auf diese Weise erzielte Komplexitätsreduktion ist der große Vorteil formaler Modelle.

Doch Kritiker formaler Modellierungen nehmen eben diesen Vorteil ins Visier.[32] Formale Modelle sehen sich häufig dem Vorwurf gegenüber, dass bei ihrer Spezifikation viele Annahmen getroffen werden und die Schlussfolgerungen der Analysen nur in Abhängigkeit dieser Annahmen gelten. Dieser Kritikpunkt lässt nun den Eindruck entstehen, dass nicht-formale Studien robuster seien als jene, die auf formalen Modellen basieren. Diese Ansicht verschließt jedoch die Augen vor der Notwendigkeit, Annahmen treffen zu müssen. Nicht die Formalisierung an sich macht eine Annahme wichtig, sondern die Formalisierung hilft uns, sie als wichtig zu erkennen (vgl. Powell 1999: 37). Nur wer sich über die Bedeutung von Annahmen bewusst ist, hat auch ein klares Verständnis über das untersuchte Phänomen und die durch sie bestätigten oder widerlegten Zusammenhänge.

Die neuen Erkenntnisse, die in der Politikwissenschaft durch die Anwendung formaler Modelle erzielt wurden, sind die Konsequenz der oben dargelegten Vorteile formaler Modellierung gegenüber nicht-formalen Modellen. Das bedeutet allerdings nicht, dass Erkenntnisgewinn nicht auch mit der nicht-abstrakten Herangehensweise hätte erreicht werden können. Tatsache aber ist, dass sie es nicht erreicht haben (Powell 1999: 38).

Mit der Motivation, die theoretische Forschung zur subnationalen Mobilisierung voranzutreiben, wird im Folgenden ein allgemeines, formales Modell entwickelt, das als Basis zur Untersuchung der interessierenden Fragestellung und auf verschiedene Aspekte der Mobilisierung angewandt werden kann.

---

[30] „A nonformal model becomes a formal model when a researcher expresses the real-world situation in abstract and symbolic terms in a set of explicitly stated assumptions" (Morton 2005: 36).
[31] Nach Morton (2005) existieren im Allgemeinen zwei Arten der Rechtfertigung von Annahmen. Erstens, eine Annahme ist als wahrscheinlich wahr anzusehen. Zweitens, eine Annahme ist falsch oder wahrscheinlich falsch, aber würde sie abgeschwächt werden, würden sich die Vorhersagen des Modells kaum ändern.
[32] Als Kritiker formaler Modelle können jene Wissenschaftler angesehen werden, die einen Rational Choice Ansatz ablehnen. Stellvertretend ist hier Pierson anzuführen (vgl. Pierson 2004).

3.2 Ein allgemeines formales Modell zur subnationalen Mobilisierung

Wie in Kapitel 2 herausgearbeitet wurde, stellt das Fehlen eines soliden theoretischen Rahmens ein fundamentales Defizit in der Mobilisierungsliteratur dar. Der notwendige Fortschritt durch die Entwicklung eines theoretischen Rahmens für die Mobilisierungsforschung insgesamt ist aber nur möglich, wenn als Basis ein allgemeiner Erklärungsansatz erarbeitet wird. Hierzu leistet die vorliegende Arbeit einen wichtigen Beitrag, indem zunächst ein allgemeines, formales Modell für subnationale Mobilisierung entwickelt wird, von dem ausgehend weitere Spezifikationen vorgenommen werden können, um die einzelnen Aspekte subnationaler Mobilisierung, z.b. die Entwicklung regionaler Repräsentanzen in Brüssel, untersuchen zu können. Die Grundargumentation des formalen Modells beruht auf den in der Literatur zu Mobilisierung und Lobbyinggruppen in der EU identifizierten Faktoren von Kosten und Nutzen von Interessenvertretungen sowie den Eigenschaften des europäischen Mehrebenensystems als Handlungsrahmen der Akteure.

Bevor diese Bausteine zum Erklärungsmodell zusammengesetzt werden, müssen im Sinne der zuvor erläuterten Notwendigkeit der Komplexitätsreduktion zunächst zwei zentrale Annahmen getroffen werden.[33] Die erste Annahme rückt die EU als gesetzgebende Ebene in den Mittelpunkt. Die EU wird als einheitlicher Akteur verstanden, d.h. die Art und Weise wie einzelne Politikentscheidungen auf europäischer Ebene konkret zustande kommen und welche Akteure sich dabei tatsächlich durchsetzen, wird nicht betrachtet. Von zentraler Bedeutung ist ausschließlich, dass die auf europäischer Ebene getroffenen Entscheidungen, Auswirkungen auf subnationale Entitäten haben. Durch Regulierung von Politiken und Umverteilung von Finanzmitteln verteilt die EU die Kosten und Nutzen der europäischen Integration. Subnationale Akteure können von Regulierungen in den verschiedenen Politikbereichen und der Ausgestaltung der Regionalförderung durch die Strukturfonds profitieren. Allerdings ist davon auszugehen, dass nicht alle subnationalen Entitäten der EU gleichermaßen von europäischen Politikentscheidungen profitieren. Vielmehr besteht die Möglichkeit, dass Entscheidungen einige Regionen schlechter stellen und andere besser.[34]

---

[33] Die nachstehenden Annahmen beziehen sich auf die subnationale Mobilisierung im Allgemeinen. Eine weitere Spezifikation der Annahmen folgt in Abschnitt 3.3, wenn das Modell auf den Mobilisierungskanal der Regionalvertretungen angewandt wird. Die weitere Zuspitzung der Annahmen ist erforderlich, um das Modell zur Analyse fähig zu machen. Je restriktiver die Annahmen sind, desto einfacher ist das Modell. Die Erkenntnis, die aus solchen restriktiven Modellen gewonnen wird, erleichtert den Umgang mit weiterentwickelten, komplexeren Modellen (Powell 1999: 25).

[34] Wann Regionen von EU-Entscheidungen profitieren oder verlieren wird im Verlauf dieses Abschnitts ausgeführt.

Die zweite zentrale Annahme beschreibt das politische Umfeld als Mehrebenensystem (Multilevel Governance System), in dem sich subnationale Entitäten in der EU bewegen.[35] Kennzeichen dessen ist, dass das System der Politikentscheidung in der EU aus multiplen, verschachtelten Kompetenzen und komplementären Policy-Funktionen und veränderlichen Autoritätslinien besteht (Marks/Hooghe/Blank 1996: 366). Vertreter des Multilevel Governance Ansatzes (z.B. Hooghe 1995; Keating 1998; Keating/Hooghe 2001; Hooghe/Marks 2001) gehen davon aus, dass Nationalstaaten trotz ihrer formal gegebenen Kompetenzen Zwängen unterliegen, die ihre Kontrolle über supranationale Akteure beschränken (Marks/Hooghe/Blank 1996: 352) und dass sowohl supranationale als auch subnationale Akteure in den Politikentscheidungsprozess eingreifen (Marks/Hooghe/Blank 1996: 346). Trotz dieser Eigenschaften des Multilevel Governance Systems sind die politischen Prozesse in der EU an Institutionen gebunden, die weiterhin eine entscheidende Rolle spielen für die Prozesse innerhalb der Staaten sowie zwischen innerstaatlichen und supranationalen Akteuren. Dabei sind die Nationalstaaten in der Lage, den Einfluss von Institutionen auf die politischen Prozesse gegebenenfalls weiter zu verstärken (Peters/Pierre 2001: 133; Peters/Pierres 2002: 10).[36]

Bereits in dieser äußerst komprimierten Darstellung der grundlegenden Argumentation des Multilevel Governance Ansatzes kommt die Schwierigkeit klar zum Ausdruck, die Rolle von Regionen im europäischen Politikprozess genauer zu bestimmen. Fest steht, dass Regionen nicht per se über Einfluss auf die europäische Politik verfügen, sondern sich diesen erst erarbeiten müssen. Zwar eröffnet ihnen das europäische Mehrebenensystem verschiedene Zugangsoptionen, aber subnationale Akteure müssen Ressourcen investieren, um diese Wege zu nutzen und ihre Interessen im Entscheidungsprozess zur Geltung zu bringen. Die Entscheidung, Investitionen in Formen subnationaler Mobilisierung zu leisten, ist eine politische. Es ist eine Wahl der Entscheidungsträger einer Region, außenpolitisch aktiv zu werden. Dabei wägen sie die Nutzen und die Kosten aus den Mobilisierungsaktivitäten gegeneinander ab. Diese Kalkulation beruht auf

---

[35] Allgemein wird Multilevel Governance als „dispersion of authoritative decision making across multiple territorial levels" (Hooghe/Marks 2001: xi) definiert. Der Begriff Governance bezieht sich dabei auf ein System von Regeln (vgl. Rosenau 1992: 4). Insgesamt umfasst Multilevel Governance also nicht nur ein System bestehend aus verschiedenen Politik- und Verwaltungsebenen, die über Kompetenzen und Ressourcen verfügen, umfasst auch die politischen Prozesse und Koordinationsmechanismen zwischen diesen Ebenen (Benz 2007: 298; Tömmel 2008: 19).

[36] Kritiker des Multilevel Governance Ansatzes sind zahlreich (z.B. Grande 1996; Bache 1998; Allen 2000; Peters/Pierres 2002). In seinem Beitrag fasst Jordan (2001) die Kritik in sieben Punkten zusammen. Hauptsächlich beschäftigt sich die wissenschaftliche Kontroverse mit der Frage, ob der Multilevel Governance Ansatz eine (neue) Theorie ist oder nicht (vgl. auch George 2004). Diese Frage steht nicht im Zentrum der vorliegenden Arbeit und kann in deren Rahmen auch nicht beantwortet werden.

den Einschätzungen der Entscheidungsträger der jeweiligen Region und ist deshalb weder für alle Regionen der EU noch für alle Regionen eines Nationalstaates als gleich anzunehmen.

Folglich ist die tatsächliche Form des Mehrebenensystems variabel und wird durch das Interesse der Akteure bestimmt, aktiv zu werden. Es besteht weder aus einem stabilen Gleichgewicht, noch basiert es auf einem legitimierten, konstitutionellen Grundsystem, welches den Akteuren feste Handlungsmuster vorschreibt (Marks/Hooghe/Blank 1996). Subnationale Entitäten können somit frei entscheiden, ob und wie sie sich in diesem europäischen Mehrebenensystem engagieren und mit welchen Akteuren (Nationalstaaten, supranationale Institutionen) sie dabei in Kontakt treten. Der Anreiz für ein Engagement ist in der EU als Autoritätsebene selbst zu sehen, auf der über die Verteilung von Kosten und Nutzen der europäischen Integration entschieden wird.

Schließlich ist es ein zentraler Aspekt des Modells, an welchen Kriterien Regionen ihre Entscheidung für oder gegen eine/mehrere Formen subnationaler Mobilisierung ausrichten. In der vorliegenden Arbeit wird argumentiert, dass Regionen dann mobilisieren, wenn der *erwartete Nutzen aus der Aktivität größer ist als die entstehenden Kosten.* Der Nutzen einer Region aus subnationaler Mobilisierung ist eine Funktion der Interessenlage der Region hinsichtlich der Ausgestaltung einer EU-Politikentscheidung. Je näher die beschlossene Politik der EU am Präferenzpunkt der Region liegt, desto höher ist der subnationale Nutzen. Er ist dann maximal, wenn das Interesse der subnationalen Gebietskörperschaft mit der EU-Regulierung übereinstimmt. Daraus ist für die vorliegende Arbeit zu folgern, dass es das Ziel subnationaler Mobilisierungsaktivität ist, das eigene regionale Interesse in den europäischen Politikprozess einfließen zu lassen, so dass die Distanz zwischen der schlussendlich getroffenen europäischen Politikentscheidung und dem Idealpunkt der Region minimiert wird.

Abbildung 2 zeigt schematisch Szenarien, wie eine Region von EU-Entscheidungen profitieren bzw. verlieren kann. Auf einer Politikdimension sind der Idealpunk der Region („Region") und der auf europäischer Ebene diskutierte Gesetzesvorschlag („EU 1") abgetragen. Steht am Ende des Politikentscheidungsprozesses das Gesetz in Form von „EU 2" fest, so reduziert sich die Distanz zwischen dem regionalen Idealpunkt und der neuen Regulierung um die Strecke „a". Im Gegensatz dazu verliert die Region, wenn die Entscheidungsträger sich auf eine Regulierung einigen, die dem Punkt „EU 3" auf der Politikdimension entspricht. In diesem Fall wird sie um die Strecke „b" schlechter gestellt und zieht einen geringeren Nutzen bzw. trägt höhere Kosten aus der europäischen Integration. Das Ziel subnationaler Mobilisierung einer Region ist, den europäischen Politikentscheidungsprozess derart zu beeinflussen, dass das EU-

Gesetz möglichst nahe an den eigenen Idealpunkt rückt oder zumindest dass die Distanz zwischen EU-Entscheidung und regionaler Präferenz nicht größer wird.

Abbildung 2:   Nutzen aus Veränderung einer EU-Entscheidung

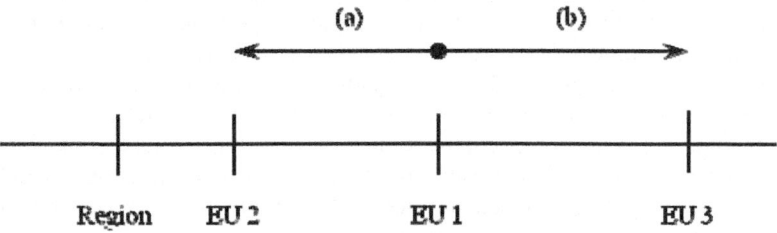

Der erwartete Nutzen aus subnationaler Mobilisierung bestimmt sich jedoch nicht ausschließlich durch die Differenz zwischen regionalem Interesse und der diskutierten und beschlossenen EU-Politik.

Die Effektivität der regionalen Interessenvertretung ist ein weiterer Parameter, der berücksichtigt werden muss. Je höher diese ist, desto besser kann eine Region ihre Interessen im Entscheidungsprozess repräsentieren und desto höher ist auch der erwartete Nutzen. Denn die Mobilisierungsaktivität führt dann zu einer Verringerung des Abstandes zwischen der regionalen Idealposition und der getroffenen EU-Entscheidung, wenn die Interessenvertretung effektiv gestaltet wird: Kontakte zu den zentralen Entscheidungsträgern, gute Argumente und genaue Information sind Voraussetzung für die effektive Repräsentation der regionalen Position in europäischen Angelegenheiten.

Die Kosten der Mobilisierung umfassen neben Personal auch finanzielle Ressourcen. Angestellte der Regionalverwaltung müssen sich über aktuelle Entwicklungen in der europäischen Politikarena informieren, mit den Gesetzesinitiativen auseinandersetzen sowie deren Auswirkungen auf die subnationale Entität abschätzen. Materielle Investitionen sind beispielsweise notwendig für die Organisation und Durchführung von Informationsveranstaltungen, durch die die Entscheidungsträger auf die Interessen und Belange der Region aufmerksam gemacht werden.

Insgesamt lässt sich für einen Mobilisierungskanal X mit der Effektivität der Interessenvertretung E_X ein allgemeines Modell aufstellen. Der erwartete Nutzen aus der Mobilisierung U_{Mob} für eine Region mit der Interessensituation in europäischen Angelegenheiten I_{Region} mit den entstehenden Kosten der Mobilisierung K_{Mob} lässt sich in folgende Gleichung fassen:[37]

$$U_{Mob}(Kanal_X) = I_{Region} * E_X - K_{Mob} \qquad (3.1)$$

> Der Nutzen einer Region aus subnationaler Mobilisierung durch einen Kanal steigt, je näher die europäische Politikentscheidung an die Idealposition der Region rückt und je effektiver die Region ihre Interessen in den Entscheidungsprozess einfließen lassen kann.

In diesem hier entwickelten, allgemeinen Modell zur subnationalen Mobilisierung werden Regionen als rationale Akteure betrachtet, die durch ihr Engagement versuchen, europäische Politikentscheidungen derart zu beeinflussen, dass sie dabei ihren Nutzen maximieren bzw. eventuell entstehende Nachteile minimieren. Der erwartete Nutzen wird jedoch u.a. von der Effektivität der Mobilisierung bestimmt.[38] Überwiegt der (perzipierte) Nutzen, wird – so das Modell – die subnationale Gebietskörperschaft in europapolitisches Engagement investieren. Ausgehend von diesem allgemeinen Modell können Forscher den theoretischen Rahmen zur Analyse der sie interessierenden Fragestellung spezifizieren. Das Modell lässt sich auf eine Vielzahl von Fragestellungen in Zusammenhang mit subnationaler Mobilisierung anwenden. So kann beispielsweise dem Vergleich von Nutzen mehrerer Mobilisierungskanäle nachgegangen oder die Aktivität von Regionen in unterschiedlichen Politikbereichen analysiert werden. Im nachstehenden Kapitel wird demonstriert, wie eine Spezifikation des Modells auf die hier zentrale Forschungsfrage nach der Wahrscheinlichkeit einer Eröffnung von Regionalvertretungen erfolgen kann.

3.3 Das formale Modell zur Eröffnung von Regionalvertretungen

Der nun weiter zu spezifizierende theoretische Rahmen zur Erklärung der Entwicklung subnationaler Vertretungen in Brüssel basiert auf dem soeben vorgestellten, allgemeinen formalen Modell. Analog zu dessen Argumentation liegt

---

[37] Eine Grundannahme dieses Modells ist, dass die Regionen über perfekte Information bezüglich der Position der EU-Politik auf der Politikdimension, über die Effektivität des Mobilisierungskanals sowie über die Kosten der Mobilisierung verfügen. Das Modell könnte um einen Unsicherheitsfaktor ergänzt werden. Um das Modell einfach zu halten, wird hierauf verzichtet.

[38] Die Integration des Faktors „Effektivität" erscheint u.a. auch deshalb sinnvoll, weil Mobilisierung nicht mit Einfluss auf europäische Politikentscheidungen gleichzusetzen ist. Wenn eine Mobilisierungsaktivität unternommen wird, bedeutet dies nicht automatisch, dass Einfluss erfolgreich ausgeübt wird.

dem spezifizierten Modell zu Regionalvertretungen die Annahme zugrunde, dass subnationale Entitäten ein Büro eröffnen, wenn der damit verbundene Nutzen (abzüglich der Kosten) besonders groß ist. Je größer der Nettonutzen für eine Region ausfällt, desto höher ist die Wahrscheinlichkeit, dass sie früher als andere eine Repräsentanz eröffnet. Um dieses allgemeine formale Modell passgenau zur Analyse des speziellen Mobilisierungskanals der Regionalvertretungen zu gestalten, müssen auch die Annahmen zu Mobilisierungskosten und -nutzen weiter spezifiziert werden. Dabei gilt dem Untersuchungsgegenstand an sich – den Vertretungen subnationaler Gebietskörperschaften in Brüssel – besondere Beachtung.

Für die Erarbeitung des spezifizierten Modells ist von Bedeutung, welche Funktionen Regionalbüros für subnationale Gebietskörperschaften erfüllen. Wie in Abschnitt 2.1 gezeigt wurde, sind die Regionalbüros in Brüssel für die subnationalen Gebietskörperschaften von zentraler Bedeutung, weil sie vielfältige Aufgaben erfüllen (vgl. Marks/Haesly/Mbaye 2002), was sie dazu befähigt, im europäischen Mehrebenensystem als erfolgreiche Akteure aufzutreten. Auf der einen Seite übernehmen sie die Aufgabe, regionales Interesse gegenüber den Entscheidungsträgern auf europäischer Ebene zu repräsentieren und diese in den Entscheidungsprozess einzuspeisen. Auf der anderen Seite dient das Büro zur Informationssammlung und -verarbeitung sowie deren Weiterleitung an die verantwortlichen Stellen in der Heimatregion. Die gewonnene Information dient den heimatlichen Institutionen als Ressource, auf die in den intergouvernementalen Beziehungen zwischen Region und Zentralregierung zurückgegriffen werden kann (Jeffery 1996c). Schließlich ist es eine weitere zentrale Aufgabe, „Schaufenster" nach außen für die Region zu sein.

Der Informationsgewinn für subnationale Entitäten ist nicht der einzige „nationale Effekt" ihrer Präsenz in Brüssel. Mit der Errichtung eines eigenen Büros demonstrieren Regionen neben ihrem europapolitischen Engagement auch ein gewisses Maß an tatsächlicher und symbolischer Eigenständigkeit. Das vom Nationalstaat unabhängige Auftreten einer Region auf der europäischen Ebene hat eine „nationale Wirkung". Es demonstriert die Bereitschaft, in europapolitischen Angelegenheiten selbst aktiv zu werden und den Willen, sich vom Nationalstaat zu emanzipieren, d.h. die Abhängigkeit vom Nationalstaat und von dessen Eintreten für die Interessen der Region abzulegen. Insgesamt übernehmen Regionalvertretungen somit verschiedene Aufgaben, welche die Verbindungen von subnationalen Entitäten gegenüber der supranationalen und nationalen Ebene stärkt und nachhaltig verändert:

„German RIOs [regional information offices] representing both part of the machinery, and, more broadly, a symbol of this transformation [Multilevel Governance]" (Jeffery 1996c: 200).

Auf Grundlage dieser Beobachtungen kann die Schlussfolgerung gezogen werden, dass Regionen aus der Mobilisierungsaktivität in Form der Regionalbüros Nutzen realisieren können, der sich nicht nur auf die direkte Interessenvertretung in Brüssel bezieht (EU-Nutzen), sondern auch einen zusätzlichen Nutzen für das Handeln in der nationalen Politikarena mit sich bringt (Nat-Nutzen). Dass neben dem potentiellen Nutzen aus direkter Interessenvertretung auf der europäischen Entscheidungsebene ein zusätzlicher Nebeneffekt dahingehend auftritt, dass die eigenständig gewonnene Information einer Region in der innerstaatlichen Politik helfen kann, um dort wiederum für die eigenen Interessen einzutreten, verdeutlicht, wie eng die Akteure der verschiedenen Ebenen im europäischen Polity-System miteinander verwoben sind. Die Regionalvertretung dient nicht nur dem Lobbying, sondern befähigt subnationale Entitäten als Akteure im europäischen Mehrebenensystem – und dies auch innerhalb des Nationalstaates – zu agieren. Durch die explizite Integration von europäischem und nationalem Nutzen für Regionen gelingt es diesem Ansatz, die Eigenschaften des Multilevel Governance Ansatzes in einen allgemeinen theoretischen Rahmen einzubetten, der einen zentralen Aspekt subnationaler Mobilisierung aufnimmt.

Für die Spezifikation des zuvor entwickelten allgemeinen Modells (Gleichung 3.1) auf den Untersuchungsgegenstand der Regionalvertretung hin muss somit die Komponente des nationalen Nutzens hinzugefügt werden. Die ursprüngliche Variable „Interessensituation" (I_{Region}) ist mit dem EU-Nutzen gleichzusetzen und wird im Folgenden durch den Terminus „EU-Nutzen" ersetzt. Um das Modell zu vereinfachen, wird des Weiteren die Annahme getroffen, dass die Effektivität subnationaler Mobilisierung in Form von Regionalvertretungen für alle subnationalen Repräsentanzen in Brüssel annäherungsweise gleich ist (vgl. auch Marks et al. 1996).[39] Mit dieser Annahme reduziert sich das Modell zum erwarteten Mobilisierungsnutzen aus der Regionalvertretung auf den nationalen und den europäischen Nutzen sowie auf die Kosten.[40] In Anlehnung an das allgemeine Mobilisierungsmodell aus Gleichung 3.1 kann folgendes spezifiziertes formales Modell zur Erklärung der Entwicklung subnationaler

---

[39] Zwar wird in der Literatur den größeren und institutionell starken Regionen mehr Einfluss in der EU zugeschrieben, allerdings existieren – wie in der Aufarbeitung des Forschungsstands diskutiert wurde (s. Abschnitt 2.1.2) – keine objektiven Kriterien oder Analysen zur Frage, wie erfolgreich diese Regionen bei der Einflussnahme sind.

[40] Aus theoretischer Perspektive könnte das Modell um einen Term, der „Lernen" über Effektivität und/oder Nutzen einer Regionalvertretung aufgreift, ergänzt werden. Dies wird hier jedoch nicht implementiert, weil das Modell möglichst einfach gehalten werden soll. Es versteht sich als ersten Schritt auf dem Weg zur Entwicklung eines theoretischen Modells subnationaler Mobilisierung. Hierfür ist es sinnvoll, zunächst die Modelle einfach zu halten (vgl. Powell 1999).

Interessenvertretungen in Brüssel aufgestellt werden, in dem U_{Mob} den Nutzen aus der Eröffnung einer Regionalvertretung darstellt:[41]

$$U_{Mob}(\text{Regionalvertretung}) = \text{EU-Nutzen} + \text{Nat-Nutzen} - \text{Kosten} \qquad (3.2)$$

Die Wahrscheinlichkeit, dass eine Region eine Repräsentanz in Brüssel eröffnet, steigt mit dem Nutzen, den sie aus den Funktionen der Vertretung zieht. Dieser Nutzen setzt sich zusammen aus einem mit der europäischen Ebene verbundenen EU-Nutzen und einem auf der nationalen Ebene angesiedelten Nat-Nutzen. Je höher der Gesamtnutzen abzüglich der aus der Mobilisierung anfallenden Kosten ausfällt, desto höher ist die Wahrscheinlichkeit für eine Region, zu einem früheren Zeitpunkt der europäischen Integration eine Vertretung in Brüssel zu eröffnen.

3.3.1 Europäischer Nutzen aus einer Regionalvertretung

Da subnationale Repräsentanzen mit der Absicht etabliert werden, dauerhaft, mindestens aber um für längere Zeit in Brüssel vertreten zu sein, stellt diese Mobilisierungsform keine temporäre Aktivität dar, die nur zum Zweck der Interessenvertretung hinsichtlich einer oder weniger Politikfrage(n) unternommen wird. Vielmehr erfüllt sie die essentielle Aufgabe, die regionalen Interessen bezüglich verschiedener Politikfelder kontinuierlich in den europäischen Politikentscheidungsprozess einfließen zu lassen.[42] Deshalb muss die Verteilung von Kosten und Nutzen europäischer Integration und europäischer Politik für Regionen im Gesamten betrachtet und darf nicht auf einzelne Politikfragen bezogen werden. Entscheidungen in den Bereichen der Umweltpolitik, Regionalpolitik, Forschung und Entwicklung sind ebenso zu berücksichtigen wie diejenigen im Feld der Binnenmarktpolitik. Von allen Politikentscheidungen, die auf europäischer Ebene getroffen werden, seien es distributive, re-distributive und regulative Politiken, gehen Effekte auf Regionen aus.

Wie sich die Effekte der EU-Politik in den einzelnen Regionen im Detail manifestieren werden, ist nicht vorherzusagen. Über zukünftige Politikrichtungen, aufkommende Politikprobleme und Lösungsansätze, welche von den zu diesem Zeitpunkt in der Verantwortung stehenden nationalen und europäischen

---

[41] Da die Effektivität der Interessenvertretung für alle Regionen als konstant angenommen wird, fällt die Variable „E" heraus. Die Variable „I" in der Gleichung 3.1 wird durch die Terminologie EU-Nutzen ersetzt.

[42] Die direkte Interessenrepräsentation ist nicht die einzige Aufgabe von Regionalvertretungen. Der Nutzen aus weiteren Aufgaben wird an späterer Stelle diskutiert (vgl. Abschnitt 3.3.2).

Politikern entwickelt werden, kann nur spekuliert werden. Mit dieser Unsicherheit müssen die politischen Entscheidungsträger einer Region umgehen. Sie verfügen nicht über die Kenntnisse darüber, ob und wann die EU eine Politik verfolgen wird, die insgesamt zum Vorteil oder zu Lasten der Region ausfällt. Deshalb müssen sie abschätzen, ob sie von der europäischen Integration profitieren oder dabei eher verlieren werden, falls sie keine Versuche unternehmen, die Entscheidungen zu ihren Gunsten zu beeinflussen. Somit stellt die Eröffnung einer Repräsentanz in Brüssel eine Investition in das Potential dar, zukünftige EU-Politik beeinflussen zu können, damit eine Region den größtmöglichen Nutzen daraus ziehen oder zumindest die negativen Auswirkungen begrenzen kann.[43] Die Interessen in unterschiedlichen Politikbereichen müssen folglich in Beziehung zu der von der EU verfolgten Politik gesetzt werden. Der Nutzen, den eine subnationale Gebietskörperschaft durch die Eröffnung einer Regionalvertretung zieht, bezieht sich somit auf eine allgemeine Interessenlage sowohl der EU als auch der Region.

Der auf die europäische Ebene bezogene Nutzen einer Region ist eine *Funktion der jeweiligen subnationalen Interessenspezifität*. Je spezifischer das Interesse einer Region ist, desto größer ist die Gefahr, dass die EU-Politik nicht im Sinne dieser spezifischen Interessenlage der Region ausfällt und desto stärker kann sie durch die europäische Integration verlieren. Die Frage ist die, anhand welcher Kriterien subnationale Gebietskörperschaften abschätzen, wie spezifisch ihre Interessen im Vergleich zur zukünftig verfolgten EU-Politik ausfallen werden. Sie müssen Erwartungen darüber bilden, wie häufig und wie stark ihre Interessen in Konflikt mit zukünftigen europäischen Politikentscheidungen stehen werden. Da EU-Entscheidungen auf vielseitige Art und Weise subnationale Gebietskörperschaften betreffen können, müssen Regionen in ihren Einschätzungen alle Politikbereiche, in denen die EU über Kompetenzen verfügt, berücksichtigen. Dies wiederum impliziert die Notwendigkeit, beides – EU-Integration über alle Politikbereiche hinweg und die subnationale Interessenspezifität – im Aggregat zu betrachten und in das formale Modell zu integrieren. Die aggregierte Spezifität der regionalen Interessenlage wird bestimmt aus (a) der Divergenz zwischen dem regionalen Interesse und (zukünftigen) europäischen Politikentscheidungen und (b) aus dem Potential dafür, dass solch ein Interessenkonflikt tatsächlich auftritt.

[43] An dieser Stelle muss betont werden, dass regionales Lobbying nicht zwangsläufig erfolgreich ist. Allerdings werden durch subnationale Mobilisierung die Interessen von Regionen in den Politikentscheidungsprozess eingebracht, wodurch die Möglichkeit entsteht, dass sich die schlussendlich beschlossene Politik dem Idealpunkt der Region annähert. Dennoch zeigen Beispiele, dass Regionen trotz intensiver Bemühungen ihre Interessen nicht immer durchsetzen können (z.B. Bourne 2003).

Die Schätzung der ersten Komponente (a), der Divergenz zwischen dem Interesse einer Region und der EU-Politik, gestaltet sich schwierig.[44] Bei der Kalkulation, ob die Interessen einer subnationalen Gebietskörperschaft und die zukünftigen Politikentscheidungen in der EU tendenziell näher zusammen oder auseinander liegen, sehen sich die politischen Verantwortlichen der regionalen Entitäten großen Unsicherheiten gegenüber. Es steht nicht fest, in welche Richtung und mit welcher Geschwindigkeit sich die europäische Integration entwickeln wird. In der Folge müssen sie darüber spekulieren, ob die Präferenzen ihrer Region in den verschiedenen Politikfeldern stark oder kaum von den EU-Entscheidungen abweichen werden. Je größer die Distanz zwischen dem subnationalen Idealpunkt und der EU-Politikentscheidung, desto größer sind die Kosten für eine Region.

Folglich stellt sich die Frage, wann die zu erwartenden Kosten besonders groß sind. Stellt man sich eine einfache Politikdimension vor, so wird die endgültig getroffene Politikentscheidung zwischen den beiden Polen „0" und „1" liegen. Gleichzeitig kann der regionale Präferenzpunkt auf dieser Dimension abgetragen werden. Abbildung 3 drückt beispielhaft drei Konstellationen aus. Im ersten Fall liegt der Idealpunkt einer Region („R 1") auf dem linken Pol der horizontalen Achse der Politikdimension, während die Entscheidung der EU („EU 1") auf dem anderen Ende des Kontinuums festzumachen ist. Unterteilt man das Kontinuum in zehn gleich große Strecken und nimmt man dabei an, dass mit jeder Einheit, welche der regionale Idealpunkt und die tatsächlich getroffene Politikentscheidung auseinander liegen, die Kosten für die Region um eine Kosteneinheit steigen, so betragen die Kosten in diesem Beispiel zehn Einheiten. Verbindet man beide Punkte miteinander, erhält man die regionale Kostenkurve (durchgezogene Linie) für jede mögliche EU-Entscheidung. Je näher die getroffene Entscheidung auf der Dimension an den regionalen Idealpunkt rückt, desto geringer werden die aus ihr resultierenden Kosten für die Region.

Im zweiten Fall liegt der subnationale Idealpunkt („R 2") auf dem zweiten Teilstrich. Die lang gestrichelte Linie spiegelt die Kostenkurve für die Region

---

[44] Sicherlich wäre es von Vorteil, die konkrete Position der regionalen Akteure und der europäischen Politik auf einer allgemeinen Dimension als Daten vorliegen zu haben. In den auf Grundlage formaler Modelle erarbeiteten Analysen zur Entscheidungsfindung im Ministerrat und dem Europäischen Rat werden die Positionen der Akteure auf einer Dimension der betrachteten Angelegenheit abgetragen. Es existieren auch Studien, welche versuchen, die Positionen der Akteure im europäischen Entscheidungsprozess hinsichtlich einer oder mehrerer Politiken zu messen (z.B. Thomson et al. 2006). Diese Herangehensweise ist in der vorliegenden Arbeit jedoch nicht realisierbar. Zum einen existieren solche Daten bislang nicht. Zum anderen wäre dieses Vorgehen zwar von Vorteil, weil es genauere Auskunft zu den Idealpunkten der Akteure gäbe, aber dies ist nicht notwendig. Denn das Ziel der vorliegenden Arbeit ist nicht die Erklärung des Zustandekommens politischer Entscheidungen im Mehrebenensystem. Zur Beantwortung der Forschungsfrage, der hier nachgegangen wird, reicht die Annäherung an die allgemeine Position von Regionen aus.

wider. Würde die EU eine Entscheidung treffen, die wiederum auf dem rechten Pol der Politikdimension zu verorten ist, beliefen sich die Kosten für die subnationale Entität auf acht Einheiten. Träfe die EU hingegen eine Entscheidung, die links neben dem regionalen Idealpunkt läge, bezifferten sich die maximalen Kosten auf zwei Einheiten. Im dritten Beispiel, wird angenommen, dass der Idealpunkt der Region („R 3") in der Mitte der Politikdimension liegt. In dieser Situation betragen die maximalen Kosten für die Region fünf Einheiten. Diese mittlere Position auf der Politikdimension minimiert den maximal möglichen Verlust für eine Region, da die Distanz zu den beiden Extrempunkten minimiert wird.

Abbildung 3:   Verteilung von Kosten von EU-Entscheidungen

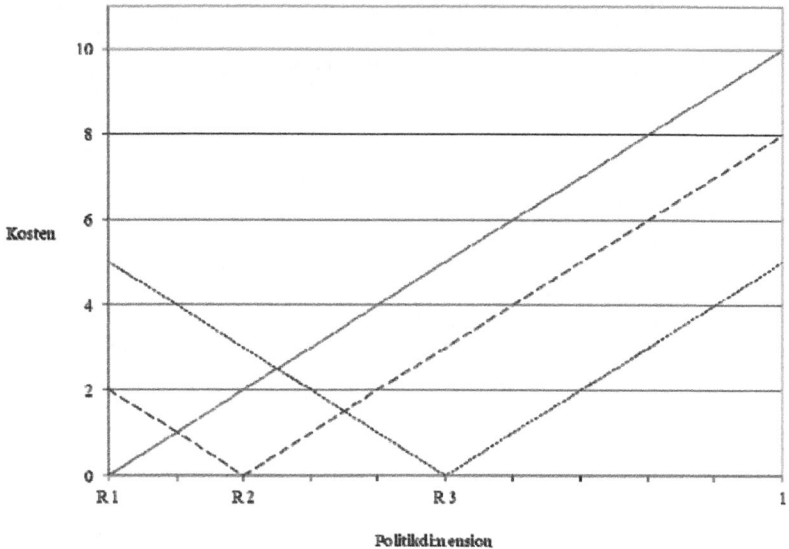

Vor dem Hintergrund der erörterten Beispiele lassen sich Schlussfolgerungen über den Anreiz von Regionen ableiten, eine Vertretung in Brüssel zu eröffnen. Zwar ist – wie oben erläutert – dabei zu berücksichtigen, dass die EU über Politikkompetenzen in verschiedenen Bereichen verfügt und sich diese nicht – wie im obigen Beispiel – auf eine Politikdimension reduzieren lässt.[45] Dennoch lässt sich das beschriebene Prinzip analog auf größere Politikfragen der europäischen Integration übertragen, indem man die Politikbereiche und die subnationalen Interessenpositionen im Aggregat betrachtet. Besteht in einer Situation mit völliger Unsicherheit über (zukünftige) EU-Politik und damit darüber, wie die Kosten und Nutzen europäischer Integration verteilt werden, haben jene subnationalen Entitäten einen höheren Anreiz ein Büro zu etablieren, die besonders hohe Kosten zu erwarten haben. Je weiter die durchschnittliche Position einer Region von der mittleren Position entfernt liegt, desto höher fallen die maximalen Kosten im Falle des aus Sicht dieser Region schlechtesten Ergebnisses aus und desto höher ist der Anreiz, eine Vertretung in Brüssel zu etablieren. Folglich steigt die Wahrscheinlichkeit, dass eine regionale Gebietskörperschaft ein Büro eröffnet, mit zunehmender (durchschnittlicher) Divergenz der Region vom angenommenen europäischen Mittel (vgl. Abbildung 4).

Abbildung 4:   EU-Nutzen aus Interessendivergenz

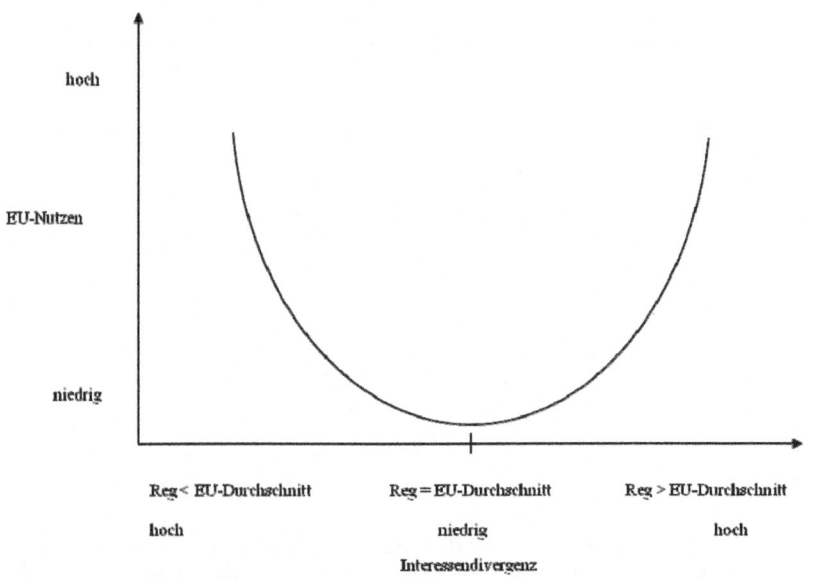

---

[45] Die Reduzierung auf eine Politikdimension wäre möglich, wenn man nur die Frage nach einer Ausweitung der europäischen Integration bzw. einer supranationalen oder intergouvernementalen Ausrichtung der EU betrachten würde. Jedoch geht es für subnationale Gebietskörperschaften nicht in erster Linie um Fragen der Macht des Nationalstaats gegenüber der supranationalen Ebene, sondern um Politikinhalte und Regulierungen.

Die zweite Komponente (b) der Funktion zur regionalen Interessenspezifität, das Konfliktpotential, bezieht sich nicht auf die Interessendivergenz im eigentlichen Sinne, sondern auf die Auswirkungen europäischer Politikentscheidungen in Politikbereichen, in denen subnationale Gebietskörperschaften über Kompetenzen verfügen. Übt eine Region in einem Politikfeld Kompetenzen aus, wird sie in ihrer Ausübung der Autorität von europäischen Vorgaben direkt tangiert und muss diese in ihren eigenen Politikentscheidungen berücksichtigen. Daraus lässt sich folgende Hypothese ableiten: In je mehr Politikbereichen eine Region über Kompetenzen verfügt, desto stärker ist sie von EU-Entscheidungen betroffen und desto höher ist das Konfliktpotential einzustufen. Das impliziert, dass mit steigendem Konfliktpotential der Nutzen für eine Region aus einer Vertretung in Brüssel ebenfalls steigt (vgl. Abbildung 5).

Abbildung 5:   Konfliktpotential und EU-Nutzen

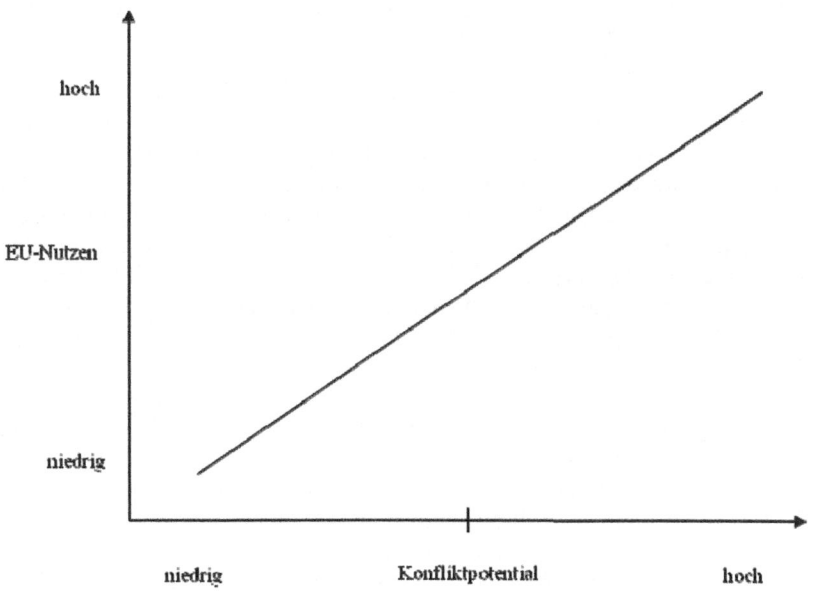

Insgesamt betrachtet eröffnet die Unterhaltung einer Regionalvertretung in Brüssel die Möglichkeit, die eigenen regionalen Interessen gegenüber EU-Entscheidungsträgern zu repräsentieren, um auf diese Weise Einfluss auf die Verteilung von Kosten und Nutzen der europäischen Integration zu ihren Gunsten auszuüben. Zentrale Größen zur Abschätzung der Kosten- und Nutzenverteilung sind dabei die Spezifität der regionalen Interessen und das Konfliktpotential. Formal lässt sich der auf die EU-Ebene bezogene Nutzen als Funktion f_{EU} der Interessenspezifität ausdrücken:

EU-Nutzen $= f_{EU}$(Interessenspezifität)   (3.3)
$= g_{EU}$(Interessendivergenz; Konfliktpotential)

Der mit der europäischen Ebene verbundene EU-Nutzen aus Regionalvertretungen ist eine Funktion der Interessenspezifität einer Region. Diese setzt sich aus der Interessendivergenz und dem Konfliktpotential zusammen. Je größer das Ausmaß der regionalen Interessendivergenz und je höher das Konfliktpotential, desto höher ist die Interessenspezifität und damit der EU-Nutzen für Regionen aus einer Vertretung in Brüssel.

3.3.2 Nationaler Nutzen aus einer Regionalvertretung

Regionalvertretungen in Brüssel sind nicht nur ein sichtbares Zeichen für die Existenz von Multilevel Governance (vgl. Marks et al. 1996). Sie sind institutionalisierte Verbindungspunkte zwischen der regionalen und der europäischen Politikebene und halten den subnationalen Gebietskörperschaften auf diese Weise die Tür nach Europa offen. Neben dem europäischen Engagement von Regionen demonstriert die Existenz eines Brüsseler Büros aber auch einen Autonomieanspruch der Regionen innerhalb der nationalen Politikarena. Mit der Errichtung einer Repräsentanz emanzipieren sich subnationale Gebietskörperschaften tendenziell vom eigenen Nationalstaat. Unter anderem befreien sie sich aus der Abhängigkeit, in der Informationen zu europäischen Politikentwicklungen ausschließlich über nationale Regierungskanäle an sie kommuniziert werden und dass der Nationalstaat die dritte Ebene in den nationalen Politikprozess einbindet. Dadurch setzen Regionen ein Zeichen, von dem eine Innenwirkung auf die Nationalregierung ausgeht, die nun mit einer anderen Situation umzugehen hat. Nicht mehr sie allein kontrolliert europapolitische Interaktion, sondern sieht sich selbstbewussten Regionen gegenüber. Folglich kann der auf nationaler Ebene angesiedelte Nutzen von Regionen aus einer eigenen Regionalvertretung als eine Funktion der subnationalen Emanzipation vom Nationalstaat bzw. der Nationalregierung konzipiert werden. Dieser nationale Emanzipationsnutzen speist sich aus zwei Quellen.

Erstens tragen die eigenständige Informationssammlung und -verarbeitung zu europäischen Politikentwicklungen der Regionalvertretungen dazu bei, dass subnationale Gebietskörperschaften nicht mehr auf die Informationen nationalstaatlicher Institutionen angewiesen sind. Durch ihr eigenes Büro und aufgrund direkter Kontakte der Mitarbeiter vor Ort zu Mitgliedern europäischer Institutionen sind sie eng in das europäische Integrationsgeschehen eingebunden und erhalten Informationen über die neusten Entwicklungen und Ideen zur Politikgestaltung auf europäischer Ebene. Ein Mangel an Information oder eine späte in Kenntnissetzung regionaler Gebietskörperschaften wurden bereits zu Beginn der europäischen Integration von Vertretern der deutschen Länder kritisiert. Auch die Arbeit des Länderbeobachters in Brüssel, der im Auftrag der deutschen Länder das politische Geschehen im Ministerrat beobachtet und den Ländern berichten sollte, war nicht ausreichend (Bauer 1996; Fastenrath 1990).[46] Doch mit der Errichtung einer Vertretung in Brüssel rücken die regionalen Entitäten näher an die europäische Politikarena heran und schaffen sich eine gewisse Unabhängigkeit von den nationalen Informationskanälen.

Von ihren eigenen Büros kann die politische Führung einer Region zu den Politikthemen Informationen zeitnah erhalten, die ihre spezifischen Interessen betreffen. Der inhaltliche und zeitliche Vorteil befähigt eine Region, frühzeitig in der nationalen Politikarena dafür einzutreten, dass ihre Interessen in die nationalstaatliche Verhandlungsposition in intergouvernementalen Gesprächen auf EU-Ebene einfließen oder bei der Umsetzung von EU-Richtlinien im Nationalstaat berücksichtigt werden. Je später eine Region zu einer Politikfrage Stellung beziehen kann, desto weiter ist der Politikentscheidungsprozess in der EU bzw. im Nationalstaat vorangeschritten und desto schwieriger ist es, Einfluss auf den Entscheidungsprozess zu nehmen.

Je früher und besser eine Region über europäische Politikentwicklungen informiert ist, die ihre Interessen betreffen, desto effektiver können nationale, institutionelle Mechanismen genutzt werden, um die eigenen Interessen in den nationalen Politikprozess einfließen zu lassen. Abbildung 6 veranschaulicht diese Effektivitätssteigerung. Die institutionellen Möglichkeiten zur Beteiligung an nationalen Politikentscheidungen variieren von gering bis hoch. Je stärker der Einfluss von Regionen auf die nationale Politik ist, desto besser können Regionen ihre Interessen in die nationale Position zu Fragen der europäischen Integration bzw. zur Umsetzung von EU-Recht einbringen (durchgezogene Linie). Verfügen Regionen über eine Vertretung in Brüssel, sind sie gut und frühzeitig über Überlegungen zur Ausgestaltung von EU-Politiken informiert, so dass sie die innerstaatlichen Möglichkeiten effektiv nutzen können. Diese Effektivitätssteigerung kommt in der Abbildung durch die veränderte Steigung der gestrichelten Geraden zum Ausdruck. Je mehr Einfluss eine Region auf die nationale Politik

---

[46] Regionen erhalten formal garantiert Informationen über die politischen Diskussionen auf europäischer Ebene über den Länderbeobachter. Allerdings benötigt dieser Weg des Informationsflusses (zu) viel Zeit, als dass Regionen effektiv reagieren könnten.

hat, desto effektiver kann dieser institutionelle Zugang genutzt werden, um eigene Interessen in die nationalstaatliche Position bei intergouvernementalen Verhandlungen sowie nationalstaatlichen Policies einzuspeisen.[47]

Abbildung 6:   Effektive Nutzung nationaler Beteiligungsmöglichkeiten

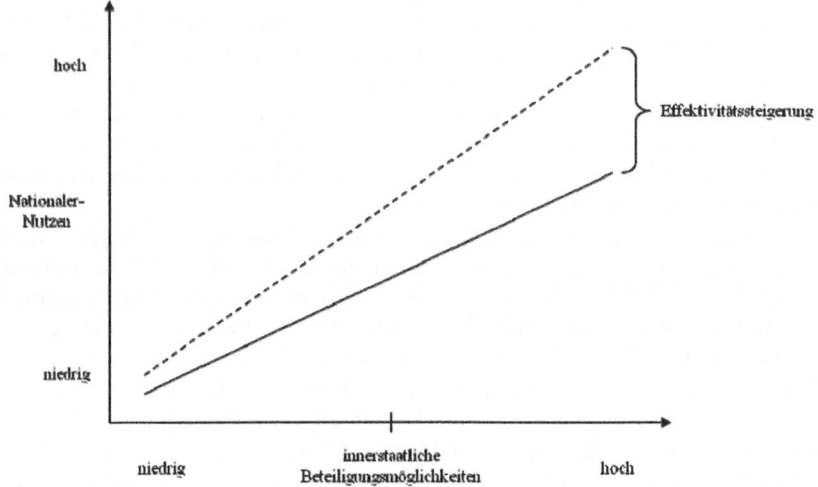

Durch das Unterhalten von Regionalvertretungen in Brüssel demonstrieren regionale Gebietskörperschaften Eigenständigkeit und eigenverantwortliches Engagement. Diese Wirkung wird jedoch nicht nur nach außen, gegenüber europäischen Institutionen, anderen Nationalstaaten und Regionen erzielt, sondern auch nach innen, gegenüber dem eigenen Nationalstaat und der Nationalregierung. Mit der Errichtung einer Repräsentanz zeigen subnationale Entitäten die den Willen zur Emanzipation, um sich damit in einem gewissen Maße unabhängig von der Nationalregierung und deren Wohlwollen zur Kooperation mit den Regionen zu machen. Diese symbolische Wirkung einer Regionalvertretung verhilft Regionen zur politischen Aufwertung im nationalen politischen System. Zwar ist diese symbolische Wirkung nicht gleichzusetzen mit dem Potential zur Beeinflussung nationaler Politik, wie dies die institutionellen Beteiligungsmöglichkei-

---

[47] Die Effektivitätssteigerung wird nicht als Konstante konzipiert, d.h. sie ist nicht für alle Regionen gleich (dann käme es in Abbildung 6 zu einer Parallelverschiebung der durchgezogenen Geraden), sondern steigt mit den institutionellen Beteiligungsmöglichkeiten von Regionen an Politikprozessen in der nationalen Arena. Der Zusammenhang wird hingegen als multiplikativ angenommen.

ten bieten, dennoch können sich Regionen auf diese Weise Beachtung innerhalb ihres Nationalstaates erarbeiten.

Abbildung 7:   Nationaler Nutzen und politisch-kulturelle Divergenz

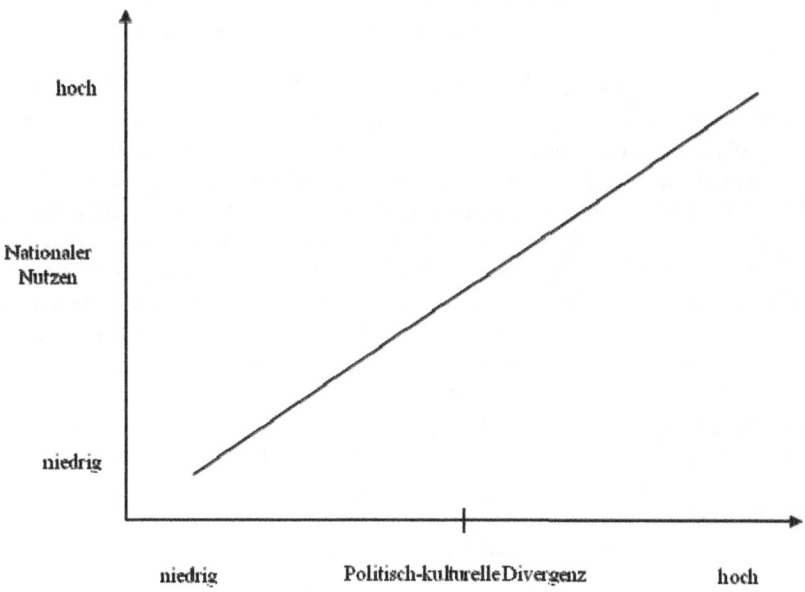

Zweitens finden regionale Entitäten, die durch das Unterhalten einer Vertretung in Brüssel außenpolitische Aktivität zeigen, auch außerhalb des Nationalstaats Beachtung. Mit der Eröffnung eines Büros treten subnationale Gebietskörper-schaften aus dem Schatten des Nationalstaates heraus und werden auch für ande-re europäische und regionale Akteure als aktive Mitspieler im europäischen Mehrebenensystems sichtbar (vgl. Knodt 2002: 218-219). Diese symbolische Emanzipation gewinnt besonders dann an Bedeutung, wenn die parteipolitische oder kulturelle Konstellation in einer Region von derjenigen auf nationaler Ebe-ne abweicht. Mit steigender Divergenz der politisch- kulturellen Situation einer Gebietskörperschaft im Vergleich zur nationalen Ebene steigt die Spannung zwischen Zentralstaat und Region (Marks et al. 1996). Mit größer werdender politisch-kulturellen Divergenz wächst der Nutzen aus der Emanzipation (vgl. Abbildung 7). Durch eine eigene Vertretung können Regionen, deren politische Führung sich aus anderen Parteien als der auf nationaler Ebene in der Verantwor-tung stehenden zusammensetzt, ihre eigenen Interessen in EU-Angelegenheiten vertreten. Die eigene Repräsentanz eröffnet politischen Führungspersonen einer subnationalen Gebietskörperschaft die Möglichkeit, in eigenen Räumlichkeiten mit wichtigen Akteuren der EU-Institutionen zusammenzukommen, um ihnen ihre Anliegen darzulegen. Die räumliche und organisatorische Trennung der Repräsentanzen der Regionen von der des Nationalstaats schafft wichtige Voraussetzungen für die Eigenständigkeit bei der Interessenvertretung auf europapolitischer Ebene.

Durch diese Formen der Emanzipation stärken Regionen ihre Position im europäischen Mehrebenensystem. Zum einen tritt eine subnationale Entität durch die symbolische Wirkung einer Regionalvertretung in Brüssel aus dem Schatten des Nationalstaates und demonstriert auch gegenüber der Nationalregierung die Bereitschaft zum Engagement auf europäischer Ebene. Zum anderen können sich Regionen durch die eigenständige Informationsbeschaffung und -verarbeitung eine gewisse Unabhängigkeit gegenüber der Nationalregierung erarbeiten und effektiver die nationalen institutionellen Politikbeteiligungsmöglichkeiten nutzen, um wiederum ihre Interessen in den europäischen Politikentscheidungsprozess einfließen zu lassen. Der auf den nationalen Kontext bezogene Nutzen aus einer Repräsentanz ist eine Funktion f_{Nat} der Emanzipation, die durch nationale Beteiligungsmöglichkeiten und Aspekte politisch-kultureller Divergenz zwischen nationaler und regionaler Ebene bestimmt wird:

$$\text{Nat-Nutzen} \quad = f_{Nat}(\text{Emanzipation}) \qquad\qquad\qquad\qquad (3.4)$$
$$= g_{Nat}(\text{nationale Beteiligung; politisch-kulturelle Divergenz})$$

Der mit der nationalen Ebene verbundene Nutzen aus Regionalvertretungen ist eine Funktion aus der Emanzipation einer Region vom Nationalstaat. Diese setzt sich aus der effektiveren Nutzung der institutionellen Beteiligungsmöglichkeiten bei der Gestaltung nationaler Politik(positionen) und der symbolischen Emanzipation zusammen. Je besser die Beteiligungsmöglichkeiten sind und desto stärker die politisch-kulturelle Divergenz zwischen der Region und dem Nationalstaat ist, desto höher ist der Grad der Emanzipation einzuschätzen und desto höher ist der Nat-Nutzen für Regionen aus einer Vertretung in Brüssel.

3.3.3 Anfallende Kosten einer Regionalvertretung

Ausgangspunkt des formalen Modells zur subnationalen Mobilisierung ist die Annahme, dass Regionen ihre Entscheidung, eine Vertretung bei der EU zu errichten, auf einer Abwägung der Kosten und Nutzen treffen. Nachdem in den beiden voranstehenden Abschnitten der Nutzen aus einer Regionalvertretung erörtert wurde, bleibt nun zu klären, worin die Kosten dieser Mobilisierungsform bestehen. Auch hier können zwei Kostenarten unterschieden werden. Zum einen fallen Investitionskosten für Personal und Räumlichkeiten an. Zum anderen entstehen Legitimationskosten.

Die *Investitionskosten* für Regionalvertretungen umfassen sämtliche Ausgaben, die für den Unterhalt eines Büros in Brüssel notwendig sind. Neben dem Kauf oder der Miete von Räumlichkeiten wird kompetentes Personal benötigt. Nicht nur das Personal vor Ort in Brüssel ist zu finanzieren, sondern auch die administrativen Strukturen in der Heimatregion müssen angepasst werden, damit die „Außenstelle" effizient in die Regionalverwaltung integriert und genutzt werden kann. Studien zeigen, dass Regionen nach der Eröffnung einer eigenen Vertretung zunächst mit wenig Personal auskommen und erst nach einiger Zeit mehr Ressourcen in ihre Repräsentanzen investieren und zum Teil größere Räumlichkeiten beziehen (vgl. Studinger 2006). Folglich ist es plausibel, anzunehmen, dass die Investitionskosten für die Eröffnung einer Vertretung für alle Regionen ungefähr gleich hoch sind bzw. sich nur in geringem Maße voneinander unterscheiden.[48]

Die zweite Kostenart, die *Legitimationskosten*, umfasst zwei Aspekte. Zunächst stellt sich die Frage nach der politischen Diskussion über den Entschluss von Regionen, Repräsentanzen im Ausland zu eröffnen. Da die Nationalstaaten Anspruch auf die Einhaltung ihres außenpolitischen Monopols erheben, ist davon auszugehen, dass die Nationalregierungen der Eröffnung subnationaler Büros in Brüssel zunächst ablehnend gegenüberstehen. Insbesondere sehen sie in der regionalen Konkurrenz aus dem eigenen Land die Gefahr, dass ihre Verhandlungsposition auf europäischer Ebene dadurch geschwächt wird (Clement/Merz 2010). In der Folge könnten Regionen bei der Nationalregierung und nationalen Ministerien in „Ungunst" fallen. Entschließt sich eine Region, die Repräsentanz der Interessen und die Informationsbeschaffung zu europäischen Politikfragen selbst in die Hand zu nehmen, kann dies zu einer Art Trotzreaktion seitens zentralstaatlicher Akteure führen. Mit einer Blockadehaltung gegenüber Anfragen der Regionen nach Information oder Zugangsmöglichkeiten zur nationalen Positionsfindung in europapolitischen Fragen könnte der Einfluss von Regionen im nationalen Kontext erschwert werden. Da die negative Einstellung des Nationalstaats gegenüber außenpolitischen Aktivitäten subnationaler Entitäten grundsätz-

---

[48] Die Investitionskosten könnten reduziert werden, indem Regionen gemeinsam mit anderen Regionen eine Vertretung unterhalten oder sich eine subnationale Gebietskörperschaft einem bereits bestehenden Büro in Brüssel anschließt. Folglich würde die Wahrscheinlichkeit einer Eröffnung einer Repräsentanz steigen, wenn die Investitionskosten sinken. Jedoch kann in der quantitativen Datenanalyse kein Faktor als unabhängige Variable integriert werden, da diese eine endogene Variable wäre (vgl. Abschnitt 4.3.3).

licher Natur ist und alle Länder gleichermaßen betrifft, ist es plausibel anzunehmen, dass auch dieser Teil der Legitimationskosten für alle Regionen gleich ist und über die Zeit vergleichsweise konstant bleibt.

Dieser Konflikt zwischen Nationalstaat und subnationalen Gebietskörperschaften spiegelt sich auch in der juristischen Diskussion über die Verfassungsmäßigkeit außenpolitischer Aktivität von Regionen wider (z.B. Westerwelle 1989). Solange nicht klar ist, ob das Unterhalten einer eigenen Repräsentanz im Ausland mit der nationalen Gesetzeslage konform ist, befindet sich eine Region in einer unsicheren Lage. Erst wenn ein nationales Gericht über solch einen Fall positiv entscheidet oder aber ein Gesetz den subnationalen Entitäten explizit erlaubt, außenpolitisch aktiv zu werden, brauchen die Regionen keine Kosten oder Nachteile zu befürchten. Die gesetzlichen Voraussetzungen für verfassungskonforme außenpolitische Aktivität können nach Land variieren und führen damit zu unterschiedlichen Voraussetzungen zwischen Regionen aus verschiedenen Nationalstaaten.[49]

Der zweite Aspekt der Legitimationskosten hat seinen Ursprung in der Frage nach der Legitimation und Rechtfertigung außenpolitischer Aktivität gegenüber den Bürgern einer Region. Das Unterhalten einer Regionalvertretung ist – wie eben dargelegt – mit Kosten verbunden. Sowohl Investitionskosten als auch die Beeinträchtigung des Verhältnisses zwischen der subnationalen Entität und des Nationalstaates müssen unter Umständen in Kauf genommen werden. Dies ist auch gegenüber den Bürgern einer Region zu rechtfertigen. Je stärker aber, die Verbundenheit der Bevölkerung mit ihrer Region ist, desto größer wird die Akzeptanz dafür sein, dass die subnationale Gebietskörperschaft eigenständig ihre Interessen auf europäischer Ebene vertritt. Im Gegensatz dazu wird der Rückhalt für außenpolitisches Engagement geringer ausfallen, wenn die Loyalität mit dem Nationalstaat unter der regionalen Bevölkerung stark ausgeprägt ist.

Die Gesamtkosten einer Regionalvertretung setzen sich somit aus zwei Komponenten zusammen. Neben den Investitionskosten müssen subnationale Gebietskörperschaften Legitimationskosten tragen. Letztere bestehen zum einen aus potentiellen Kosten falls das Unterhalten einer eigenen Repräsentanz in Brüssel nicht mit der nationalen Verfassung konform ist. Zum anderen muss die außenpolitische Aktivität auch gegenüber der Regionalbevölkerung begründbar sein. Wenn der Rückhalt für diese fehlt, kann dies negative Folgen für die politische Führung der Region nach sich ziehen. Die Gesamtkosten können somit als

---

[49] Beispielsweise entschied 1994 das spanische Verfassungsgericht in seinem Urteil die Errichtung von Regionalbüros für rechtmäßig (Hübner 2007: 307). Den italienischen Regionen hingegen gewährt ein 1996 erlassenes Gesetz das Recht, unabhängige Vertretungen in Brüssel zu unterhalten (vgl. Blatter et al. 2008: 473).

Funktion f_{Kosten} von Investitions- und Legitimationskosten formal festgehalten werden:

$$\text{Kosten} = f_{Kosten}(\text{Kosten}) \qquad (3.5)$$
$$= g_{Kosten}(\text{Investitionskosten; Legitimationskosten})$$

Die aus Regionalvertretungen entstehenden Kosten setzen sich aus den Legitimationskosten und den für die Investitionen notwendigen Ressourcen zusammen. Die Legitimationskosten steigen mit der Unsicherheit über die Konformität des außenpolitischen Engagements subnationaler Gebietskörperschaften mit der nationalen Gesetzeslage und mit geringerem Rückhalt in der Regionalbevölkerung. Die Investitionskosten für eine Repräsentanz können für alle Regionen als gleich angenommen werden.

3.3.4 Bewertung des Modells und mögliche Alternativerklärungen

Ausgangspunkt dieses Kapitels war das grundlegende Defizit in der Mobilisierungsforschung, das daraus besteht, dass kein kohärenter theoretischer Rahmen zur Analyse des europapolitischen Engagements subnationaler Gebietskörperschaften existiert. Ziel der Arbeit ist es deshalb, einen solchen Erklärungsansatz zu entwickeln. Das in den voranstehenden Abschnitten spezifizierte Erklärungsmodell zur Entwicklung regionaler Interessenvertretungen in Brüssel ist durch seine „statischen" Eigenschaften charakterisiert. Die Argumentation in der Entwicklung des Ansatzes und dessen einzelnen Komponenten vernachlässigen Aspekte der Dynamik in der geschichtlichen Entwicklung der Existenz von Regionalvertretungen. Das rührt daher, dass als Ausgangspunkt der allgemeine Erklärungsansatz zur Analyse subnationaler Mobilisierung herangezogen wurde (vgl. Abschnitt 3.2). Betrachtet man nun *keinen* statischen Zustand, sondern möchte eine Entwicklung über die Zeit hinweg untersuchen, so wie es die dieser Arbeit zugrundeliegende Forschungsfrage impliziert, müssen einige Aspekte näher ausgeführt werden.

Die Entscheidung, eine Vertretung in Brüssel zu eröffnen, wird von den jeweiligen politischen Verantwortlichen zu unterschiedlichen Zeitpunkten im Verlauf der EU-Integration getroffen. Manche entscheiden sich früher als andere dafür, dass ihre Regionen über eigene Repräsentanzen verfügen sollten. Diese sind schon seit vielen Jahren in Brüssel vor Ort. Andere Regionen hingegen warten ab bzw. kommen in der Kosten-Nutzen-Kalkulation zu einem negativen Ergebnis und bewerten diese Mobilisierungsform zu diesem Zeitpunkt als nicht lohnenswert. Erst zu einem späteren Zeitpunkt entscheiden sie sich vielleicht doch, ein Büro in Brüssel zu eröffnen. Zu beachten ist, dass sich in der Zeit, die zwischen der negativen und der positiven Bewertung die Rahmenbedingungen, unter denen die Entscheidungen positiv bzw. negativ ausfielen, geändert haben (können).

Deshalb ist es wichtig, über die im theoretischen Modell bereits enthaltenen Faktoren hinaus weitere Einflussgrößen und Dynamiken zu identifizieren, welche die Kosten-Nutzen-Kalkulation der Regionen beeinflussen. Zum einen ist der Einfluss der EU als Regulierungsebene durch die Verträge von Maastricht, Amsterdam und Nizza stetig gestiegen. In einer stetig größer werdenden Anzahl an Politikbereichen verfügt die EU über Kompetenzen. Dies hat zur Folge, dass sowohl die Anzahl an Politikentscheidungen auf europäischer Ebene zunehmen als auch, dass die Auswirkungen dieser Politiken auf die Regionen größer werden. Zum anderen ist die bereits angesprochene Tendenz zu beobachten, dass immer mehr private und öffentliche Interessengruppen in Brüssel durch Büros repräsentiert sind. Je größer die Zahl an aktiven Lobbyinggruppen, desto größer wird die Konkurrenz und auch die damit verbundene Gefahr, dass sich im Politikentscheidungsprozess Interessen durchsetzen, die nicht im Sinne von Akteuren liegen, die keine Chance hatten, ihre Interessen einzubringen. Deshalb ist es plausibel anzunehmen, dass die Entwicklung der steigenden Zahl regionaler Vertretungen in Brüssel auch einem allgemeinen Trend unterworfen ist, der allerdings auch auf Kosten- und Nutzenaspekte der (Nicht-)Repräsentanz der eigenen Interessen zurückzuführen ist.

Allgemein wird die Ausbreitung einer Politik über verschiedene Akteure (z.B. Nationalstaaten) und Gebiete hinweg, die auf Grundlage von Interdependenzen zwischen den Staaten erfolgt, als Diffusionsprozess bezeichnet (Rogers 2003).[50] Die Entscheidung eines Akteurs für oder gegen eine bestimmte Politik wird dabei als interdependent vom Handeln anderer Akteure betrachtet. Folglich berücksichtigen Akteure bei ihren Entscheidungen das Handeln der anderen Akteure (Braun/Gilardi 2006; Elkins/Simmons 2005; Holzinger/Jörgens/Knill 2007; Simmons/Elkins 2004). Konzeptionell und theoretisch orientierte Studien dieses Forschungszweiges haben verschiedene Mechanismen zur Erklärung von Diffusion herausgearbeitet. Hierzu zählen neben Lernen, Wettbewerb zwischen den Akteuren, gemeinsame Normen und Werte, auch das „Etwas-als-selbstverständlich-Betrachten" (englisch: „taken-for-grantedness") und symbolische Imitation (vgl. Braun et al. 2007).

Das zuvor entwickelte Modell zur Erklärung der Entwicklung subnationaler Vertretungen fokussiert auf einen Entscheidungsmodus der Akteure, bei dem das

---

[50] Zur Abgrenzung und Erläuterung der miteinander verwandten Forschungsrichtungen der Politikdiffusion, -konvergenz und des Politiktransfers siehe Holzinger und Koautoren (2007) sowie Elkins und Simmons (2005).

Handeln anderer Akteure nicht berücksichtigt wird. Einige der angesprochenen Alternativerklärungen erfassen jedoch das Handeln Dritter. Folglich kann durch das Übernehmen von Faktoren von Alternativerklärungen dafür Sorge getragen werden, dass in der späteren Datenanalyse auf das Handeln Dritter hin kontrolliert wird. Auf die konkrete Operationalisierung solcher Kontrollvariablen wird im entsprechenden Abschnitt des Kapitels zum Forschungsdesign (Abschnitt 4.3.4) eingegangen.

Zuletzt ist auf die Eventualität einzugehen, dass Regionalvertretungen auch geschlossen werden können. Die bisherige Diskussion ist nicht darauf ausgerichtet, die Beendigung der Mobilisierungsaktivität bzw. die Schließung von Regionalvertretungen zu erklären. Die Arbeit geht davon aus, dass eine einmal etablierte Institution aufgrund verschiedener Faktoren (vgl. Adam et al. 2007) nur sehr schwer zu schließen ist.[51] Hervorzuheben ist, dass das Modell theoretisch auch zur Erklärung von Schließungen subnationaler Repräsentanzen genutzt werden kann. Dies würde analog zur obigen Argumentation dann auftreten, wenn die Kosten der Regionalvertretung größer sind als der Nutzen. Unter Umständen müsste das Modell hierfür um eine weitere Komponente ergänzt werden, welche die zusätzlichen Kosten einer Schließung erfasst.[52] Jedoch ist die Evaluation der Erklärungskraft des Modells bezüglich der Schließung von Regionalvertretungen zumindest anhand einer quantitativ-statistischen Analyse (derzeit) nicht möglich, weil zu wenige solcher Schließungen zu beobachten sind.[53]

3.4 Zusammenfassung

In diesem Kapitel wurde das theoretische Modell zur Erklärung der Eröffnung von Regionalvertretungen in Brüssel entwickelt.[54] Zunächst wurde in einem ersten Schritt ein allgemeiner Erklärungsansatz subnationaler Mobilisierung

---

[51] Adam et al. (2008) finden in Bezug auf Organisationsabbau in der deutschen Bundesverwaltung, dass Organisationsbeendigung sehr selten auftritt.

[52] Beispiel für Kosten der Schließung einer öffentlichen Organisationseinheit könnte die Schaffung neuer Arbeitsplätze für die von der Schließung betroffenen Beamten und Angestellten sein.

[53] Im vorliegenden Datensatz für die spätere Datenanalyse liegen keine Schließungen vor (vgl. FN 63).

[54] Beendigung von Mobilisierungsaktivität bzw. Schließung von Regionalvertretungen wird durch das entwickelte Modell nicht erklärt. Die vorliegende Arbeit geht davon aus, dass eine einmal etablierte Institution, wie die einer Regionalvertretung, nur sehr schwer zu beenden ist (vgl. Adam et al. 2007) Zwar könnte das Modell theoretisch auch zur Erklärung von Schließungen subnationaler Repräsentanzen genutzt werden (eine Schließung würde dann erwartet, wenn die Kosten wieder größer als der Nutzen sind), jedoch ist die Evaluation seiner Erklärungskraft zumindest anhand einer quantitativ-statistischen Analyse (derzeit) nicht möglich, weil zu wenige bzw. keine solcher Terminierungen zu beobachten sind (vgl. FN 63).

72   0

konzipiert, der auf verschiedene Aspekte des interessierenden Phänomens angewandt werden kann. Zentrales Argument des Modells ist, dass subnationale Gebietskörperschaften dann in Mobilisierungsaktivität investieren, wenn der Nutzen größer ist als die damit verbundenen Kosten. Maßgebliche Kenngrößen in
der Kosten-Nutzen-Kalkulation sind dabei die regionalspezifische Interessenlage
und die perzipierte Effektivität der Interessenvertretung sowie die Kosten, die
mit dem europapolitischen Engagement verbunden sind. Um diesen allgemeinen
Erklärungsansatz auf die in dieser Arbeit verfolgte Fragestellung der Entwicklung regionaler Repräsentanzen in Brüssel anwenden zu können, wird das Modell in einem zweiten Schritt weiter spezifiziert.

Der Nutzen aus der direkten Interessenvertretung in Brüssel wurde im Folgenden in einem Nutzenaspekt, der sich auf die EU-Ebene bezieht, erfasst und
als Funktion der regionalen Interessenspezifität beschrieben. Jedoch spielen
Regionalvertretungen nicht nur eine wichtige Rolle für die Interessenvertretung
auf europäischer Ebene, sondern führen zur Stärkung der Regionen in der innerstaatlichen Politikarena. Deshalb muss das allgemeine Modell um eine weitere
Nutzenkomponente ergänzt werden. Dieser nationale Nutzenaspekt wird als
Funktion der Emanzipation beschrieben und erfasst die Möglichkeit der effektiveren Nutzung nationaler Mitgestaltungsmöglichkeiten an der nationalen Positionsfindung in EU-Angelegenheiten und der nationalen Politikgestaltung. Zudem
übt die Emanzipation gegenüber dem Nationalstaat auf politisch-kulturell distinkte Entitäten Anreize zur Mobilisierung aus.

Insgesamt beschreibt dieses spezifizierte formale Modell die Kalkulation
von Regionen hinsichtlich des Nutzens aus einer Vertretung in Brüssel. Hierin
vergleichen Regionen den Nutzen aus direkter Interessenvertretung auf europäischer Ebene und den aus einer verbesserten Position in der nationalen Politikarena mit den entstehenden Investitions- und Legitimationskosten. Je größer der
Netto-Nutzen ausfällt, desto höher ist die Wahrscheinlichkeit, dass Regionen
eine eigene Repräsentanz in Brüssel eröffnen. Formal lässt sich das Gesamtmodell aus den Gleichungen 3.3, 3.4 und 3.5 folgendermaßen zusammensetzen:

$$U_{Mob}(\text{Regionalvertretung}) = \qquad\qquad (3.6)$$

$$= f_{EU}(\text{Interessenspezifität}) + f_{Nat}(\text{Emanzipation}) - f_{Kosten}(\text{Mobilisierungskosten})$$

$$= g_{EU}(\text{Interessendivergenz; Konfliktpotential})$$
$$+ g_{Nat}(\text{nationale Beteiligung; politisch-kulturelle Divergenz})$$
$$- g_{Kosten}(\text{Investitionskosten; Legitimationskosten})$$

4 Forschungsdesign

In diesem Kapitel wird das dieser Arbeit zugrunde liegende Forschungsdesign erarbeitet. Die Beantwortung der Forschungsfrage, welche Faktoren die Eröffnung von Regionalvertretungen in Brüssel beeinflussen, stellt in mehrfacher Hinsicht eine große Herausforderung dar. Erstens muss der Begriff der Region definiert werden, um so die territorialen Grenzen der Untersuchungseinheiten festzulegen. Zweitens existiert kein Datensatz, der die interessierenden Informationen über den Zeitpunkt der Eröffnung von Regionalvertretungen umfasst.[55] Des Weiteren kann auf keine Datensammlung zurückgegriffen werden, die Zeitreihendaten zu den interessierenden unabhängigen Variablen bereitstellen würde. Wie diese Herausforderungen für die vorliegende Arbeit gelöst werden, wird im Folgenden dargelegt. Zunächst wird das „Risikoset" definiert, d.h. welche subnationale Entitäten welcher Staaten Eingang in die Analyse finden und welchen Zeitraum die Untersuchung umfasst (Abschnitt 4.1). Im Abschnitt 4.2 wird die Erhebung der abhängigen Variablen erläutert. Die Operationalisierung der unabhängigen Variablen erfolgt in Abschnitt 4.3. Schließlich wird das angewandte logistische Mehrebenenmodell spezifiziert (Abschnitt 4.4).

4.1 Das Risikoset: Länder, Regionen und Untersuchungszeitraum

Die vorliegende Arbeit unterscheidet sich in Bezug auf das zugrundeliegende Forschungsdesign von existierenden Studien zu Regionalvertretungen in Brüssel in zweierlei Hinsicht. Zum einen verfolgt sie das Ziel, die historische Entwicklung der subnationalen Interessenvertretung zu analysieren, also die Frage zu beantworten, warum manche Regionen früher und andere später eine Repräsentanz eröffnet haben. Zum anderen soll mithilfe eines breiten Querschnitts, der aus subnationalen Entitäten verschiedenster Staaten besteht, ein umfassendes Bild subnationaler Mobilisierung wiedergegeben werden. Folglich sind nicht nur subnationale Einheiten der alten Mitgliedsstaaten, sondern auch der mittel- und

---

[55] In der aktuellsten und umfassendsten Studie zu Regionalvertretungen in Brüssel diskutieren Huysseune und Jans (2005) Größe und Struktur existierender Regionalvertretungen. Informationen über das Jahr der jeweiligen Eröffnung der Büros sind darin jedoch nicht enthalten.

osteuropäischen EU-Mitgliedsstaaten zu berücksichtigen. Die eigentliche Auswahl der Untersuchungseinheiten erfolgt im Zusammenspiel mit der Festlegung
der Analyseebene und des Untersuchungszeitraumes. Doch welche subnationale
Ebene ist die Analyseebene der vorliegenden Arbeit?

Nicht nur Regionen und größere territoriale Gebietseinheiten zeigen Mobilisierungsaktivitäten. Auch Kommunen und lokale Gebietskörperschaften engagieren sich zunehmend in europapolitischen Angelegenheiten. Auf all diese Entitäten könnte das im vorigen Kapitel entwickelte Erklärungsmodell zur subnationalen Mobilisierung angewandt werden. Die Erfassung aller subnationalen Ebenen
wäre zu wünschen, aber aus methodischen und Kapazitätsgründen im Rahmen
dieser Studie nicht möglich. Um sowohl die Vergleichbarkeit der Untersuchungseinheiten als auch die Verfügbarkeit der Informationen für die unabhängigen Variablen zu gewährleisten, muss sich die vorliegende Arbeit in der Auswahl der Analyseebene beschränken. Im Mittelpunkt der Arbeit steht die Region.
Gerade diese Ebene ist es, die schon seit vielen Jahren auch die politische Diskussion um ein Europa der Regionen entscheidend geprägt hat.

Eine Schwierigkeit besteht darin, dass für den Begriff der Region keine einheitliche und allgemein akzeptierte Definition existiert, die über die europäischen
Nationalstaaten hinweg zu einer vergleichbaren Gruppe homogener Untersuchungseinheiten führt (vgl. Marks et al. 1996: 113).[56] Staatsaufbau und Verwal-
tungsgliederung variieren zwischen den Nationalstaaten sehr stark. Die Variati-
onsbreite reicht von stark föderalisierten Nationalstaaten (z.B. Belgien) bis hin
zu zentralisierten Einheitsstaaten (z.B. Portugal).[57] Des Weiteren bestehen Unterschiede hinsichtlich der Anzahl, Größe und Kompetenzausstattung territorialer
Einheiten zwischen den Staaten. Aufgrund dieser Differenzen führt der allgemeine Begriff der Region zu keinen klar definierten, vergleichbaren Einheiten.

Folglich muss die Begriffsbestimmung allgemein gehalten sein, damit sie
auf sämtliche Staatsformen in der EU anwendbar ist, aber keine Unklarheiten
darüber aufkommen lässt, welche der existierenden Ebenen eines Landes ge-
meint ist. Denn die Wahl der Grundgesamtheit und der Untersuchungseinheiten
ist deshalb von Bedeutung, weil sie wesentlichen Einfluss auf die Aussagekraft
der Analyse und die Generalisierbarkeit der Ergebnisse hat. Diese Arbeit lehnt
sich an den Vorschlag von Marks et al. (1996: 113) an und definiert die Untersuchungseinheit „subnationale Entität" als die Gebietskörperschaft, die

- sich über ein eindeutig abgegrenztes Hoheitsgebiet erstreckt,
- direkt unterhalb der nationalstaatlichen, aber über der kommunalen Ebene
  liegt und

---

[56] Neben kulturellen und ökonomischen Konzeptionen des Regionenbegriffs können auch administrative oder politische Entitäten unterschieden werden (vgl. Loughlin 1996).
[57] Hierzu existieren verschiedene Einordnungen (z.B. Loughlin 2001: 14; Bullmann 1996).

- über legislative und exekutive Institutionen verfügt, welche verbindlich Entscheidungen für ihr Territorium treffen können.

Anhand dieser Kriterien für die in dieser Arbeit verfolgte Analyseebene der Region fallen bereits einige Länder aus dem Kreis potentiell zu untersuchenden Nationalstaaten heraus. Slowenien und Malta verfügen beispielsweise über keine subnationale Ebene, die diesen Kriterien entspricht. Die subnationale Ebene, die direkt unterhalb der nationalen liegt, ist in beiden Fällen der kommunalen Ebene zuzurechnen. Aber was sind nun Regionen, auf die die Definition zutrifft und die Teil der Untersuchung sind? Neben den deutschen Ländern erfüllen beispielsweise in Frankreich die „Régions" oder in Polen die „Woiwodschaften" die aufgestellten Kriterien und finden somit Eingang in die Studie.[58] Die anhand dieser Kriterien getroffene Auswahl der Analyseeinheiten geht auch mit einer forschungspragmatischen Herangehensweise einher (vgl. Nielsen/Salk 1998). Denn die ausgewählten Regionen korrespondieren mit den statistischen Regionen der EU (Nuts-Einheiten), womit ein vergleichsweise guter Zugang zu Daten für die unabhängigen Variablen gewährleistet ist.[59]

Nach der Identifikation der Analyseebene muss der Untersuchungszeitraum festgelegt werden. Diese Bestimmung ist eine zentrale Aufgabe, die nicht auf Grundlage statistischer Gesichtspunkte, sondern theoretischer Überlegungen zu lösen ist (vgl. Box-Steffensmeier/Jones 2004: 8). Entscheidend ist dabei die Frage, ab welchem Zeitpunkt subnationale Mobilisierung als eine bewusste Reaktion der Regionen auf die im europäischen Politiksystem ablaufenden Prozesse zu erwarten ist. Von Interesse ist mithin, ab wann Regionen dem „Risiko" ausgesetzt sind, ein Büro in Brüssel zu etablieren. In der Literatur wird die Einheitliche Europäische Akte als ein Punkt in der Geschichte der EU angesehen, ab dem der europäische Integrationsprozess mit neuer Qualität und Intensität voranschritt (Marks et al. 1996: 188-189).[60] Mit der Unterzeichnung der Einheitlich Europäischen Akte im Jahr 1986 haben die damaligen EU-Mitgliedsstaaten unter

---

[58] In Tabelle 5 sind die subnationalen Gebietskörperschaften aufgeführt, die diesen Kriterien entsprechen und die Grundgesamtheit dieser Arbeit darstellen.

[59] Die Einteilung von Nuts-Einheiten (Nomenclature des unités territoriales statistiques) erfolgt anhand der Größe der Bevölkerungszahlen. Darüber hinaus orientiert sich die Einteilung an den beiden Prinzipien, dass administrative Entitäten und geographische Einheiten bevorzugt werden (vgl. http://epp.eurostat.ec.europa.eu/portal/page/portal/nuts_nomenclature/principles_characteristics; aufgerufen am 18.04.2011). In der Untersuchung sind sowohl Nuts-1, Nuts-2 als auch Nuts-3 Einheiten vertreten.

[60] EU wird in diesem Zusammenhang synonym für die Europäischen Gemeinschaften verwendet. Offiziell entstand die EU erst 1992 mit dem Vertrag von Maastricht, in welchem die Zusammenlegung der Europäischen Gemeinschaften Euratom, Europäische Gemeinschaft für Kohle und Stahl und Europäische Wirtschaftsgemeinschaft sowie die institutionalisierte Zusammenarbeit in den Bereichen Außenpolitik, Verteidigung, Polizei und Justiz beschlossen wurde.

anderem beschlossen, die Schaffung eines einheitlichen Binnenmarktes bis zum Jahr 1993 umzusetzen. Außerdem sah der Vertrag vor, die qualifizierte Mehrheit als Abstimmungsregel auf mehr Bereiche anzuwenden und die Befugnisse der EU zu erweitern. Die Europäische Kommission und das Europäische Parlament wurden ebenfalls in ihrer institutionellen Positionen gestärkt.

Diese institutionellen Veränderungen blieben nicht ohne Auswirkungen auf die Regionen der Mitgliedsstaaten. Durch den Beschluss der Schaffung eines einheitlichen Binnenmarktes müssen sich Regionen dem interregionalen wirtschaftlichen Wettbewerb stellen (Keating 1995: 20). Über einzelne Bestandteile des Einigungsvertrages und über etablierte Gemeinschaftspolitiken drückten Regionen ihre Unzufriedenheit aus (Gerstenlauer 1995: 200). Damit ist es folgerichtig, das Jahr 1986 – das Jahr der Unterzeichnung der Einheitlichen Europäischen Akte – als Beginn des Untersuchungszeitraumes zu bestimmen. Denn ab diesem Zeitpunkt wurde es für subnationale Entitäten wichtig, über EU-Politik informiert zu sein und zu versuchen, sich am europäischen Politikentscheidungsprozess zu beteiligen, weil die Auswirkungen der getroffenen Entscheidungen auch auf Regionen immer größer wurden (Marks/McAdam 1996). Ein weiteres Argument für die Festlegung des Beobachtungsbeginns auf das Jahr 1986 ist empirischer Natur. Die Einheitliche Europäische Akte löste einen starken Anstieg der Anzahl der in Brüssel vertretenen Interessengruppen aus. Verbände, Unternehmen und auch subnationale Gebietskörperschaften eröffneten danach Repräsentanzen in Brüssel (Hooghe/Marks 2001: 15; Marks/McAdam 1996).

Zwar könnte diesem Vorgehen entgegengehalten werden, dass es sich an der empirischen Beobachtung des interessierenden Phänomens orientiere. Dem widerspricht jedoch die Tatsache, dass politische Veränderungen erst mit der Einheitlichen Europäischen Akte einsetzten. Zwar existierten bereits vor dem Jahr 1986 Vertretungen regionaler Gebietskörperschaften in Brüssel. Doch das Festlegen eines anderen Beobachtungsbeginns vor diesem Stichtag wäre willkürlich und an keinem objektiven Kriterium festzumachen. Der europäische Integrationsprozess stand lange Zeit still. Lediglich die Reformen des Strukturfonds und der Regionalpolitik stellen eine potentielle Alternative dar. Allerdings fand diese Reform, die zur Entwicklung des Multilevel Governance Systems beitrug, erst 1988 statt und liegt somit zeitlich nach der Einheitlich Europäischen Akte (Sutcliffe 2000; Michie/Fitzgerald 1997).

Aufgrund der genannten Argumente ist das Jahr 1986 als Beginn des Beobachtungszeitraumes subnationaler Mobilisierungsaktivität in Form der Eröffnung von Regionalvertretungen in Brüssel sinnvoll. Doch nicht alle europäischen Regionen waren von Beginn an diesem „Risiko" ausgesetzt. Dies trifft nur auf subnationale Entitäten zu, deren Nationalstaaten 1986 Mitglied der EU waren (oder wurden).[61] Für die Regionen der später beigetretenen Staaten wird das Jahr der Aufnahme der Beitrittsverhandlungen zwischen dem Nationalstaat und der EU als Risikobeginn festgelegt. Dass in diesen Fällen das Jahr der Aufnahme von Beitrittsverhandlungen und nicht des tatsächlichen Beitritts als Beginn des Beobachtungszeitraums herangezogen wird, ist damit zu begründen, dass die Auswirkungen und der Anreiz zu subnationaler Mobilisierung für die betreffenden Regionen bereits ab diesem Zeitpunkt bestehen.

Aus dieser Definition des Risikobeginns folgt, dass auch subnationale Entitäten von Nationalstaaten in das Untersuchungssample aufzunehmen sind, die derzeit nicht Mitglied der EU sind. Von den Kandidatenländern Island, Kroatien, Mazedonien, Montenegro und Türkei werden nur die Regionen Kroatiens ab 2005 in der Analyse berücksichtigt. In den übrigen Staaten entspricht die höchste subnationale Ebene nicht der Definition der hier betrachteten Analyseebene Region. Daneben erfüllen die Regionen des ehemaligen Beitrittskandidatenlandes Norwegen die Kriterien, um ab dem Jahr 1993 in die Untersuchung aufgenommen zu werden. Allerdings fallen die norwegischen Regionen nach 1994 wieder aus dem Risikoset heraus, weil die Beitrittsperspektive nach dem negativen Referendum über den Beitritt Norwegens zur EU für unbestimmte Zeit erlosch.

---

[61] Im Jahr 1986 traten die Staaten Spanien und Portugal der EU bei.

Tabelle 5: Untersuchungseinheiten

	Nuts1	Nuts2	Nuts3	Anzahl
Belgien	Regionen			3 von 3[1]
Deutschland	Deutsche Länder			16 von 16
Frankreich		Régions		22 von 22
Großbritannien	Regions[2]			3 von 3
Italien		Regioni		18 von 21
Niederlande		Provinzen		10 von 12
Portugal		Regiões autónomas		2 von 2
Spanien		Comunidad autónoma		19 von 19
Schweden			Läns	21 von 21
Finnland			Maakunta	17 von 19
Österreich		Österreichische Länder		9 von 9
Polen		Woiwodschaften		14 von 16
Slowakei			Kraje	6 von 8
Tschechien			Kraje	14 von 14
Ungarn			Megyer + Budapest	17 von 20
Norwegen			Fylker	13 von 19
Kroatien			Županija	21 von 21
Total				225 von 245

Anmerkungen: [1] Die Sprachengemeinschaften werden nicht berücksichtigt; [2] „Regions" bezieht sich hier auf Northern Ireland, Scotland und Wales.

Schließlich muss gegeben sein, dass die nach der obigen Definition betrachtete Analyseebene in einem Land auch tatsächlich existiert. Dies mag offenkundig erscheinen, aber insbesondere für die regionalen Gebietskörperschaften der neuen mittel- und osteuropäischen Mitgliedsstaaten ist dies nicht immer der Fall.[62] So weicht der tatsächliche Risikobeginn für die polnischen und tschechischen Regionen vom Jahr 1997, in dem die Verhandlungen der Zentralregierungen beider Länder mit der EU aufgenommen wurden, ab. Denn die Woiwodschaften in Polen wurden erst 1999 gegründet und die regionale Ebene in Tschechien konstituierte sich erst mit den Wahlen zu den Regionalparlamenten im Jahr 2000. Auch für die Slowakei, die 2000 in Beitrittsverhandlungen mit der EU eintrat, ist ein abweichendes Jahr Beginn des Risikos der slowakischen Regionen, da diese erst 2001 etabliert wurden.

Zusammenfassend gilt für die Untersuchungseinheiten der vorliegenden Arbeit, dass es sich um Gebietskörperschaften von EU-Mitgliedsstaaten oder Beitrittskandidatenländern handelt, die der hier verwendeten Definition von Regionen entsprechen. Diese Regionaleinheiten werden dann für die Analyse relevant, wenn sie effektiv existieren. Insgesamt sind im Untersuchungssample subnationale Entitäten aus 17 Staaten enthalten. Die Grundgesamtheit der interessierenden Regionen umfasst 245 Gebietskörperschaften. Tabelle 5 bietet eine Übersicht, welche regionale Ebene in den verschiedenen Ländern analysiert wird.

4.2 Die Erhebung der abhängigen Variablen

Für die abhängige Variable der vorliegenden Arbeit muss für die Regionen der oben definierten Grundgesamtheit recherchiert werden, ob sie in Brüssel vertreten sind und seit wann.[63] Um diese Daten zu erheben, wurde auf eine regelmäßig aktualisierte Liste des AdR mit Adressen der Vertretungen verschiedenster subnationaler Einheiten und Zusammenschlüsse von Regionen zurückgegriffen, an

---

[62] Zu Aspekten der Regionalisierungs- und Dezentralisierungsprozesse in den neuen EU-Mitgliedsstaaten sei an dieser Stelle auf Arbeiten von Hughes et al. (2004), Scherpereel (2010) sowie Sturm und Dieringer (2005) hingewiesen. Einen guten Überblick zum Forschungsstand bieten Pitschel und Bauer (2009).

[63] Außerdem ist zu recherchieren, ob eine Region ein Büro in Brüssel gehabt, jedoch zwischenzeitlich wieder geschlossen hat. Für den Beobachtungszeitraum 1986 bis 2009 konnte dies lediglich für eine finnische Region, „South-East Finnland", identifiziert werden. Dabei handelt es sich um eine Kooperation mit der russischen Stadt Sankt Petersburg. Bei diesem Büro handelte es sich um die Vertretung einer Wirtschaftsförderung und nicht einer Region nach der obigen Definition, weshalb dieser Fall nicht berücksichtigt wird. Die Finanzierung des Büros lief im Jahr 2007 aus und wurde daraufhin geschlossen (E-Mail von Suvi Tuhkanen aus dem Büro Nord-Finnland).

die ein kurzer Fragebogen per E-Mail verschickt wurde.[64] Während einige Regionalbüros zeitnah geantwortet haben, waren für die deutliche Mehrheit mehrere Kontaktversuche und Erinnerungen notwendig. Für einige Fälle, bei denen die Büros auch auf wiederholte Kontaktversuche und telefonische Anfragen nicht reagierten, konnten das Jahr der Büroeröffnung durch Internetrecherche ermittelt werden. Trotz dieser intensiven Bemühungen konnte nicht für alle Regionen die erforderlichen Informationen erhoben werden.[65] Fehlende Internetpräsenz oder Antwortverweigerung treffen dabei auf Vertretungen großer wie kleiner Regionen zu, sowohl auf ressourcenreiche als auch ressourcenarme Büros.[66] Der damit verbundene Ausfall einiger Regionen für die Analyse ist folglich nicht systematischer Natur und führt deshalb zu keiner Verzerrung der Ergebnisse.

Darüber hinaus wurde recherchiert, ob die in der vom AdR veröffentlichten Liste nicht aufgeführten Regionen tatsächlich keine Repräsentanz in Brüssel haben. Damit wurde verhindert, dass nur Fälle in die Untersuchung eingehen, die über eine Vertretung verfügen, was zu einer Verzerrung des zu analysierenden Samples geführt hätte. Es finden folglich ausschließlich regionale Entitäten Eingang in die Analyse, über die die gesicherte Kenntnis besteht, ob sie eine Regionalvertretung in Brüssel unterhalten oder nicht. Für die sich im Risikoset befindenden subnationale Entitäten ist die abhängige Variable dichotom kodiert. Eine „0" steht dafür, dass das interessierende Ereignis, die Eröffnung einer Regionalvertretung in Brüssel, im beobachteten Jahr nicht eingetreten ist. Die „1" hingegen bedeutet, dass das Ereignis eintrat. In diesem Fall fällt diese Untersuchungseinheit zum darauffolgenden Beobachtungszeitpunkt aus dem Datensatz heraus.

Insgesamt umfasst das auf diese Weise gewonnene Sample 225 Untersuchungseinheiten von einer Grundgesamtheit von 245 subnationalen Gebietskörperschaften. Damit sind im Durchschnitt rund 93 Prozent der Fälle aus der Grundgesamtheit in der Untersuchung enthalten.[67] Wie sich die Anzahl der sich im Risikoset befindenden Regionen über den Beobachtungszeitraum verändert und wie viele das vorliegende Sample von dieser Grundgesamtheit abdeckt, verdeutlicht die Abbildung 8. Von 1986 bis 1989 befinden sich 93 Regionen im

---

[64] Der Survey begann zum Jahresende 2008. Es wurden Fragebögen in deutscher, englischer, französischer und polnischer Sprache verschickt. Im Appendix ist die deutschsprachige Version zu finden (vgl. Abschnitt 7.1).

[65] Insgesamt ist die Ausschöpfungsquote von rund 93 Prozent von 245 Regionen im Vergleich zu anderen Studien sehr gut (vgl. FN 67).

[66] Hinweise aus dem Schriftverkehr und aus Telefonaten deuten darauf hin, dass die Regionalvertretungen viele Anfragen von Wissenschaftlern erhalten, an Surveys teilzunehmen. Die Ausschöpfungsquote dieses Surveys konnte dadurch erhöht werden, dass der Fragebogen auf sehr wenige Fragen beschränkt war.

[67] In ihrem Survey über die Aufgaben von Regionalvertretungen in Brüssel hatten Marks et al. (2002) eine Antwortrate von 55 Prozent. Tatham (2008) erzielte bei seiner Umfrage von insgesamt 217 Büros subnationaler Entitäten eine Rücklaufquote von 28 Prozent.

Risikoset (dunkelgraue Fläche); zu 86 dieser Regionen liegen Informationen vor (hellgraue Fläche). Mit der Wiedervereinigung Deutschlands kommen im Jahr 1990 fünf weitere Regionen zur Grundgesamtheit hinzu. Nach dem sprunghaften Anstieg der Größe des Risikosets im Zuge der Aufnahme der Beitrittsverhandlungen mit Finnland, Norwegen, Österreich und Schweden reduziert sich die Grundgesamtheit im Jahr 1995 das einzige Mal im Verlauf des Beobachtungszeitraums. Dies ist dadurch bedingt, dass im Zuge des negativen Ausgangs des Referendums in Norwegen über den EU-Beitritt die norwegischen Regionen aus dem Risikoset herausfallen. Erst ab 1997 steigt die Zahl der Regionen, die nach der obigen Definition dem „Risiko" ausgesetzt sind, eine Vertretung in Brüssel zu eröffnen, kontinuierlich an. Von 2001 bis 2004 bleibt sie stabil bei 205 Regionen bevor sich das Sample im Jahr 2005 mit Beginn der Beitrittsverhandlungen mit Kroatien auf insgesamt 226 erhöht.[68]

Abbildung 8:   Entwicklung der Anzahl von Regionen im Risikoset

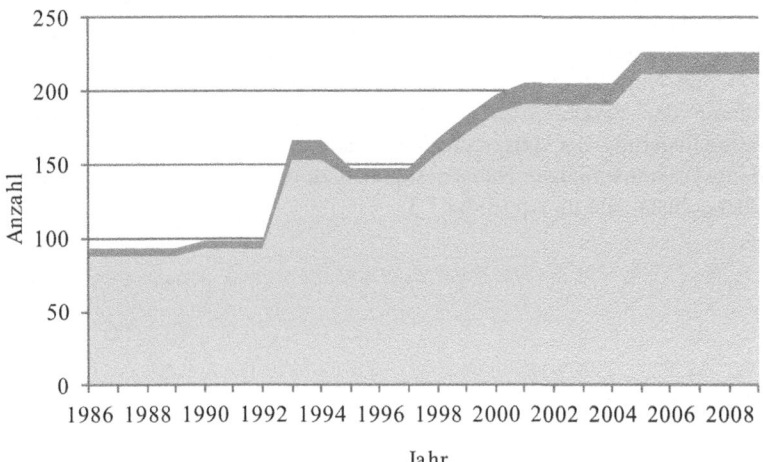

Jahr

Anmerkungen: Entwicklung der Größe des Risikosets (dunkelgraue Fläche) und der Anzahl der Regionen zu denen Informationen zur abhängigen Variablen vorliegen.

Mit der erläuterten Vorgehensweise bei der Bestimmung des Risikosets – der Definition der Untersuchungseinheiten und des Risikobeginn – ist auszuschlie-

---

[68] Die „theoretische" Grundgesamtheit liegt bei 245. Hier sind die 19 norwegischen Regionen eingerechnet, die nur temporär in der tatsächlichen Grundgesamtheit enthalten waren.

ßen, dass der Auswahlprozess, durch den Untersuchungseinheiten in das analysierte Sample gelangen oder nicht hineinkommen, systematische Fehler aufweist.[69] Die Gefahr einer systematischen Verzerrung der Ergebnisse aufgrund eines verzerrten Untersuchungssamples besteht daher nicht. Eine detaillierte Liste dieser Regionen findet sich im Appendix 7.2.

4.3 Operationalisierung der unabhängigen Variablen

Nach der Festlegung des Untersuchungszeitraumes und der Untersuchungseinheiten sind die Indikatoren für die Nutzen- und Kostenfunktionen sowie die Kontrollvariablen zu operationalisieren. Da die vorliegende Arbeit eine der wenigen ist, die einen solch langen Beobachtungszeitraum abdecken, stellt die Erhebung der unabhängigen Variablen eine große Herausforderung dar, weil kein Regionaldatensatz in diesem Umfang existiert, der für die vorliegende Untersuchung herangezogen werden könnte. Insbesondere für die weiter zurückliegenden Jahre Daten zu den unabhängigen Variablen zu erheben, gestaltet sich schwierig.[70] Im Folgenden wird die Operationalisierung der Komponenten der Kosten- und Nutzenfaktoren erläutert. Die Tabelle 6 bietet eine Übersicht zur Zuordnung der Variablen zu den Komponenten des Erklärungsansatzes, der Operationalisierung der entsprechenden Faktoren sowie über deren erwarteten Richtungszusammenhänge. Nähere Angaben zu den Datenquellen finden sich in der Übersichtstabelle im Appendix 7.3.

---

[69] Boehmke et al. weisen auf die Gefahr einer grundsätzlichen Verzerrung des Samples hin, wenn unbeobachtete Faktoren Einfluss darauf haben, ob der untersuchte Prozess überhaupt auftritt. In solch einem Fall wäre die Repräsentativität der sich im Sample befindenden Fälle für die Grundgesamtheit nicht gegeben (Boehmke/Morey/Shannon 2006). Dieses Problem ist für den vorliegenden Datensatz aus den genannten Gründen jedoch auszuschließen.
[70] Mit dem Ziel möglichst vergleichbare Daten zusammenzutragen und Lücken im Zeitreihendatensatz zu vermeiden, müssen bei der Datensatzerstellung Kompromisse eingegangen werden. Nähere Informationen darüber, wie Lücken in den Zeitreihen geschlossen werden, sind den Länderberichten im online-Appendix (s. Appendix 7.8) zu entnehmen.

Tabelle 6: Operationalisierung der unabhängigen Variablen

Dimension	Element	Indikator	These	Zusammenhang
Europäischer Nutzen	Interessendivergenz	Bruttoregionalprodukt pro Kopf	Mit steigender Abweichung vom europäischen Mittelwert[1] nimmt die Wahrscheinlichkeit der Eröffnung einer Regionalvertretung zu.	+
		Bevölkerungsdichte		+
		Anteil landwirtschaftlich genutzter Fläche an Gesamtfläche		+
		Anzahl Milchkühe pro Einwohner		+
		Anzahl Patentanmeldungen pro Einwohner		+
		Arbeitslosenquote		+
	Konfliktpotential	Kompetenzrahmen Policy	Je größer die politische Autonomie einer Region, desto größer wird die Wahrscheinlichkeit der Eröffnung einer Regionalvertretung.	+
		Fiskale Autonomie		+
		Self rule		+
	Nationale Beteiligung	Nationale Mitwirkung	Je größer die innerstaatliche Beteiligungsmöglichkeit, desto größer wird die Wahrscheinlichkeit der Eröffnung einer Regionalvertretung.	+
		Kontrolle der Exekutiven		+
		Shared rule		+
Nationaler Nutzen	Politisch-kulturelle Divergenz	Elektorale Differenz	Je größer die politisch-kulturelle Divergenz zum Nationalstaat, desto größer wird die Wahrscheinlichkeit der Eröffnung einer Regionalvertretung.	+
		Sprachindex		+
		Geschichtsindex		+
		Kulturelle Divergenz (Index)		+

Kategorie		Faktor	Beschreibung	
Kosten	Investitions-kosten	Kooperation²	Werden die Kosten durch eine gemeinsame Vertretung reduziert, steigt die Wahrscheinlichkeit der Eröffnung einer Regionalvertretung.	+
	Legitimati-onskosten	Identitätsdifferenz	Je stärker die Verbundenheit mit der Region im Vergleich zum Nationalstaat, desto höher ist die Wahrscheinlichkeit der Eröffnung einer Regionalvertretung.	+
		Erlaubnis	Besteht die gesetzliche Erlaubnis für eine Vertretung, ist die Wahrscheinlichkeit der Eröffnung einer Regionalvertretung größer.	+
Kontrollfak-toren		Post-Maastricht	Mit voranschreitender politischer Integration der EU steigt die Wahrscheinlichkeit der Eröffnung einer Regionalvertretung.	+
		Post-Amsterdam		+
		Post-Nizza		+
		Post-Lissabon		+
		Erweiterung1995	Mit dem Beitritt weiterer Nationalstaaten steigt die Wahrscheinlichkeit der Eröffnung einer Regionalvertretung.	+
		Erweiterung2004		+
		Erweiterung2007		+
		Diffusion	Je größer der Anteil der Regionen ist, die in Brüssel ein Büro unterhalten, desto größer ist die Wahrscheinlichkeit der Eröffnung einer Regionalvertretung für die anderen Regionen.	+
		EU-Erfahrung	Die Erfahrung, die subnationale Gebietskörperschaften eines Nationalstaates mit der EU haben, erhöht/senkt die Wahrscheinlichkeit der Eröffnung einer Regionalvertretung.	+/-

Kontrollfaktoren	Zeitliche Abhängigkeit	Lowess-Funktion	+/-	Die Wahrscheinlichkeit der Eröffnung einer Regionalvertretung ist über die Zeit hinweg nicht konstant.[3]
		Dauer	+/-	
		Dauer2	+/-	
		Dauer3	+/-	
		Phase1	+/-	
		Phase2	+/-	
		Phase3	+/-	
		Phase4	+/-	

Anmerkungen: [1] Der europäische Mittelwert bezieht sich auf den Mittelwert der Regionen der jeweiligen EU-Mitgliedsstaaten eines jeden Jahres, die auch Teil des Risikosets sind. [2] Die Variable Kooperation kann nicht als unabhängige Variable in die Datenanalyse einfließen, da sie Teil der abhängigen und damit endogen ist. Dennoch wird in der Datenanalyse auf die Eröffnung von Regionalvertretungen, die in Kooperation unterhalten werden, diskutiert. [3] Diese Variablen dienen lediglich der Kontrolle potentieller zeitlicher Abhängigkeit, weshalb keine konkreten Hypothesen über die Zusammenhangsrichtung aufgestellt werden.

4.3.1 Operationalisierung der europäischen Nutzenfaktoren

Das spezifizierte Erklärungsmodell (vgl. Abschnitt 3.3) konzipiert den auf die europäische Ebene bezogenen Nutzen als eine Funktion der regionalen Interessenspezifität. Je spezifischer die Interessenlage einer subnationalen Entität, desto höher ist die Wahrscheinlichkeit, dass die Region eine Repräsentanz in Brüssel eröffnet. Dabei werden zwei Komponenten unterschieden. Erstens bestimmt die Interessendivergenz den Grad der Spezifität. Im Abschnitt 3.3.1 wird erläutert, dass unter großer Unsicherheit über politische Entwicklungen in der EU der Mittelwert als Anhaltspunkt für die Einschätzung über potentielle Kosten und Nutzen zukünftiger EU-Politikentscheidungen herangezogen werden kann.[71] Je weiter die regionale Position vom europäischen Mittelwert abweicht, desto höher sind die potentiellen Kosten der EU-Entscheidung und desto höher ist der Anreiz für eine Region, ein Büro in Brüssel zu eröffnen.

Nun stellt sich die Frage, in Bezug auf welche europapolitischen Aspekte die Interessendivergenz erhoben werden soll. Zwar könnte dies ganz allgemein geschehen, indem man ausschließlich auf konstitutionelle Fragen, d.h. nach der Präferenz für eine intergouvernementale bzw. supranationale Ausrichtung der EU abheben würde. Doch dies würde dem tatsächlichen politischen Alltag in der EU und den Erkenntnissen der bisherigen Mobilisierungsforschung nicht gerecht. Die EU verfügt in vielen Politikbereichen über Kompetenzen und trifft Entscheidungen, welche die Regionen unmittelbar betreffen.[72] Um den im theoretischen Rahmen vermuteten Einfluss der Interessendivergenz auf die Wahrscheinlichkeit der Eröffnung einer Regionalvertretung zu untersuchen, ist es daher notwendig, die Interessendivergenz hinsichtlich verschiedener Politikbereiche zu erfassen.[73]

In diesem Sinne sollen unterschiedliche Wirtschaftsaspekte und -sektoren abgedeckt werden. Mit dem regionalen Bruttoinlandsprodukt pro Kopf werden die allgemeine Wirtschaftskraft und der Wohlstand einer Region erfasst. Als Indikator für die Arbeitsmarktstruktur dient die regionale Arbeitslosenquote, welche darüber hinaus auch als ergänzender Wirtschaftsindikator angesehen werden kann. Aus dem Bereich der Industrie- und Innovationspolitik werden die Patentanmeldungen bei der europäischen Patentagentur erfasst und ins Verhält-

---

[71] An dieser Stelle ist noch einmal hervorzuheben, dass kein Datensatz existiert, der erfassen würde, welche Präferenzen subnationale Entitäten in europäischen Angelegenheiten haben und wie sie sich im Vergleich zur EU positionieren (vgl. FN 44).

[72] Christiansen und Lintner (2005) schätzen, dass 70 bis 80 Prozent der EU-Gesetzgebung von Regionen implementiert werden.

[73] Die folgenden Indikatoren der Interessendivergenz in verschiedenen Politikbereichen decken nur wenige Politikfelder ab. Ziel zukünftiger Forschung sollte sein, weitere Politikbereiche zu identifizieren, die für Regionen relevant sind.

nis zur regionalen Bevölkerung gesetzt. Des Weiteren drückt die Anzahl der Patentanmeldungen pro Einwohner aus, wie sehr die Wirtschaftsstruktur einer Region durch Unternehmen aus dem Forschungs- und Entwicklungsbereich geprägt ist. Im Gegensatz dazu beschreibt der Anteil der landwirtschaftlich genutzten Fläche an der Gesamtgröße einer subnationalen Entität, wie eine Region von der Landwirtschaft abhängt. Dies ist nur ein grober Indikator für den großen Landwirtschaftssektor im Allgemeinen. Ein spezifischer Aspekt wird mit der Anzahl der Milchkühe pro Einwohner erfasst. Über Jahrzehnte hinweg vereinigte der Milchsektor den größten Anteil der Agrarsubventionen der EU auf sich (Ackrill 2000) und ist auch heute noch von großer Bedeutung. Deshalb liegt die Vermutung nahe, dass in einem Politikbereich, in dem große Summen an Geld transferiert werden, die potentiellen Kosten und Nutzen aus Reformen und europäischen Politikentscheidungen besonders hoch sein können und aus diesem Grund ein hoher Anreiz für Lobbying besteht. Schließlich wird die Bevölkerungsdichte als Indikator für den Unterschied zwischen urban und ländlich geprägten Regionen herangezogen.

Die genannten Indikatoren erfassen potentielle Unterschiede zwischen Regionen hinsichtlich verschiedener Politikbereiche. Um die Interessendivergenz in diesen Politikbereichen konkret zu messen, wird für jede dieser Variablen die absolute Abweichung vom Referenzpunkt berechnet. Der Referenzpunkt ist dabei der Mittelwert der europäischen Regionen der untersuchten EU-Mitgliedsstaaten.[74] Für die Jahre bis 1994 ist es der Mittelwert der untersuchten Regionen der EU-12 Staaten, von 1995 bis 2003 der der EU-15 Staaten und nach 2004 der Mittelwert der Regionen der EU-25 Staaten. Die Daten zu diesen Aspekten der Interessendivergenz wurden von Eurostat bezogen.[75]

Zweitens wird die Spezifität regionaler Interessen durch das Konfliktpotential der regionalen Interessensituation beeinflusst. Je größer die Kompetenzen einer subnationalen Gebietskörperschaft sind, eigenständig Politikentscheidungen zu treffen, desto stärker ist der Einfluss von auf europäischer Ebene getroffener Entscheidungen auf die regionale Entität. EU-Vorgaben beschränken die Handlungs- und Entscheidungsfreiheit subnationaler Entitäten. In je mehr Politikbereichen eine Region über Entscheidungskompetenzen verfügt, desto höher ist die Betroffenheit von EU-Entscheidungen, weshalb der Anreiz, eine Reprä-

---

[74] Es sind nur EU-Mitgliedsstaaten Teil der Untersuchung, die auch über eine regionale Ebene nach der hier angewandten Definition für das Risikoset (s. Abschnitt 4.1) verfügen.
[75] In den Länderberichten im online-Appendix (s. Appendix 7.8) ist dokumentiert, wie mit fehlenden Werten in den Eurostat-Angaben umgegangen wurde. Lücken in den Zeitreihen wurden in der Regel durch Interpolieren anhand des Mittelwertes zweier Zeitpunkte geschlossen oder auch auf Angaben des jeweils Statistikamtes des Nationalstaats zurückgegriffen. Jedoch ist anzumerken, dass in manchen Fällen die Interessendivergenz nur grob geschätzt werden konnte, weil konkrete Angaben zur interessierenden regionalen Ebene nicht zu erhalten waren.

sentanz in Brüssel zu eröffnen, steigt. Zur Operationalisierung dieses Aspekts wird die Variable „Kompetenzrahmen Policy" aus dem „Regional Authority Index" (Hooghe/Marks/Schakel 2010) herangezogen. Darüber hinaus wird aus dem gleichen Datensatz ein Faktor in die Analyse aufgenommen, der den Grad der Autonomie in der Steuererhebung widerspiegelt („Fiskale Autonomie").

4.3.2 Operationalisierung der nationalen Nutzenfaktoren

Bei der Entwicklung des spezifizierten Modells wird argumentiert, dass neben dem europäischen Nutzen ein auf die nationale Ebene bezogener Nutzen bei der Entscheidung zur Eröffnung einer Repräsentanz in Brüssel zu berücksichtigen ist. Der nationale Nutzen wird als Funktion aus der regionalen Emanzipation vom Nationalstaat verstanden (vgl. Abschnitt 3.3.2). Dabei sorgt erstens die eigenständige Informationssammlung und -bearbeitung für eine gewisse Unabhängigkeit der subnationalen Gebietskörperschaft vom Nationalstaat. Durch diese Unabhängigkeit können die Regionen die ihnen innerhalb des nationalen Institutionengefüges zur Verfügung stehenden Möglichkeiten, zur Mitgestaltung von Gesetzen und der nationalstaatlichen Position in europäischen Angelegenheiten effektiver nutzen. Gute Indikatoren hierfür sind die Variablen „Nationale Mitwirkung" und „Kontrolle der Exekutive" aus dem Regional Authority Index (Hooghe/Marks/Schakel 2010). Die Variable „Nationale Mitwirkung" erfasst die Mitbestimmungsmöglichkeiten der regionalen Ebene bei der Beschlussfassung von Gesetzen auf nationaler Ebene (Wertebereich 0 bis 2). Die zweite Variable, „Kontrolle der Exekutive", misst die Kompetenz von Regionen, die nationale Position in intergouvernementalen Verhandlungen mitzubestimmen (Wertebereich 0 bis 2).

Zweitens ist die politisch-kulturelle Divergenz einer Region zum Nationalstaat ein Faktor, der den Nutzen aus einer Emanzipation erhöht. Je stärker sich eine subnationale Gebietskörperschaft vom Nationalstaat in politisch-kultureller Hinsicht unterscheidet, desto wichtiger wird die Demonstration einer gewissen Unabhängigkeit von der Zentralregierung. Für die politische Divergenz zwischen der nationalen und regionalen Ebene wird ein Datensatz von Schakel (2013) genutzt, der durch eigene Erhebungen und Berechnungen für weitere Länder ergänzt wurde.[76] Die Variable „Elektorale Differenz" gibt die Differenz der Wahlergebnisse von Nationalwahlen zwischen einer Region und dem nationalen Ergebnis in Prozent wieder und misst somit, in welchem Ausmaß sich die regionale politische Situation von der nationalen unterscheidet.

---

[76] Vergleiche hierzu die entsprechenden Angaben und Quelleninformationen in den Länderberichten im Appendix.

In Bezug auf die kulturelle Divergenz stehen zwei Indizes von Fitjar (2010) zur Verfügung. Zum einen misst Fitjar in seinem „Sprachindex", ob in einer Region eine Regionalsprache existiert und wie relevant diese ist (Wertebereich 0 bis 3). Zum anderen erfasst der „Geschichtsindex", ob eine subnationale Entität in der Vergangenheit eigenständig war und wie sehr sich die Region als „Nation" versteht (Wertebereich 0 bis 3). Fitjar konzentriert sich auf westeuropäische Länder, weshalb sein Datensatz um Regionen der neuen mittel- und osteuropäischen Mitgliedsstaaten und Beitrittskandidaten ergänzt werden musste (vgl. die Variablen-Übersicht in Appendix 7.3). Die Abbildungen 4.2 und 4.3 geben einen Überblick über die Verteilung der beiden Indizes in den analysierten Regionen. Da sowohl der Sprach- als auch der Geschichtsindex die kulturelle Divergenz vom Nationalstaat messen, liegt es nahe, beide Variablen zusammenzufassen. Die Variable „kulturelle Divergenz" ist ein additiver Index aus dem Geschichts- und Sprachindex mit dem Wertebereich 0 bis 6.

Abbildung 9:   Regionaler Sprachindex

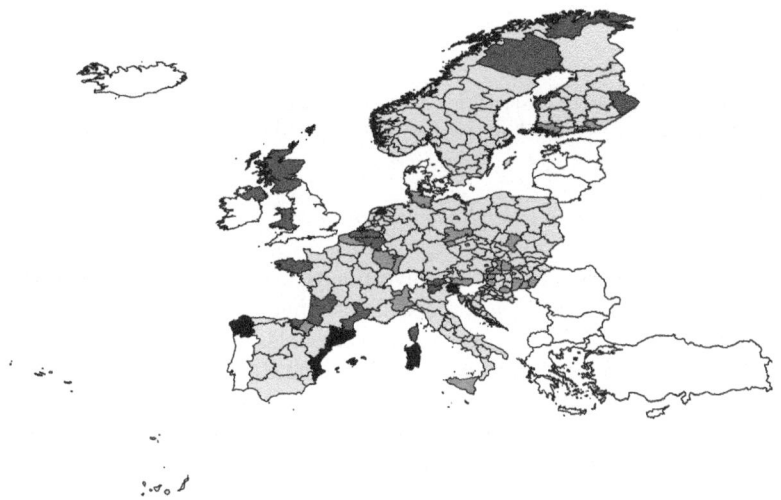

Anmerkungen: Weiße Flächen entsprechen Nationalstaaten, die nicht Teil der Untersuchung sind. Die Werte der Regionen auf dem Sprachindex reichen von 0 (hellgrau) bis 3 (dunkelgrau).

Abbildung 10: Regionaler Geschichtsindex

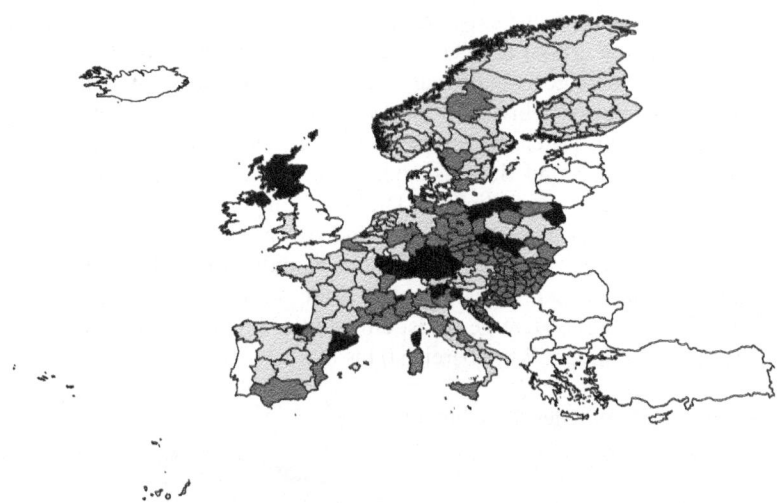

Anmerkungen: Weiße Flächen entsprechen Nationalstaaten, die nicht Teil der Untersuchung sind. Die Werte der Regionen auf dem Geschichtsindex reichen von 0 (hellgrau) bis 3 (dunkelgrau).

4.3.3 Operationalisierung der Kostenfaktoren

Da es plausibel erscheint, dass die Investitionskosten einer Regionalvertretung für alle subnationalen Gebietskörperschaften ungefähr gleich hoch sind, kann diese Einflussgröße in der Datenanalyse vernachlässigt werden. Zwar könnten diese Kosten dadurch reduziert werden, dass eine Region gemeinsam mit anderen Regionen eine Vertretung führt, doch die Integration einer unabhängigen Variablen zur gemeinsamen Regionalvertretung wäre sehr stark endogen und wird daher nicht umgesetzt. Dennoch besteht die Möglichkeit, diesen Aspekt zu berücksichtigen, indem er in die abhängige Variable integriert wird. Dabei wird die abhängige Variable nicht dichotom kodiert, sondern als ordinale Variable konzipiert und ein „ordered logit" Modell gerechnet. Sie nimmt den Wert 0 an, wenn sich eine Region im Risikoset befindet. Eröffnet sie eine Vertretung in Brüssel gemeinsam mit einer anderen Region oder schließt sich einer bereits existierenden Vertretung an, wird dies mit einer 1 kodiert. Den Wert 2 bekommen alle Beobachtungen zugewiesen, bei denen eine Region alleine eine Repräsentanz in Brüssel eröffnet. Die Ergebnisse zu dieser abhängigen Variablen werden im Verlauf der Diskussion der Ergebnisse der logistischen Mehrebenenmodelle vorgestellt (vgl. Abschnitt 5.2.5). Schließlich treten Legitimationskosten bei der Etablierung einer Repräsentanz in Brüssel auf. Dabei werden im theoretischen Rahmen zwei Quellen potentieller Legitimationskosten unterschieden (vgl. Abschnitt 3.3.3). Erstens könnte die außenpolitische Aktivität den subnationalen Gebietskörperschaften verfassungsrechtlich verboten sein. In der Folge könnten Regionen vom Nationalstaat, der traditionell das Monopol außenpolitischer Beziehungen innehat, abgestraft werden. In vielen Ländern herrscht bzw. herrschte über viele Jahre hinweg Unklarheit, ob das Unterhalten eines Büros in Brüssel, den Regionen verfassungsrechtlich erlaubt ist. Solange Unsicherheit hierüber besteht, sind die Legitimationskosten höher, weshalb das Risiko einer Eröffnung sinken sollte. Im Gegensatz dazu ist zu vermuten, dass die Wahrscheinlichkeit, dass eine Region nach Brüssel geht und eine Repräsentanz eröffnet, steigt, wenn eine klare gesetzliche Grundlage für dieses außenpolitische Engagement vorhanden ist. Die Dummy-Variable „Erlaubnis" nimmt den Wert 1 an, wenn diese Grundlage besteht, d.h. wenn ein Gesetz existiert oder wenn ein Gerichtsurteil verfassungsrechtliche Klarheit im positiven Sinne geschaffen hat. Für Beobachtungen, in denen ein explizites Verbot oder Unklarheit besteht, nimmt die Variable den Wert 0 an.[77]

Der zweite Faktor, der die Legitimationskosten bestimmt, ist die gesellschaftliche Legitimation der zusätzlichen Finanzausgaben für eine Vertretung. Je stärker die Gesellschaft sich mit „ihrer" Region identifiziert, desto höher wird die Akzeptanz dieser Ausgaben sein. Ist jedoch die Identifikation mit dem Nationalstaat sehr hoch, könnte sich die Bevölkerung fragen, warum die Region ein Büro in Brüssel braucht, wenn doch der Nationalstaat dort vertreten ist und damit beide in einem quasi Konkurrenzverhältnis stehen (Clement/Merz 2010). Die Variable „Identitätsdifferenz" gibt die Stärke der Verbundenheit der Bevölkerung einer subnationalen Gebietskörperschaft mit ihrer Region wieder. Dazu wurde auf Basis mehrerer Eurobarometer-Umfragen der Anteil der Befragten aus den untersuchten Staaten, die sich dem Nationalstaat verbunden fühlen, vom Anteil jener abgezogen, die sich einer Region verbunden fühlen. Je größer diese Differenz ist, desto stärker fällt die Identifikation mit der Region im Vergleich zum Nationalstaat in der jeweiligen subnationalen Entität aus.[78] Mit größer werdender Differenz steigt die Akzeptanz der Ausgaben für eine Regionalvertretung sowie die Wahrscheinlichkeit für deren Eröffnung.

---

[77] Die Variable kann sowohl zwischen Nationalstaaten als auch über die Zeit hinweg variieren.
[78] Die Variable „Identitätsdifferenz" ist über den Beobachtungszeitraum einer Region hinweg konstant. Sie variiert nur zwischen Regionen.

4.3.4 Kontrollfaktoren

Im Rahmen der Datenanalyse ist es essentiell, dass auf mögliche Alternativerklärungen für die Etablierung von Regionalvertretungen in Brüssel kontrolliert wird. Nur auf diesem Wege kann sichergestellt werden, dass die Ergebnisse der Datenanalyse nicht auf Scheinkorrelationen beruhen und keine falschen Schlüsse in Bezug auf das (Nicht-)Wirken der Erklärungsfaktoren gezogen werden. Im Abschnitt zum theoretischen Rahmen (vgl. Abschnitt 3.3.4) wurden bereits mögliche Alternativerklärungen dargelegt.

Erstens ist zu berücksichtigen, dass sich die Rahmenbedingungen, unter denen die Regionen die Entscheidung, nach Brüssel zu gehen, treffen, geändert haben können und daher nicht mehr miteinander zu vergleichen sind. Regionen die sich nach der obigen Definition bereits im Jahr 1986 im Risikoset befanden, kalkulieren die Kosten und Nutzen einer Vertretung unter anderen Voraussetzungen als Regionen, die erst ab dem Jahr 2000 im Untersuchungssample sind. In der Zwischenzeit haben sich neben der Anzahl der EU-Mitgliedsstaaten auch die Kompetenzen und die Rolle der EU verändert. Mit den Verträgen von Maastricht (1993), Amsterdam (1999), Nizza (2003) und Lissabon (2009) schritt die europäische Integration stetig voran.[79] Immer mehr Entscheidungen mit Auswirkungen auf subnationale Entitäten werden auf der europäischen Ebene getroffen und die Mehrheitsentscheidung als Abstimmungsregel im Ministerrat bzw. dem Europäischen Rat wird in einer zunehmenden Anzahl von Politikfeldern angewandt. Durch die Dummy-Variablen zur politischen Integrationsvertiefung („Post-Maastricht", „Post-Amsterdam", „Post-Nizza" und „Post-Lissabon") wird berücksichtigt, in welcher Phase der europäischen Integration eine Region sich entscheidet, in Brüssel eine Vertretung zu etablieren. Dabei liegt die Vermutung nahe, dass mit voranschreitender europäischer Integration die Bedeutung der EU als Entscheidungsebene wächst und damit der Anreiz zur Eröffnung einer Vertretung steigt. Die Variablen sind dichotom kodiert und nehmen jeweils ab dem Jahr der Vertragsunterzeichnung den Wert 1 an, bis die Staaten einen neuen Vertrag unterschrieben haben. Für die übrigen Jahre nehmen die Variablen den Wert 0 an.[80]

Ein weiterer Faktor, der die Rahmenbedingungen über den Beobachtungszeitraum grundlegend beeinflusst hat, ist neben der politischen auch die geographische Integration der EU. Mit den Erweiterungswellen der Jahre 1995, 2004 und 2009 wurden insgesamt 15 Staaten in die EU aufgenommen. Das führte dazu, dass nicht nur die Zahl der sich im Risikoset befindenden Regionen anstieg, sondern auch der Umfang unterschiedlicher politischer Interessen inner-

---

[79] Die Jahreszahlen beziehen sich auf das jeweilige Jahr des Inkrafttretens der Verträge.
[80] Die Einheitliche Europäische Akte stellt die Basiskategorie dar.

halb der EU. Insbesondere mit den Beitritten der mittel- und osteuropäischen Staaten änderten sich die politischen und wirtschaftlichen Gegebenheiten der EU. Subnationale Entitäten müssen deshalb damit rechnen, dass die Präferenzen und Strategien in der Politikgestaltung auf europäischer Ebene nicht mehr die gleichen sind als vor den jeweiligen Erweiterungsrunden. Das wiederum wirkt sich auf das Risiko der Eröffnung von Regionalvertretungen aus. Die Dummy-Variablen „Erweiterung1995", „Erweiterung2004 „und „Erweiterung2007" erfassen die Erweiterungswellen der Jahre 1995, 2004 und 2007.

Drittens unterscheiden sich die Regionen in ihrer Erfahrung mit Prozessen europäischer Politikentscheidungen und der Vertretung ihrer spezifischen Interessen in diesen Angelegenheiten. Subnationale Entitäten der älteren Mitgliedsstaaten verfügen über weitaus mehr Erfahrungswerte im Hinblick auf die Verfahren des europäischen Politikprozesses und die beteiligten Akteure. Zudem sind sie den Auswirkungen der europäischen Integration bereits länger ausgesetzt. Regionen der neuen Mitgliedsstaaten können hingegen nicht auf dieses Wissen zurückgreifen. Sie müssen die besten Strategien selbst finden. Zwar lässt sich hieraus keine eindeutige Erwartung über den Richtungszusammenhang zwischen der EU-Erfahrung und dem Risiko der Eröffnung einer Regionalvertretung ableiten, dennoch ist anzunehmen, dass Unterschiede zwischen regionalen Entitäten alter und neuer EU-Mitgliedsstaaten bestehen. [81] Die Variable „EU-Erfahrung" misst die Anzahl der Jahre, die ein Nationalstaat Mitglied in der EU ist. Für Beitrittskandidaten wie z.b. Norwegen oder Kroatien nimmt die Variable den Wert 0 an.

Des Weiteren wurde im Abschnitt 3.4 die Diffusion als Alternativerklärung eingeführt. In der Diffusionsliteratur werden verschiedene kausale Mechanismen für die Ausbreitung von Politiken angeführt, die eine potentielle Alternativerklärung für Eröffnungen von Regionalvertretungen bieten (Holzinger/Jörgens/Knill 2007). Beispielsweise könnte die Entscheidung einer Region, ein Büro in Brüssel zu errichten, eine rein symbolische Handlung sein mit der Absicht, in den Augen anderer Akteure wie der Europäischen Kommission oder anderer Regionen als europäisch engagiert zu wirken. Da die vorliegende Arbeit das entwickelte theoretische Modell mit empirischen Daten konfrontieren möchte und dieses davon ausgeht, dass die Entscheidung einer Region nach Brüssel zu gehen unabhängig vom Handeln anderer Entitäten getroffen wird, ist wichtig, dass allgemein auf das eventuelle Vorliegen eines Diffusionsprozesses kontrolliert wird. Die Vari-

---

[81] Kontrollfaktoren stehen nicht im Mittelpunkt des Interesses, weshalb eine Festlegung auf eine konkrete Hypothese nicht notwendig ist. Vielmehr wird durch die Berücksichtigung von Kontrollvariablen in der Datenanalyse verhindert, dass in Bezug auf die eigentlich interessierenden Faktoren des theoretischen Modells falsche Schlussfolgerungen gezogen werden.

able „Diffusion" misst den Anteil der Regionen, die eine Vertretung in Brüssel
unterhalten, an der Gesamtzahl der Regionen im Risikoset.[82]

Schließlich muss noch auf den Faktor Zeit kontrolliert werden. In der Ereignisdatenanalyse sind Annahmen zu treffen, wie sich das Risiko für das Eintreten des untersuchten Ereignisses mit der Dauer, die eine Untersuchungseinheit
dem Risiko ausgesetzt ist, entwickelt. Bleibt das Risiko konstant oder nimmt es
mit der Verweildauer im Risikoset zu? Auf diesen potentiellen Störfaktor muss
kontrolliert werden. In der Analyse wird dies durch die Modellierung „kubischer
Polynome" mithilfe von drei Variablen zur Verweildauer implementiert. Bei
dieser Vorgehensweise werden neben einer einfachen Zählvariablen der Jahre,
die eine Region im Risikoset verbringt, und deren Quadrat auch deren dritte
Potenz in das Modell integriert („Dauer", „Dauer^2" und „Dauer^3").[83] Außerdem
werden mithilfe einer Lowess-Funktion zwischen dem Ereignis und der Dauer,
sowie Dummy-Variablen für zu Gruppen zusammengefasste Jahre weitere mögliche Vorgehensweisen genutzt, um auf zeitliche Abhängigkeit zu kontrollieren
(vgl. Abschnitt 4.4.1).[84]

4.4 Das Analyseverfahren

Gegenstand der vorliegenden Arbeit ist die Frage, ob und wann eine Region eine
Vertretung in Brüssel eröffnet. Die interessierende abhängige Variable ist also
das Ereignis „Eröffnung eines Büros in Brüssel". Dieses Forschungsinteresse ist
identisch mit dem Gegenstand und der Betrachtungsweise von Ereignisdatenanalysen (Box-Steffensmeier/Jones 2004: 1). Deshalb liegt es nahe, die erhobene
Information in einer Ereignisdatenanalyse auszuwerten. Gleichzeitig liegt dem
Datensatz eine hierarchische Struktur zugrunde, für dessen Analyse sich
Mehrebenenmodelle anbieten. Welche Eigenschaften der vorliegende Datensatz
aufweist und auf welche Besonderheiten bei der Datenanalyse zu achten sind,
wird im Folgenden erläutert.

---

[82] Die Stichprobe umfasst alle Regionen des Risikosets, zu denen Informationen über das Jahr der
Eröffnung vorliegen bzw. darüber, dass sie noch kein Büro in Brüssel unterhalten. Die Größe des
Risikosets variiert im Verlauf des Beobachtungszeitraumes. Zur Diskussion der Diffusion von Regi-
onalvertretungen siehe Abschnitt 5.1.2.

[83] Zusätzlich werden im Abschnitt zur statistischen Bewertung der Analyse diese Ergebnisse mit
denen anderer Modelle verglichen, die eine Lowess-Funktion und Dummy-Variablen für zu Gruppen
zusammengefasste Jahre als Kontrollvariable verwenden. Welche Möglichkeiten zur Modellierung
zeitlicher Abhängigkeit bestehen, werden in Abschnitt 4.4.1 diskutiert.

[84] Die Zusammenfassung der Dummy-Variablen für die Jahre zu Phasen, wie sie in der Übersicht zur
Operationalisierung der Variablen definiert sind (vgl. Tabelle 6), basiert auf den Ergebnissen eines
leeren Mehrebenenmodells, das lediglich die Dummy-Variablen für die Jahre enthält. Die in diesem
Modell signifikanten Jahresvariablen wurden zu Phasen gruppiert (vgl. Tabelle im Appendix 7.3).

4.4.1 Logistisches Mehrebenenmodell für Ereignisdaten

Der vorliegende Datensatz mit der binär kodierten abhängigen Variablen besteht aus Zeitreihen mit diskreten Zeitperioden, den jährlichen Beobachtungen der sich im Risikoset befindenden Regionen. Zur Analyse von Ereignisdaten mit diskreter Zeit stehen logit-Modelle zur Verfügung (Box-Steffensmeier/Jones 2004: 70).[85] Ein großer Vorteil der logit-Funktion im Zusammenhang mit der Ereignisdatenanalyse ist, dass sie in Sozialwissenschaften häufig Anwendung findet und eine anschauliche Interpretation der Ergebnisse ermöglicht (Box-Steffensmeier/Jones 2004: 87).

Jedoch sind bestimmte Charakteristika der Ereignisdatenanalyse einer genaueren Betrachtung zu unterziehen, da sie Einfluss auf die Ergebnisse haben. Dazu gehört die zentrale Frage, welche Information die in die Untersuchung eingehenden Fälle für die Analyse beisteuern und welche Information nicht zugefügt wird. Dies ist eng mit der Wahl des geeigneten Zeitpunktes für den Beginn des Risikos verbunden (vgl. Abschnitt 4.2). Grundannahme der Ereignisdatenanalyse ist, dass alle Untersuchungseinheiten zur gleichen Zeit den untersuchten Prozess beginnen. Für den vorliegenden Fall bedeutet dies, dass alle Untersuchungseinheiten ab dem gleichen Zeitpunkt dem Risiko unterliegen, eine Vertretung in Brüssel zu eröffnen. Auch wenn der „Kalender-Zeitpunkt", d.h. der tatsächliche Eintritt in das Risikoset, für einzelne Untersuchungseinheiten variieren kann, ist der „relative Eintrittszeitpunkt" der gleiche.[86]

Mit der Festlegung des Beobachtungszeitraumes wird entschieden, welche Fälle und Informationen „zensiert" sind und somit nicht in die Analyse eingehen. Drei Formen des Auslassens von Information sind von Bedeutung. Als erstes ist die Rechtszensierung zu nennen. Sie liegt dann vor, wenn Untersuchungseinheiten das Ereignis bis zum Ende des Beobachtungszeitraums nicht erfahren. Diese Fälle tragen in der statistischen Analyse Informationen zum „Überleben" bis zum Zensierungszeitpunkt, nicht aber zum Eintreten des Ereignisses selbst bei. Im Gegensatz dazu bezieht sich Linkszensierung auf Einheiten, die das Ereignis vor dem Beginn des beobachteten Prozesses erfahren und deswegen nicht in die

---

[85] Neben logit-Modellen stünden auch probit- oder log-log-Modell zur Verfügung. Die Wahl zwischen den ersten beiden ist unbedeutend, da sie zu nahezu gleichen Ergebnissen führen (Box-Steffensmeier/Jones 2004: 74).

[86] Ein Beispiel verdeutlicht dies: Für Parlamentsabgeordnete beginnt ihre Karriere mit ihrer ersten Wahl ins Parlament. Das Risiko, nicht wiedergewählt zu werden, beginnt mit dieser Wahl. Aber für verschiedene Abgeordnete kann dieser Prozess zu unterschiedlichen Legislaturperioden beginnen. Abgeordnete, die erst nach der zweiten oder dritten Wahl neu ins Parlament einziehen, treten zwar zum gleichen „realen Zeitpunkt " (nach ihrer Wahl ins Parlament) in den Untersuchungsprozess ein, aber der „Kalenderzeitpunkt" ist ein anderer (vgl. Box-Steffensmeier/Jones 2004: 8-9).

Analyse eingehen.[87] Schließlich muss die Linkstrunkierung berücksichtigt werden. Hierunter versteht man, dass die „Geschichte" vor dem Beobachtungsbeginn ausgeblendet wird (Box-Steffensmeier/Jones 2004: 16-17). Linkstrunkierte Fälle liefern nur Informationen ab dem Beginn des Beobachtungszeitraumes. Der Umgang mit allen drei Arten der Zensierung bzw. Trunkierung haben erheblichen Einfluss auf die Ergebnisse einer Ereignisdatenanalyse.

Neben dem Beobachtungszeitraum ist insbesondere der Annahme zur „hazard", d.h. der Wahrscheinlichkeit des Eintritts des Ereignisses, Beachtung zu schenken. Die logistische Regression zur Analyse von Ereignissen mit diskreter Zeitmessung nimmt an, dass die „hazard" über die Zeit hinweg konstant ist, d.h. das Grundrisiko für das Eintreten des Ereignisses zeitlich unabhängig ist.[88] Eine Verletzung dieser Annahme (sogenannte „duration dependency" oder zeitliche Abhängigkeit) führt zu inkonsistenten Parameterschätzungen und falschen Ergebnissen.[89] Obwohl viele Prozesse in der Politikwissenschaft davon abhängig sind, wie lange der Prozess bereits läuft, wird diesem Faktum wenig Beachtung geschenkt (vgl. Boehmke/Morey/Shannon 2006: 197). Für „duration dependency" kommen zwei potentielle Quellen in Frage. Zum einen kann unbeobachtete Heterogenität der Untersuchungseinheiten dazu führen, dass sich Subgruppen mit unterschiedlichen Wahrscheinlichkeiten für das Eintreten des interessierenden Ereignisses im Untersuchungssample befinden. Im Zeitverlauf fallen die Beobachtungen aus der Gruppe mit der hohen Wahrscheinlichkeit für das Eintreten des Ereignisses heraus, während die Fälle der anderen Gruppe längere Zeit im Sample verbleiben. Dies führt fälschlicherweise zu einer negativen „duration dependency", weil diese zeitliche Abhängigkeit nicht auf den Effekt der Zeit an sich, sondern auf die unbeobachtete Heterogenität zurückzuführen ist (Zorn 2000). Die zweite Quelle zeitlicher Abhängigkeit ist die positive oder negative Persistenz. Diese wahre zeitliche Abhängigkeit impliziert, dass die Wahrscheinlichkeit des Eintretens des Ereignisses für eine Untersuchungseinheit mit der Dauer, die diese dem Risiko ausgesetzt ist, zunimmt bzw. im Falle negativer Persistenz abnimmt.

---

[87] Aufgrund des Beobachtungsbeginns (Definition des Risikobeginns) sind die Fälle Hamburg, Niedersachsen, Saarland, Salzburg und der Wallonie linkszensiert. Sie liefern bei der Durchführung der Analyse keine Information zum Eintreten des Ereignisses. Sie sind aber insofern Teil der Untersuchung, als dass sie bei der Berechnung der Trend-Variablen „Diffusion" berücksichtigt werden.
[88] Diese Annahme entspricht dem exponentiellen Modell parametrischer Verfahren von Ereignisdatenanalysen (vgl. Box-Steffensmeier/Jones 2004). Für weitere Information zu parametrischen Modellen zur Analyse von Ereignisdaten und Diskussion zur Interpretation von „Zeitabhängigkeit" siehe auch Blossfeld et al. (2007). Eine kritische Betrachtung parametrischer Modelle im Vergleich zu Cox-Modellen ist bei Golub (2008) zu finden.
[89] „Many empirical processes are duration dependent, and ignoring duration dependence leads to inconsistent parameter estimates" (Boehmke/Morey/Shannon 2006: 197).

Zwar wird in der Literatur ein intensiver Diskurs darüber geführt, wie „duration dependency" zu interpretieren ist. Gleichzeitig besteht breites Einvernehmen darüber, dass sie berücksichtigt werden muss und in die Datenanalysen zu integrieren ist (Beck 2010; Carter/Signorino 2010a). Des Weiteren sollte das Ziel sein, unabhängig von der gewählten Art und Weise, die zeitliche Abhängigkeit der „hazard" zu integrieren, Variablen zu finden, welche diese zeitlichen Entwicklungen im Grundrisiko für ein Ereignis erklären (Beck/Katz/Tucker 1998; Bennett 1999; Carter/Signorino 2010b). Denn die zeitliche Entwicklung von „duration dependency" ist keine „theoretische Variable" (Beck 2010), die es zu interpretieren gilt. Dennoch impliziert sie durch das Modell nicht erfasste Prozesse oder vernachlässigte Variablen (Carter/Signorino 2010a).

Zur Modellierung der zeitlichen Abhängigkeit werden verschiedene Herangehensweisen diskutiert. Ein erster Vorschlag ist, Dummy-Variablen für die Zeit in das Modell zu integrieren (Beck/Katz/Tucker 1998). Dieses Vorgehen bringt jedoch zwei Nachteile mit sich. Einerseits ist es ineffizient, da zusätzlich zu den aus theoretischer Perspektive interessierenden Variablen viele Parameter berechnet werden müssen. Andererseits kann das Problem der „separation" auftreten. In Modellen für dichotome abhängige Variablen liegt „separation" vor, wenn die erklärenden Variablen die Abhängige perfekt vorhersagen (Carter/Signorino 2010b). Vor dem Hintergrund der beiden angebrachten Nachteile von Dummy-Variablen zur Modellierung zeitlicher Abhängigkeit können alternativ Zeitpunkte zu Gruppen zusammengefasst werden, so dass sich die Zahl der zu schätzenden Parameter reduziert.[90]

Die zweite Option ist, sogenannte „Smoothing"-Funktionen zu verwenden. Während Dummy-Variablen für die Zeit für einen zerklüfteten Kurvenverlauf der Zeitfunktion sorgen würden, zielen „Spline-" und lokal gewichtete „Smoothing-Funktionen" darauf ab, die Überlebenszeit geschmeidig („smooth") zu modellieren. Hierzu wird die abhängige Variable in Beziehung zur Zeit gesetzt. Die Intention von „Smoothing-Funktionen" ist es, die Zeitdimension in Abschnitte einzuteilen, innerhalb derer die Beziehung zwischen der abhängigen Variablen und der Zeit separat modelliert wird. In je weniger Abschnitte die Zeit eingeteilt wird, desto glatter verläuft die Kurve der „Smoothing-Funktion". Der Vorteil dieser Option der Modellierung von „duration dependency" ist, dass keine Annahmen über den Verlauf der „hazard" getroffen werden müssen, sondern diese von den Daten bestimmt wird (Box-Steffensmeier/Jones 2004: 76). Gleichzeitig stellt die Flexibilität in der Bestimmung der Anzahl der Intervalle, in denen die Beziehung zwischen der Zeit und der abhängigen Variablen modelliert wird, einen potentiellen Nachteil dar. Denn der Verlauf der „Smoothing-

---

[90] Dieses Vorgehen wird in der späteren Datenanalyse durch die Variablen „Phase 1", „Phase 2", „Phase 3" und „Phase 4" umgesetzt (vgl. Tabelle 6).

Funktion" ist davon abhängig, wie viele dieser Intervalle festgelegt werden. Die Kurve verläuft glatter, desto weniger Intervalle bestimmt werden. Gleichzeitig steigt die Gefahr, dass abrupte Veränderungen im Zusammenhang zwischen der Zeit und der abhängigen Variablen unentdeckt bleiben (Carter/Signorino 2010b: 279).[91]

Als dritte Möglichkeit kann die zeitliche Abhängigkeit auch als einfache Zählvariable oder in einer transformierten Version in das Modell aufgenommen werden. Im ersten Fall wird die Dauer, die eine Untersuchungseinheit im Risikoset verweilt, durch eine Zählvariable der Zeit (t) repräsentiert. Sie kann aber auch transformiert werden, z.B. als logarithmierte Variable. Zwar ist dieses Vorgehen sehr sparsam, da nur ein Parameter für die zeitliche Abhängigkeit geschätzt werden muss, verlangt aber das Treffen von Annahmen über deren funktionale Form. Eine einfache Zählvariable nimmt einen linearen Verlauf der „duration dependency" an, während eine logarithmierte Zeitvariable (log(t)) einen logarithmischen Verlauf der Kurve impliziert.

Schließlich besteht zur Modellierung der zeitlichen Abhängigkeit die Option, kubische Polynome zu verwenden. Hierfür werden zusätzlich zur Dauer als einfache Zählvariable (t) deren Quadrat-Funktion (t^2) und das Polynom dritter Ordnung (t^3) in das Modell aufgenommen. Carter und Signorino favorisieren diese Möglichkeit, weisen aber darauf hin, dass t, t^2 und t^3 miteinander hoch korreliert sein können (Carter/Signorino 2010b: 283). In ihrer Simulationsanalyse kommen sie jedoch zum Schluss, dass dies selten ein Problem darstellt. In Anbetracht dieses Resultats werden zur Kontrolle der zeitlichen Abhängigkeit in den Modellberechnungen kubische Polynome herangezogen.[92] Gleichwohl werden diese Ergebnisse auf ihre Robustheit hin überprüft, indem sie mit Ergebnissen verglichen werden, bei denen die anderen vorgestellten Varianten der Kontrolle zeitlicher Abhängigkeit implementiert wurden.

4.4.2 Spezifikation des logistischen Mehrebenenmodells

Ein weiterer Vorteil der logistischen Regression ist, dass sie leicht in ein *Mehrebenenmodell* integriert und auf diese Art in Datenanalyseprogramme implementiert werden kann. Für die vorliegende Arbeit bietet sich die Anwendung eines logistischen Mehrebenenmodells an, da der Datensatz eine hierarchische Struktur aufweist. Die einzelnen Beobachtungen bestehen aus den Jahreszeit-

---

[91] Diese Herangehensweise in der Modellierung der zeitlichen Abhängigkeit wird durch die Variable „Lowess-Funktion" umgesetzt (vgl. Tabelle 6).
[92] Die Variablen „Dauer", „Dauer[2]" und „Dauer[3]" spiegeln die kubischen Polynome in der folgenden Analyse wieder (vgl. Tabelle 6).

punkten, zu denen sich eine Region im Risikoset befindet. Diese „Regionen-Jahre" stellen die erste Ebene dar. Sie sind in Regionen geschachtelt, d.h. für eine Region liegen mehrere Beobachtungen („Regionen-Jahre") vor. Die Regionen stellen die zweite Ebene dar und sind selbst wiederum in Nationalstaaten geschachtelt. Abbildung 11 spiegelt diese dreigliedrige hierarchische Struktur des Datensatzes wider.

Abbildung 11: Schaubild zur hierarchischen Datensatzstruktur

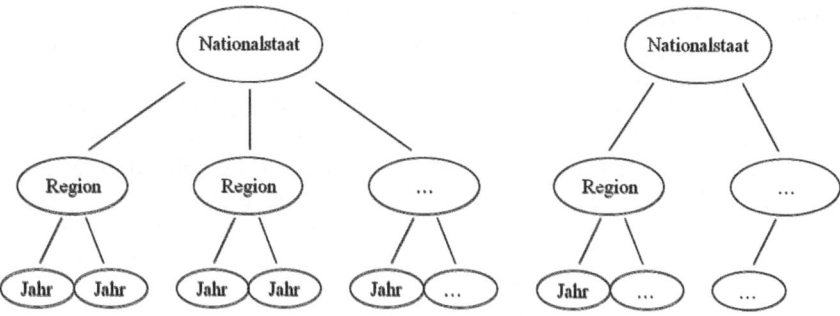

Die Anwendung eines logistischen Dreiebenenmodells zur Analyse der Ereignisdaten wird daher der hierarchischen Struktur des vorliegenden Datensatzes bestens gerecht (vgl. Goldstein 2003; Hox 2002; Kreft/Leeuw 1998).[93] Die Grundidee der Mehrebenenanalyse ist, dass die auf der untersten Ebene beobachtete abhängige Variable durch eine oder mehrere unabhängige Faktoren erklärt werden kann, welche sich auf die verschiedenen Analyseebenen beziehen können (Snijders/Bosker 1999; Jones 2008). Auf diese Weise können Effekte der verschiedenen Ebenen auf die interessierende Variable direkt bestimmt werden (Hox 2002: 4). Gleichzeitig wird die hierarchische Struktur der Daten und die zwischen den Gruppen (Ebenen) bestehende Heterogenität berücksichtigt. Verzerrungen in den Parameterschätzungen und der Standardfehler werden korrigiert (Guo/Zhao 2000).[94]

Im vorliegenden Datensatz können die einzelnen Erklärungsfaktoren unterschiedlichen Ebenen zugeordnet werden.[95] Die über die Zeit variierenden erklä-

---

[93] Zur Diskussion von Vorteilen von Mehrebenenanalysen bei der Anwendung auf „time-series cross sectional" Daten siehe Shor et al. (2007).
[94] Für weitere Vorteile von Mehrebenenmodellen siehe Gelman (2006), Guo und Zhao (2000) sowie Steenbergen und Jones (2002).
[95] Zu beachten ist, dass der vorliegende Datensatz keine strikt hierarchische Struktur aufweist. Variablen der obersten Ebene können über die Zeit variieren.

renden Variablen sind der ersten Ebene zuzuschreiben („Ebene1-Variable"). Dies trifft auf Faktoren zu, welche die sozio-ökonomische Situation einer Region beschreiben. Beispielsweise variieren das Bruttoregionalprodukt, die Arbeitslosenquote und die Patentanmeldungen für jede Region über die Zeit. Dem stehen regionalspezifische, aber zeitlich stabile Faktoren gegenüber. Die Sprach- und Geschichtsindizes sind solche „Ebene2-Variablen", die für die Regionen über die Zeit hinweg konstant sind. Schließlich können Variablen ausgemacht werden, die für alle Regionen eines Nationalstaates gleich sind, aber zwischen Nationalstaaten unterschiedliche Werte annehmen können („Ebene3-Variable"). Die EU-Erfahrung eines Nationalstaates, d.h. die Anzahl der Mitgliedschaftjahre in der EU, ist solch eine „Ebene3-Variable".[96]

Die Spezifikation des eigentlichen Mehrebenenmodells erfolgt in der Regel in mehreren Schritten (vgl. Rabe-Hesketh/Skrondal 2008: 446). Dabei wird für jede Ebene ein Modell mit den jeweiligen erklärenden Variablen der Ebene erstellt. Im vorliegenden Fall stellen die Beobachtungen einer Region pro Jahr die Ebene1 dar. Die dazugehörigen unabhängigen Variablen $X_{h,\,jrs}$ (1, 2, ... q) werden mit „j" für die Zeit, „r" für die Regionen und „s" für die Nationalstaaten indexiert. Der Regressionskoeffizient der Ebene1-Variablen ist $\beta_{h,1rs}$. In einer logistischen Regression kann die dichotome abhängige Variable als Wahrscheinlichkeit für das Eintreten des Ereignisses zum Zeitpunkt j unter der Bedingung, dass das Ereignis vorher noch nicht eingetreten ist, modelliert werden. Übertragen auf die Fragestellung dieser Arbeit bedeutet dies, dass die Wahrscheinlichkeit (P_{jrs}) der Eröffnung einer Vertretung zum Zeitpunkt t einer Region r aus dem Nationalstaat s, beschrieben wird durch die Gleichung der Ebene 1

Ebene1-Modell $\quad \operatorname{logit}(P_{jrs}) = \beta_{0rs} + \sum_{h=1}^{q} \beta_{h,1rs} * X_{h,\,jrs}$.   (4.1)

In einem nächsten Schritt wird das Modell auf der zweiten Ebene für die Intercept β_{0rs} der ersten Ebene spezifiziert. Sie wird beschrieben durch eine Funktion von h (1, 2, ... q) unabhängigen Variablen Z der zweiten Ebene und einem gruppenspezifischen Fehlerterm U_{0rs}, der zwischen den Regionen variiert. Das Modell wird beschrieben durch die Gleichung

---

[96] Jedoch ist anzumerken, dass es sich beim vorliegenden Datensatz nicht um eine strikt hierarchische Datenstruktur handelt. Dies würde voraussetzen, dass die Variablen der Ebene 3 im Zeitverlauf nicht variieren. Da die EU-Erfahrung allerdings mit den Beobachtungsjahren zunimmt, variiert sie auf der untersten Ebene und die Datenstruktur ist nicht mehr strikt hierarchisch. Um diesem Umstand Rechnung zu tragen, wird geprüft, ob sich die Ergebnisse eines „crossed random effects" Modells von einer strikt hierarchischen Modellierung unterscheiden (vgl. Abschnitt 5.3.2).

Ebene2-Modell $\beta_{0rs} = \beta_{0s} + \sum_{h=1}^{q} \beta_{h,s} * Z_{h,rs} + U_{0rs}$,   (4.2)

wobei die Regressionskoeffizienten der zweiten Ebene $\beta_{h,s}$ nur zwischen den Nationalstaaten s variieren. Schließlich bleibt die Intercept β_{0s} des Modells der zweiten Ebene zu beschreiben. Analog zum vorherigen Schritt wird auf der dritten Ebene die Intercept β_{0s} als Funktion von Ebenen3-Variablen $W_{h,s}$ und einem länderspezifischen Fehlerterm V_{0s} modelliert:

Ebene3-Modell $\beta_{0s} = \beta_0 + \sum_{h=1}^{q} \beta_h * W_{h,s} + V_{0s}$.   (4.3)

Bei der Spezifikation eines Mehrebenenmodells muss geklärt werden, ob die einzelnen Faktoren zwischen den Gruppen der verschiedenen Ebenen variieren (sollen) oder ob es sich um feste Effekte handelt. Geht man davon aus, dass es sich um einen festen Effekt handelt, hat die Variable nur einen Koeffizienten. Wird hingegen vermutet, dass der Effekt einer erklärenden Variablen zwischen den Gruppen/Ebenen variiert, so besteht der Einfluss aus zwei Komponenten: einem festen Effekt, der für alle Untersuchungseinheiten gleich ist und einem zusätzlichen Koeffizienten, der zwischen den Gruppen/Ebenen variiert. Würde vermutet, dass der Einfluss einer unabhängigen Variable der zweiten Ebene ($Z_{h,rs}$) zwischen Nationalstaaten unterschiedlich ausfiele, müsste der dazugehörige Regressionskoeffizient ($\beta_{h,s}$) ebenfalls als Ergebnis eines Ebenen3-Modells modelliert werden.[97]

4.5 Zusammenfassung

In diesem Kapitel wurde der Grundstein für die nachfolgende Datenanalyse gelegt. Mit der regionalen Ebene, die direkt unterhalb der zentralstaatlichen Ebene angesiedelt ist und über eine Volksvertretung verfügt, wurde in einem ersten wichtigen Schritt die Analyseebene festgelegt. Welche regionalen Gebietskörperschaften tatsächlich Eingang in die Analyse finden, hängt von der Definition des Risikosets ab. Deshalb mussten in einem zweiten Schritt Kriterien sowohl für den Beobachtungszeitraum als auch für die geographische Expansion der

---

[97] Auf die Darstellung der Gleichungen für zufällige Effekte unabhängiger Variablen wird an dieser Stelle verzichtet.

relevanten Gebietskörperschaften formuliert werden. Die Unterzeichnung der Einheitlichen Europäischen Akte im Jahr 1986 stellt den Aufbruch in eine neue Phase der europäischen Integration dar und bietet deshalb einen aus theoretischen und empirischen Gesichtspunkten für die Analyse adäquaten Beobachtungsbeginn. Dem Risiko, eine Vertretung in Brüssel zu eröffnen, sind nicht nur Regionen der EU-Mitgliedsstaaten ausgesetzt. Subnationale Gebietskörperschaften aus Kandidatenländern gehören ebenfalls zum Risikoset.

Die Erhebung der Information für die abhängige Variable, ob eine Region eine Vertretung in Brüssel unterhält und wann diese eröffnet wurde, erfolgte anhand eines Surveys, sowie zusätzlichen Internet- und Literaturrecherchen. Die Operationalisierung der unabhängigen Variablen gestaltete sich teilweise diffizil. Zum einen musste ein Weg der Operationalisierung der Interessendivergenz gefunden werden. Zum anderen war darauf zu achten, dass die Zusammenstellung des Datensatzes, der bis ins Jahr 1986 zurückreicht, möglich bleibt. Für die wenigsten subnationalen Entitäten existieren lange Datenzeitreihen, die hätten herangezogen werden können, so dass die fehlenden Werte durch Interpolation geschätzt werden mussten (vgl. Länderberichte im online-Appendix, s. Appendix 7.8).

Schließlich wurde das Analyseverfahren vorgestellt, welches auf die interessierende Fragestellung nach dem Einfluss von Faktoren auf die Eröffnung einer Regionalvertretung in Brüssel angewandt wird. Hierzu eignet sich bestens ein logistisches Mehrebenenmodell, da darin die hierarchische Struktur des Datensatzes adäquat repräsentiert wird. Außerdem bietet es die Möglichkeit, die zeitliche Abhängigkeit in Ereignisdaten zu modellieren. Die Ergebnisse der Datenanalyse werden im folgenden Kapitel dargelegt und erörtert.Analyse

5 Analyse

Dieses Kapitel widmet sich intensiv der Forschungsfrage, welche Faktoren die Entscheidung subnationaler Gebietskörperschaften beeinflusst, eine Vertretung in Brüssel zu eröffnen. In den beiden vorangehenden Kapiteln wurde der dieser Arbeit zugrundeliegende theoretische Erklärungsansatz entwickelt und das Forschungsdesign erarbeitet. Der Erklärungsansatz wird nun mit empirischen Daten konfrontiert, um ihn auf seine Stichhaltigkeit zu prüfen.

Bevor im Abschnitt 5.2 die Ergebnisse der logistischen Mehrebenenanalyse zu den einzelnen Komponenten des Erklärungsansatzes und des Gesamtmodells vorgestellt werden, wird im ersten Abschnitt die Entwicklung der Regionalvertretungen in Brüssel deskriptiv dargestellt (vgl. Abschnitt 5.1). Im dritten Abschnitt des Kapitels werden die Ergebnisse der Datenanalyse auf ihre Robustheit überprüft und vor dem Hintergrund des theoretischen Erklärungsansatzes inhaltlich bewertet (vgl. Abschnitt 5.3). Schließlich widmet sich das Kapitel in einer Fallstudie der Region Vorarlberg, die als einziges österreichisches Bundesland keine Vertretung in Brüssel unterhält (vgl. Abschnitt 5.4).

5.1 Deskriptive Analyse

5.1.1 Die Entwicklung regionaler Vertretungen in Brüssel

Wie im Abschnitt 4.2 zur Erhebung der abhängigen Variablen erläutert wurde, lässt die über den Beobachtungszeitraum konstant hohe Ausschöpfungsquote von rund 93 Prozent keine systematische Verzerrung in der Zusammenstellung des zu analysierenden Samples erwarten. Aus den Daten zu den Büroeröffnungen der Regionen, für welche in dieser Arbeit Informationen vorliegen, lässt sich eine Entwicklung in der Präsenz subnationaler Interessenvertretungen in Brüssel nachzeichnen, die denen aus anderen Studien ähneln (z.B. Moore 2008).[98] Nach einem langsamen Anstieg in der Anzahl existierender Vertretungen in Brüssel zu Beginn des Beobachtungszeitraums, ist ein kleiner sprunghafter Anstieg in den Jahren 1994 und 1995 zu beobachten (vgl. Abbildung 12). Nach einem stetigen

---

[98] Vergleiche hierzu Abbildung 2.1

Zuwachs in der Gesamtanzahl existierender Büros in den Folgejahren mit wie-
derholten kleinen Sprüngen vom Jahr 1998 auf 1999 und von 2001 auf 2002,
sowie einem etwas stärkeren Anstieg ab 2003 schwächt sich diese Entwicklung
ab 2007 wieder deutlich ab.

Im Vergleich zum Entwicklungsverlauf, den andere Studien zeichnen, treten
jedoch Unterschiede zu Tage. Der Verlauf, den Moore (2008) skizziert (vgl.
Abbildung 2.1), weist einen etwas stärkeren Zuwachs an subnationalen Repräsentanzen zu Beginn der 1990er Jahre auf als der Verlauf im vorliegenden Datensatz. Dennoch ist auch in der Abbildung 12 eine stetige Zunahme von Mitte
der 90er Jahre an ebenso zu finden, wie in der Darstellung bei Moore. Offenkundig ist hingegen der über den Beobachtungszeitraum bestehende Unterschied in
der absoluten Zahl der existierenden Vertretungen. Moore, deren Grafik auf
Daten verschiedener Studien beruht, kommt im Jahr 2007 auf rund 250 existierende Büros, während der vorliegende Datensatz für den selben Zeitpunkt nur
182 Vertretungen zählt.

Abbildung 12: Kumulierte Anzahl der Vertretungen in absoluten Zahlen

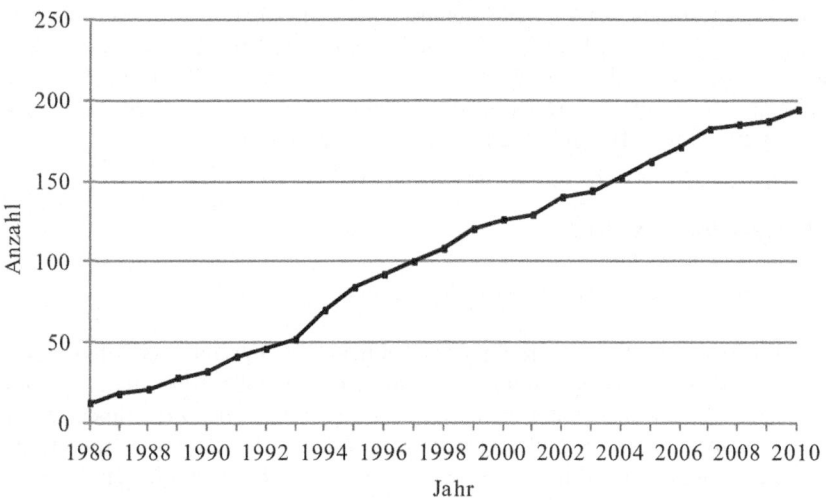

Anmerkungen: Die Abbildung gibt die kumulierte Anzahl der Regionalvertretungen in Brüssel in
absoluten Zahlen wieder basierend auf dem vorliegenden Datensatz.

Diese Differenz ist auf Unterschiede in der Definition der Analyseeinheiten zurückzuführen (vgl. Abschnitt 4.2). Der vorliegende Datensatz konzentriert sich

auf die Ebene der Region. Die Angaben, auf denen Moores Übersicht beruht, schließen jedoch Kommunen und andere regionale Kooperationen ein. Die Differenz zwischen beiden Kurven bedeutet nicht zwangsläufig, dass einer der beiden Verläufe falsch sein muss. Vielmehr liegt der Grund für die Differenz aller Voraussicht nach in den Unterschieden der Staatsstrukturen und in der Anzahl subnationaler Gebietskörperschaften der später der EU beigetretenen Nationalstaaten. Das unterstreicht umso mehr das Erfordernis eines homogenen Samples, wenn man den Faktoren des Verlaufes subnationaler Repräsentanzen in Brüssel systematisch auf den Grund gehen möchte.

Vergleicht man die Entwicklung der Zahl subnationaler Repräsentanzen in Brüssel (s. Abbildung 12) mit der des Risikosets (s. Abbildung 8), so ist zu beobachten, dass die Anstiege in der Kurve zur Größe des Risikosets mit Anstiegen bei der kumulierten Anzahl existierender Büros einhergehen. Allerdings wächst die Anzahl der Vertretungen in Brüssel ab 2007 weniger schnell. Die Kurve der kumulierten Anzahl der existierenden Büros nähert sich der Kurve zur Anzahl der Regionen im Risikoset an. Die Distanz zwischen den beiden Kurven wird jedoch nur geringfügig kleiner. Dies deutet darauf hin, dass eine gewisse „Sättigung" eintritt. Das Feld jener Regionen, die noch keine Vertretung in Brüssel haben wird kleiner, aber es befinden sich noch Regionen im Risikoset, die – obwohl sie schon längere Zeit Teil des Risikosets sind – sich (noch) nicht dazu entschlossen haben, eine Repräsentanz zu etablieren.[99] In der vorliegenden Stichprobe haben 12 Prozent der Untersuchungseinheiten noch kein Büro in Brüssel eröffnet. Diese Fälle können somit als zusätzlicher Robustheitstest für den entwickelten theoretischen Ansatz herangezogen werden. Falls diese Regionen, die noch keine Vertretung eröffnet haben, die Kosten-Nutzen-Kalkulation negativ bewerten, würde dies die Stichhaltigkeit des Erklärungsansatzes der vorliegenden Arbeit untermauern.[100]

Schlüsselt man die Entwicklung der Zahl regionaler Repräsentanzen in Brüssel auf und betrachtet die Anzahl der Eröffnungen pro Jahr, so lässt sich schon zu Beginn des Beobachtungszeitraumes eine hohe subnationale Mobilisierungsaktivität feststellen (vgl. Abbildung 13). Doch die meisten Eröffnungen innerhalb des Untersuchungszeitraumes fanden 1994 statt. Mit 18 neu etablierten Vertretungen nahm die Präsenz regionaler Gebietskörperschaften in Brüssel stark zu. Die ebenfalls hohen Eröffnungszahlen der Jahre 1999 und 2002 können diesen Spitzenwert nicht übertreffen. Ab 2004 ist die Anzahl der jährlichen Eröff-

---

[99] Gleichwohl sei angemerkt, dass sich im Feld der Regionen, die noch über keine Vertretung in Brüssel verfügen, auch Entitäten befinden, die noch nicht lange dem Risikoset zuzurechnen sind. Darüber hinaus bedeutet das für die spätere Datenanalyse, dass der Datensatz Fälle enthält, in denen das Ereignis (noch) nicht eingetreten ist.

[100] Vergleiche hierzu die Fallstudie zum österreichischen Bundesland Vorarlberg in Abschnitt 5.4.

nungen auf einem vergleichsweise hohen Niveau konstant. In den Jahren 2008 und 2009 geht sie jedoch stark zurück und fällt mit nur drei bzw. zwei neu in Brüssel vertretenen Regionen auf die niedrigsten Werte des Beobachtungszeitraumes.[101]

Abbildung 13: Eröffnungen von Regionalvertretungen

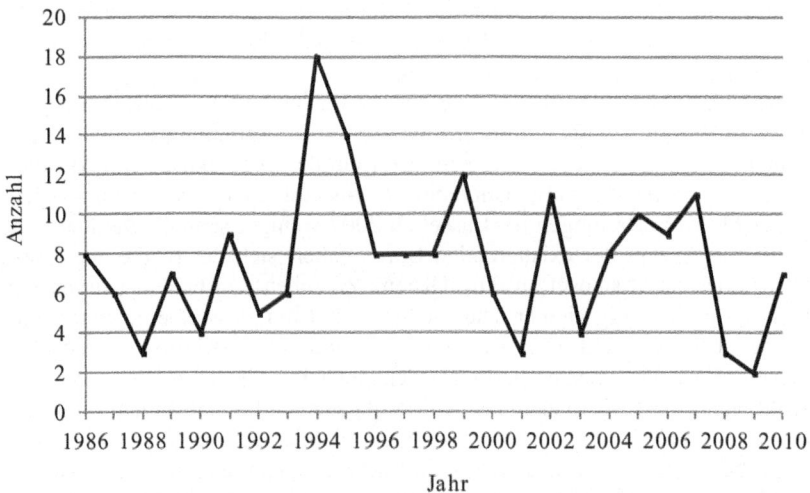

Anmerkungen: Die Abbildung zeigt, in welchen Jahren wie viele Büroeröffnungen zu beobachten sind. Die Daten basieren auf dem für diese Arbeit erhobenen Datensatz.

Bei der Ereignisdatenanalyse kommt der Zeit, die es dauert, bis eine Untersuchungseinheit das Ereignis erfährt, eine zentrale Rolle zu (vgl. Abschnitt 4.4). Im Zentrum des Interesses steht die Frage, welche Faktoren die unterschiedlichen Überlebensdauern erklären können. Deshalb ist es wichtig, dass auch hier Varianz im Datensatz vorliegt. Aus der Abbildung 14 lässt sich ableiten, dass die Varianz groß ist und die Dauer tatsächlich zwischen null und 20 Jahren variiert.[102]

---

[101] In der Abbildung sind darüber hinaus auch die Zahlen für das Jahr 2010 angegeben. Die Eröffnungen dieses Jahres finden jedoch keinen Eingang in die spätere Analyse, da zum Zeitpunkt der Fertigstellung der Analyse für dieses Jahr keine Informationen zu den interessierenden unabhängigen Variablen vorliegen.

[102] Anzumerken ist, dass hohe Werte der Verweildauer im Risikoset nur für Regionen möglich sind, die den EU-15 Mitgliedsstaaten zugehören. Regionen aus den neuen Staaten sind frühestens im Jahr 1998 ins Risikoset eingetreten und können dementsprechend einen Maximalwert von elf Jahren als Verweildauer erreichen. Dass die maximal möglichen Werte für Regionen aus den neuen mittel- und

Abbildung 14: Dauer bis zur Eröffnung in Jahren

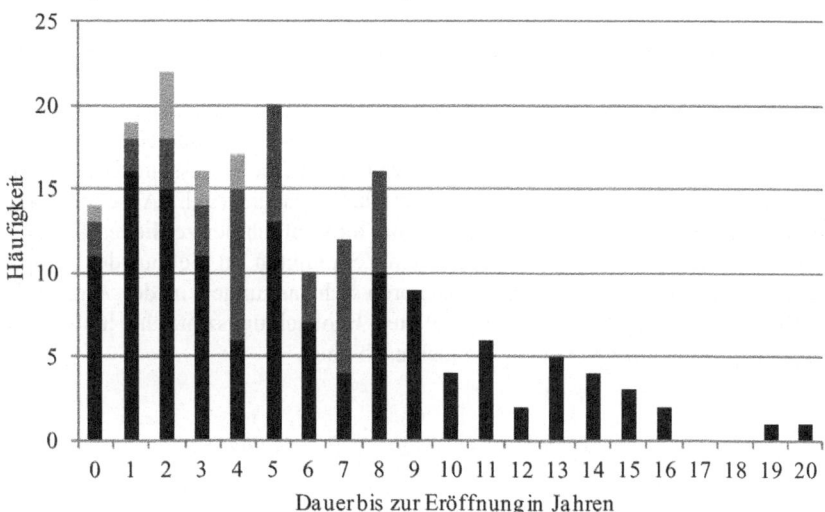

Dauer bis zur Eröffnung in Jahren

Anmerkungen: Die Abbildung gibt die Verteilung der Häufigkeiten der Verweildauern der Untersuchungseinheiten in Jahren wieder, die sich eine Region im Risikoset befindet, bis sie eine Vertretung eröffnet. Das Balkendiagramm unterscheidet zwischen den Häufigkeiten von Regionen der EU-15 Mitgliedsstaaten (schwarz), den der neuen Mitgliedsstaaten (dunkelgrau) und den der Beitrittskandidatenländer (hellgrau). Die Angaben beziehen sich nur auf Regionen, die bereits eine Vertretung unterhalten. Für jene Entitäten, die noch nicht in Brüssel repräsentiert sind, liegt konsequenterweise keine Information vor, wie viele Jahre noch bis zu einer Eröffnung ausstehen.

Allerdings haben sich nur wenige subnationale Gebietskörperschaften nach Eintritt ins Risikoset entschieden, eine Repräsentanz in Brüssel zu eröffnen. In der Regel treffen sie diese Entscheidung in den ersten ein bis acht Jahren. Fälle, in denen subnationale Gebietskörperschaften nach neun oder mehr Jahren Verweildauer im Risikoset ein Büro in Brüssel etablieren, sind hingegen selten. Beispielsweise tritt die Dauer von zwei Jahren am häufigsten auf. Während 22 Regionen nach zwei Jahren Verweildauer im Risikoset eine Repräsentanz in Brüssel etabliert haben, existieren nur fünf Fälle, in denen sich die Gebietskörperschaften erst nach 13 Jahren für diese Mobilisierungsform entschieden haben.

osteuropäischen Mitgliedsstaaten nicht realisiert wurden (vgl. Abbildung 14) liegt daran, dass nur wenige Regionen die hohen Werte von neun bis elf Jahren erreichen können. Beispielsweise sind ungarische Regionen seit 1997 im Risikoset, polnische jedoch erst ab 1998 (vgl. Abschnitt 4.1). Folglich existieren wenige Fälle der neuen Mitgliedsstaaten, in denen die Realisation einer hohen Verweildauer theoretisch möglich wäre. Darüber hinaus ist anzumerken, dass manche Untersuchungseinheiten das Ereignis noch nicht erfahren haben. Dementsprechend ist für diese eine hohe Verweildauer zu erwarten.

Anders ausgedrückt: Bereits nach fünf Jahren Verweildauer im Risikoset hat die Mehrzahl der Regionen, sowohl der neuen als auch der alten Mitgliedsstaaten, die in Brüssel repräsentiert sind, eine Vertretung eröffnet (vgl. Tabelle im Appendix 7.4).

Die bis zu dieser Stelle durchgeführte deskriptive Datenanalyse legt nicht nur eine große Varianz hinsichtlich der Verweildauer der verschiedenen subnationalen Entitäten nahe, sondern demonstriert wiederholt, dass noch nicht alle Untersuchungseinheiten das Ereignis erfahren haben (vgl. Abschnitt 4.1). Schließlich findet sich in den Daten Varianz hinsichtlich der zeitlichen Entwicklung. Eröffnungen treten nicht zu wenigen Zeitpunkten im Verlauf der europäischen Integration auf, sondern es existieren Schwankungen in der Anzahl der Eröffnungen pro Jahr über den kompletten Beobachtungszeitraum hinweg mit Ausschlägen sowohl nach unten als auch nach oben.

5.1.2 Diffusionsprozess oder „unabhängige" Entscheidungen?

Das Kernargument des in Abschnitt 3.3 dargelegten spezifizierten Modells zur Erklärung der Entwicklung regionaler Vertretungen in Brüssel besagt, dass die Entscheidung von Regionen, eine Repräsentanz zu eröffnen, auf Grundlage einer Kosten-Nutzen-Kalkulation getroffen wird. Diese Herangehensweise impliziert darüber hinaus, dass die Entscheidung von jeder Region eigenständig getroffen wird. Bestünden Anzeichen dafür, dass diese Entscheidungen nicht unabhängig von anderen Einflüssen, z.B. Interdependenzen mit anderen Regionen, getroffen würden, wäre die Stichhaltigkeit der grundlegenden Argumentation geschmälert.

In diesem Zusammenhang rückt der theoretische Ansatz der Diffusion, der im Abschnitt 3.4 als eine mögliche Quelle alternativer Erklärungen erläutert wurde, ins Zentrum des Interesses. Diffusionsprozesse, d.h. die Ausbreitung von Politiken über verschiedene Akteure und Gebiete hinweg, beruhen auf Interdependenzen zwischen den Akteuren. Läge der Entwicklung von Regionalvertretungen nun ein Diffusionsprozess zugrunde, würde die Entscheidung einer Region für oder gegen die Etablierung eines Büros in Brüssel stark von den Entscheidungen der anderen subnationalen Akteure abhängen und weniger auf einer eigenen und unabhängigen Kalkulation beruhen. Charakteristisch für Diffusionsprozesse ist ein s-kurvenförmiger Verlauf der kumulativen Adaptionsrate, d.h. dem Anteil jener Akteure, die das Ereignis erfahren haben an der Gesamtanzahl der Akteure einer neuen Politik (vgl. Rogers 2003). Zu Beginn des Prozesses übernehmen demnach nur wenige Akteure eine neue Politik. Über die Zeit hinweg wächst der kumulative Anteil der Akteure, welche diese Politik eingeführt haben, immer stärker an. Die maximale Steigerungsrate ist erreicht, wenn die

Hälfte der Akteure die neue Politik übernommen hat. Anschließend verlangsamt sich der Anstieg der kumulativen Adaptionsrate wieder.

Abbildung 15: Kumulative Adaptionsrate und das Risikoset

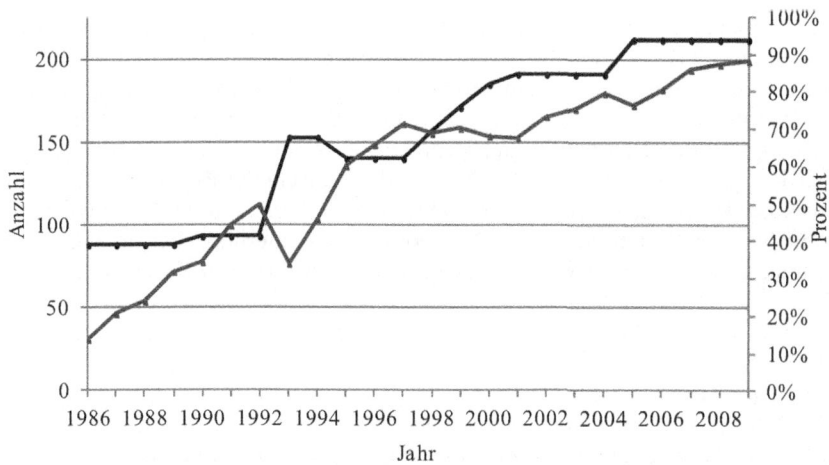

Anmerkungen: Die hellgraue Linie in der Abbildung zeigt den Verlauf der kumulativen Adaptionsrate (in Prozent) von Regionalvertretungen unter denjenigen regionalen Entitäten, die zum jeweiligen Beobachtungszeitpunkt Teil des Risikosets sind. Die schwarze Kurve zeichnet die Entwicklung der Größe des Risikosets in absoluten Werten nach.

Doch wie verläuft die kumulative Adaptionsrate im vorliegenden Datensatz im Vergleich zur idealtypischen S-Kurve? Die Abbildung 15 zeigt den Verlauf der kumulativen Adaptionsrate als den Anteil der Regionen, die bereits eine Vertretung in Brüssel unterhalten an der Gesamtanzahl der sich im Risikoset befindenden Entitäten, zu denen Informationen vorliegen (hellgraue Kurve). Die Kurve steigt in den ersten Jahren des Beobachtungszeitraumes stark an. Ab dem Jahr 1997 verläuft sie zwar weniger steil, nimmt jedoch kontinuierlich zu. Da die kumulative Adaptionsrate von der Größe des Risikosets abhängt, welches in der vorliegenden Arbeit über den Beobachtungszeitraum variiert, muss der Kurvenverlauf auch in Abhängigkeit der Entwicklung des Risikosets betrachtet werden.

Einbrüche und Sprünge in der Kurve des kumulativen Anteils der Adaptierenden gehen mit Veränderungen in der Größe des Risikosets einher (vgl. schwarze Kurve in Abbildung 15). Der Einbruch 1993 und der niedrige Wert von 1994 hängen mit der Vergrößerung des Risikosets durch das Eintreten der österreichischen und skandinavischen Regionen zusammen. Ähnlich verhalten sich die beiden Kurven auch für das Jahr 2005 zueinander, als die kroatischen Regionen in das Risikoset eintreten. Der flache Verlauf der Diffusionskurve zwischen 1997 und 2001 wird verursacht durch die stetige Vergrößerung des Risikosets. Die gegenteilige Situation ist der Fall, als Norwegen nach dem negativen Ausgang des Referendums über einen EU-Beitritt 1995 wieder aus dem Risikoset ausscheidet: Die Diffusionskurve schlägt von 1994 auf 1995 stark nach oben aus.

Um beurteilen zu können, welche Art von Trend sich in der kumulativen Adaptionsrate der Regionalvertretungen widerspiegelt, müssen diese Ausschläge bei der Betrachtung des Gesamtverlaufs vernachlässigt werden. Zusätzlich wird die Interpretation der Kurve durch den Umstand der nicht konstanten Größe des Risikosets über den Beobachtungszeitraum hinweg erschwert. Allerdings kann man die vergleichsweise längste Phase, in der die Zahl der Regionen, die sich im Risikoset befinden, konstant blieb, genauer betrachten. Würde der Entwicklung subnationaler Vertretungen ein Diffusionsprozess zugrunde liegen, müsste im Zeitraum von 1986 bis 1992 ein Anzeichen eines s-förmigen Verlaufs der Kurve der kumulierten Adaptionsrate zu erkennen sein. Dies ist nicht der Fall. Vielmehr zeichnet sich ein starker sich fortsetzender linearer Trend ab, der in den Jahren 1993 und 1994 durch einen Einbruch aufgrund des sprunghaften Anstiegs der Größe des Risikosets unterbrochen wird.

Nach dem Beobachtungsjahr 1996 wird die Beurteilung des Kurvenverlaufs durch die Veränderungen im Risikoset noch einmal erschwert. Dennoch ist für die Jahre 2001 bis 2004, als das Risikoset für eine kurze Phase konstant bleibt, wiederum ein linearer Anstieg auszumachen. Ab dem Jahr 2005 hingegen ist kein linearer Trend, sondern ein eher logarithmischer Verlauf in der Adaptionsrate erkennbar. Für die Jahre 2007 bis 2009 zeichnet sich eine Verlangsamung im Zuwachs der Regionalvertretungen ab.

Alternativ kann zur Betrachtung des kompletten Samples auch der Diffusionsprozess ausschließlich unter den subnationalen Gebietskörperschaften der EU-12 Mitgliedsstaaten betrachtet werden, da sich die Anzahl der Untersuchungseinheiten in dieser Untergruppe über den Beobachtungszeitraum nicht ändert und sie von Beginn an im Untersuchungssample sind. Die Abbildung 16 zeichnet den Diffusionsprozess nach. Deutlich ist der konstante Anstieg im Anteil der in Brüssel vertretenen Regionen an der Gesamtzahl der subnationalen Entitäten der EU-12 Mitgliedsstaaten zu erkennen. Ab dem Jahr 2001 flacht die Adaptionsrate deutlich ab und verharrt auf einem Niveau von rund 90 Prozent bis zum Ende des Beobachtungszeitraumes. Auch dieser Kurvenverlauf deutet nicht auf eine S-Kurve hin, sondern auf einen linearen Anstieg der Adaptionsrate, der gegen Ende einem Sättigungseffekt unterliegt.

Abbildung 16: Diffusionsprozess unter den Regionen der EU-12

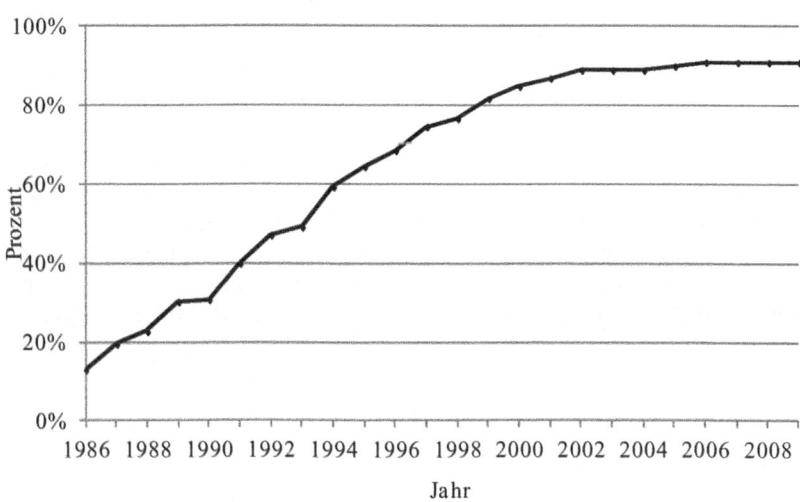

Anmerkungen: Die Abbildung zeigt den Verlauf der kumulativen Adaptionsrate (in Prozent) von Regionalvertretungen unter denjenigen regionalen Entitäten der EU-12 Mitgliedsstaaten.

Insgesamt lässt sich festhalten, dass die Beurteilung, ob es sich bei der Entwicklung der Regionalvertretung in Brüssel um einen Diffusionsprozess handelt, unter dem Einfluss des sich verändernden Risikosets schwierig ist. Einen eindeutigen, für einen Diffusionsprozess charakteristischen S-Kurvenverlauf ist nicht auszumachen.[103] Dieses Zwischenergebnis deutet darauf hin, dass die Entwicklung von regionalen Interessenvertretungen in Brüssel auf regionalspezifischen Entscheidungen basiert.

Das wiederum stützt das Kernargument des entwickelten theoretischen Ansatzes, dass subnationale Gebietskörperschaften auf Grundlage einer Kosten-Nutzen-Kalkulation eigenständig über die Eröffnung einer Repräsentanz in Brüssel beschließen und diese Entscheidung nicht primär von Aktivitäten anderer Akteure abhängig machen, wie es bei einem Diffusionsprozess der Fall wäre. Welche Faktoren nun diese ökonomische Kalkulation beeinflussen, soll anhand einer quantitativen Analyse ausführlicher untersucht werden.

---

[103] Dennoch ist an dieser Stelle darauf hinzuweisen, dass der S-Kurvenverlauf nicht immer zu erkennen ist. Wenn die Phasen zu Beginn und am Ende des Diffusionsprozesses nicht beobachtet werden, fehlen die flachen Kurvenverläufe an den Enden der Kurve. Der mittlere Bereich ähnelt häufig einer Linearen.

5.2 Quantitative Analyse

Nachdem in der deskriptiven Analyse erste Erkenntnisse über die Entwicklung der Zahl an Regionalvertretungen in Brüssel gewonnen werden konnten, widmen sich die nächsten Abschnitte der quantitativen Analyse. Die Hypothesen, die aus dem theoretischen Rahmen abgeleitet wurden, werden nun mit empirischen Daten konfrontiert und auf Hinweise auf Bestehen der vermuteten Zusammenhänge getestet. Zunächst werden für die einzelnen Nutzen- und Kostenkomponenten des Erklärungsansatzes Ergebnisse der logistischen Mehrebenenanalyse präsentiert bevor die Gesamtmodelle diskutiert werden, die alle Kosten- und Nutzenelemente des theoretischen Rahmens enthalten. Schließlich werden die Ergebnisse der quantitativen Analyse einer statistischen sowie inhaltlichen Bewertung unterzogen.

5.2.1 Modell zum europäischen Nutzen

Ausgangspunkt bei der Entwicklung des theoretischen Rahmens war die Differenzierung des Nutzens aus einer Regionalvertretung in zwei Komponenten. Die erste Komponente bezieht sich auf den Nutzen, der mit der subnationalen Aktivität auf der europäischen Ebene verbunden ist. Eine zentrale Aufgabe der Regionalbüros ist die Vertretung der Interessen der subnationalen Gebietskörperschaften in europäischen Angelegenheiten. Hierzu können Repräsentanten der Regionen in Kontakt mit Entscheidungsträgern der europäischen Institutionen treten, um ihre Interessen in den Entscheidungsprozess auf europäischer Ebene einfließen zu lassen. Der Anreiz zu dieser Mobilisierung wird größer, wenn die Spezifität der regionalen Interessenlage zunimmt. Bei der Entwicklung des theoretischen Rahmens wurden zwei Elemente identifiziert, welche die Interessenspezifität bestimmen (vgl. Abschnitt 3.3.1). Neben der Interessendivergenz in Politikfragen beeinflusst das Konfliktpotential die potentiellen Kosten und Nutzen des Engagements auf europäischer Ebene. Welche Indikatoren dieser europäischen Nutzenkomponenten einen Einfluss auf die Wahrscheinlichkeit der Eröffnung einer Regionalvertretung in Brüssel haben, zeigen die Ergebnisse des logistischen Mehrebenenmodells zum europäischen Nutzen in Tabelle 7.

Unter Kontrolle möglicher Alternativerklärungen, jedoch ohne Kontrolle auf zeitliche Abhängigkeit, sind Variablen aus beiden Gruppen signifikant (s. Modell 1 in Tabelle 7). In Bezug auf die Interessendivergenz in Politikbereichen weisen die Variablen zu den Patentanmeldungen und der Arbeitslosenquote signifikante Koeffizienten auf. Während die Variable der Patentanmeldungen das nicht erwartete negative Vorzeichen aufweist, entspricht der positive Koeffizient der Arbeitslosenquote der theoretischen Erwartung. Demnach steigt das Risiko für eine Region, ein Büro in Brüssel zu eröffnen, je stärker die Arbeitslosenquote vom europäischen Mittelwert abweicht.[104]

Von den Indikatoren des Konfliktpotentials ist nur die Variable „fiskalische Autonomie" der subnationalen Entitäten signifikant. Die Variable, welche die Ausdehnung regionaler Kompetenzen auf mehrere Politikbereiche misst („Kompetenzrahmen Policy"), ist hingegen nicht signifikant. Die meisten Kontrollvariablen zur europäischen Integration zeigen signifikante Koeffizienten. Die Phasen nach der Unterzeichnung der Verträge von Maastricht, Amsterdam und Lissabon sind positiv signifikant. Gleiches gilt auch für die Phase nach der Erweiterungswelle des Jahres 2004. Je weiter die europäische Integration sowohl in politischer als auch geographischer Hinsicht voranschreitet, desto größer wird die Wahrscheinlichkeit, dass eine Region eine Vertretung in Brüssel eröffnet.

---

[104] Zur Erinnerung sei erwähnt, dass sich der europäische Mittelwert auf den Durchschnitt der Regionen der EU-Mitgliedsstaaten bezieht (vgl. Abschnitt 4.3).

Tabelle 7: Analyseergebnisse EU-Nutzen

	Modell 1	Modell 2	Modell 3	Modell 4
BIP pro Kopf	-0.000	-0.000		
Bevölkerungsdichte	0.000	0.000		
Landwirtschaft	0.005	0.007		
Milchkühe pro Einwohner	-2.311	-2.601		
Patentanmeldungen pro Einwohner	-4435.036*	-5103.026*	-5069.484**	-6379.240**
Arbeitslosenquote	0.102**	0.093*	0.095***	0.097*
Kompetenzrahmen Policy	0.325	0.663*	0.392	0.760*
Fiskale Autonomie	0.512**	0.779***	0.550***	0.928***
Post-Maastricht	1.233***	0.915		
Post-Amsterdam	1.527*	1.525		
Post-Nizza	1.322	1.508		
Post-Lissabon	2.592**	3.070		
Erweiterung 1995	0.543	0.581		
Erweiterung 2004	1.842***	1.901**	0.924***	0.926**
Diffusion	-1.809	-3.670*	1.197	-2.225
EU-Erfahrung	0.007	-0.000		
Dauer		0.481		0.578*
Dauer^2		-0.021		-0.010
Dauer^3		-0.000		-0.001
Konstante	-3.765***	-5.199***	-4.309***	-6.001***

Konstante-Staatsebene	1.068	2.440	0.949	4.735**
Konstante-Regionenebene	0.164	1.110	0.074	1.760
AIC	919.587	903.410	913.606	890.252
BIC	1019.241	1018.799	960.811	953.191
P	0.001	0.013	0.000	0.002
N	1401	1401	1401	1401
erklärte Varianz in Prozent	19.4	29.5	16.0	32.6

Anmerkungen: Die Variable „Erweiterung 2007" ist aufgrund von Kollinearität aus der Analyse herausgefallen. * $p<0.10$, ** $p<0.05$, *** $p<0.01$.

Wird auf die zeitliche Abhängigkeit kontrolliert (vgl. Modell 2 in Tabelle 7), verändern sich die einzelnen Ergebnisse. Zwar bleibt die fiskalische Autonomie signifikant, aber zusätzlich erreicht auch die Variable zur Policy-Kompetenz das zehnprozentige Signifikanzniveau. Die Vorzeichen beider Indikatoren des Konfliktpotentials sind wie erwartet positiv. Auch die beiden zuvor einflussreichen Variablen zur Interessendivergenz, die Patentanmeldungen und die Arbeitslosenquote, bleiben im Modell 2 signifikant. Im Gegensatz dazu verlieren alle Kontrollvariablen zur europäischen Integration mit Ausnahme der Erweiterungswelle des Jahres 2004 ihre Signifikanz. Die Variable „Diffusion", welche auf das Vorliegen eines möglichen Diffusionsprozesses hin kontrolliert, wird nun in Modell 2 einflussreich. Allerdings zeigt es ein aus Sicht der Diffusionsthese unerwartetes negatives Vorzeichen. Demnach sinkt mit steigendem Anteil der in Brüssel vertretenen Regionen das Risiko für die übrigen Regionen im Risikoset, ebenfalls eine Repräsentanz zu eröffnen.[105]

Werden alle insignifikanten Faktoren, auch die der zeitlichen Abhängigkeit, eliminiert, verbleiben nur noch wenige Variablen im Modell (vgl. Modell 3 in Tabelle 7). Darunter sind die beiden Variablen zur Interessendivergenz: Die Arbeitslosenquote zeigt nach wie vor den erwarteten Richtungszusammenhang auf, während die Patentanmeldungen das negative Vorzeichen beibehalten und somit der theoretischen Erwartung widersprechen. Die Variable zur fiskalischen Autonomie behält ebenfalls den signifikant positiven Koeffizienten. Hingegen verliert der zweite Indikator des Konfliktpotentials („Kompetenzrahmen Policy") sein Signifikanzniveau.

Auch die Kontrollvariable zum Diffusionsprozess wird in Modell 3 insignifikant. Dafür gewinnt die zweite Kontrollvariable zur EU-Erweiterungswelle 2004 an Signifikanz hinzu. Betrachtet man verschiedene Kriterien, die zur Bewertung der Güte von Modellen zur Verfügung stehen, so ist keine eindeutige Überlegenheit eines der Modelle 2 oder 3 zu erkennen. Folgt man dem Akaikes Informationskriterium (AIC), gibt man dem Modell 2 den Vorzug, da der AIC-Wert des Modells 3 höher ausfällt. Betrachtet man jedoch das Bayesianische Informationskriterium (BIC), schneidet das Modell 2 schlechter ab und man würde das Modell 3 favorisieren, da das BIC hier den niedrigeren Wert aufweist.[106] Als weiteren Anhaltspunkt bei der Bewertung der Modelle kann der Anteil erklärter Varianz herangezogen werden. Nach diesem Kriterium, schnei-

---

[105] Bemerkenswert ist, dass keine Variable zur Modellierung der zeitlichen Abhängigkeit in Modell 2 signifikant ist.
[106] Beim AIC und BIC handelt es sich um Kriterien zur Beurteilung der Güte von Modellen. Zur Verwendung des AIC und BIC vergleiche Singer/Willett (2003: 120 ff.).

det das Modell 2 mit 29,5 Prozent erklärter Varianz besser ab als das Modell 3 mit lediglich 16 Prozent.[107]

Es ist zu vermuten, dass diese Unterschiede mit der wegfallenden Kontrolle auf zeitliche Abhängigkeit zusammenhängen. Das Modell 4 in Tabelle 7 behält die Variablen zur zeitlichen Abhängigkeit bei und eliminiert lediglich die anderen insignifikanten Variablen. In der Folge verbessern sich die Werte der Kriterien zur Güte des Modells. Sowohl das AIC als auch das BIC sinken in ihren Werten, und der Anteil erklärter Varianz steigt auf 32,6 Prozent. Die Befunde zum Einfluss der einzelnen Variablen bleiben nahezu identisch. Gleichwohl gewinnt der Faktor zur Kompetenz in Politikbereichen an Signifikanz und deutet im Modell unter Kontrolle zeitlicher Abhängigkeit auf einen positiven Einfluss auf die Wahrscheinlichkeit der Eröffnung einer Regionalvertretung hin.

Insgesamt deuten die Ergebnisse der logistischen Mehrebenenanalyse für die Variablen des europäischen Nutzens auf das Vorliegen der im theoretischen Rahmen entwickelten Hypothesen. Zwar widerspricht der in allen Modellen negative Koeffizient der Variablen „Patentanmeldungen pro Einwohner" in einer Region der theoretischen Erwartung, dafür aber ist das korrekte Ergebnis zur Arbeitslosenquote ein Hinweis, dass die Interessendivergenz tatsächlich einen positiven Einfluss haben könnte. Die Indikatoren des Konfliktpotentials hingegen weisen beide das erwartete positive Vorzeichen auf. Je größer der Kompetenzbereich einer subnationalen Gebietskörperschaft ausgestaltete ist – sei es in steuerrechtlicher Hinsicht oder in Bezug auf die Anzahl der Politikbereiche – desto größer ist die Wahrscheinlichkeit, dass diese Region eine Vertretung in Brüssel eröffnet.

5.2.2 Modell zum nationalen Nutzen

Die nationale Nutzenkomponente des theoretischen Erklärungsansatzes wird beschrieben als Funktion aus der Emanzipation subnationaler Entitäten vom Nationalstaat. Dabei wird ebenfalls zwischen zwei Elementen unterschieden (vgl. Abschnitt 3.3.2). Zum einen garantiert die eigenständige Informationsbeschaffung durch eine Regionalvertretung sowohl Unabhängigkeit vom Nationalstaat als auch schnellen Informationsfluss. Das versetzt die Regionen in die Lage, bestehende Beteiligungsmöglichkeiten in der nationalen Politik effektiver zu Nutzen. Zum anderen ist das Unterhalten einer Repräsentanz ein Symbol der Emanzipation, das besonders für jene Regionen Ausstrahlungskraft besitzt, die sich politisch und kulturell vom Nationalstaat unterscheiden. Das Modell 1 in

---

[107] Zur Berechnung des Anteils erklärter Varianz in Mehrebenenmodellen mit dichotomer abhängiger Variable vergleiche Boskers und Snijders (1999).

Tabelle 8 beinhaltet alle Indikatoren der nationalen Nutzenkomponente sowie Kontrollvariablen. Die Variablen „Nationale Mitwirkung" und „Kontrolle der Exekutive" erfassen die Möglichkeiten der subnationalen Gebietskörperschaften, sich an nationalstaatlichen Entscheidungen zu beteiligen. Allerdings sind beide Faktoren nicht signifikant.

Tabelle 8: Analyseergebnisse nationaler Nutzen

	Modell 1	Modell 2	Modell 3	Modell 4	Modell 5
Nationale Mitwirkung	0.651	1.779*	1.339*	1.508*	1.393*
Kontrolle der Exekutiven	0.489	0.140			
Sprachindex	0.333**	0.518*	0.560**	0.621**	0.583**
Geschichtsindex	0.210	0.562			
Elektorale Differenz	-0.011	-0.028			
Post-Maastricht	1.409***	1.012*	0.431		0.432
Post-Amsterdam	1.907***	1.995**	0.875*	0.606	0.929**
Post-Nizza	1.327*	1.369			
Post-Lissabon	2.864***	3.032*	1.609*	1.559*	1.651*
Erweiterung 1995	0.773**	0.831*	0.832*	0.850*	0.872**
Erweiterung 2004	2.015***	1.853**	1.990***	1.901***	2.004***
Diffusion	-2.302*	-5.287**	-3.542*	-3.679*	-3.822*
EU-Erfahrung	0.001	-0.040			
Dauer		0.912**	0.711***	0.858***	0.827***
Dauer^2		-0.044*	-0.025***	-0.030***	-0.037
Dauer^3		0.001			0.000
Konstante	-3.210***	-4.329***	-4.432***	-4.814***	-4.600***
Konstante-Staatsebene	0.700	2.972	3.124	3.943*	3.430
Konstante-Regionenebene	0.205	3.056	2.672	3.851*	2.969

AIC	1032.405	1009.275	1005.108	1004.583	1006.803
BIC	1118.237	1111.201	1074.847	1068.957	1081.906
P	0.002	0.079	0.009	0.029	0.022
N	1579	1579	1579	1579	1579
erklärte Varianz in Prozent	12.6	29.1	26.6	29.2	27.7

Anmerkungen: Die Variable „Erweiterung 2007" ist aufgrund von Kollinearität aus der Analyse herausgefallen. * p<0.10, ** p<0.05, *** p<0.01.

Als Indikatoren der kulturellen Divergenz zwischen einer Region und dem Nationalstaat werden die Geschichts- und Sprachindizes herangezogen. Während der erste Index nicht signifikant ist, ist der zweite Indikator, der Sprachindex, auf dem Fünfprozentniveau signifikant und weist zudem den erwarteten Richtungszusammenhang auf. Je stärker eine regionalspezifische Sprache in einer subnationalen Gebietskörperschaft verankert ist und von der Sprache des Nationalstaats abweicht, desto höher ist die Wahrscheinlichkeit der Eröffnung einer Vertretung dieser Region in Brüssel. In Bezug auf den Aspekt der politischen Divergenz zwischen Region und Nationalstaat ist festzuhalten, dass die elektorale Ungleichheit („Elektorale Differenz") des Parteiensystems zwischen der nationalen und regionalen Ebene keinen Einfluss auf die Wahrscheinlichkeit der Eröffnung eines Regionalbüros hat.[108]

In Modell 1 sind darüber hinaus nahezu alle Kontrollvariablen signifikant. Sowohl alle Variablen zur Vertiefung der EU im Zuge neuer Staatsverträge zwischen den Mitgliedsstaaten als auch die Variablen der Erweiterungswellen zeigen die erwarteten positiv signifikanten Koeffizienten. Im Gegensatz dazu widerspricht das negative Vorzeichen der Diffusionsvariablen der Vermutung, dass mit größer werdendem Anteil der in Brüssel vertretenen Regionen die Wahrscheinlichkeit für die übrigen Entitäten steigt, ebenfalls ein Büro zu eröffnen.

Unter Kontrolle der zeitlichen Abhängigkeit in Modell 2 (vgl. Tabelle 8) bleiben die Ergebnisse vergleichsweise stabil. Die zuvor einflussreichen Variablen behalten mit Ausnahme der politischen Integrationsvariablen zur Phase der Unterzeichnung des Vertrags von Nizza ihre Signifikanz. Hervorzuheben ist, dass nun auch der Indikator für die Mitwirkungsmöglichkeiten in der nationalen Gesetzgebung signifikant wird. Zudem impliziert der positive Richtungszusammenhang, dass die Wahrscheinlichkeit, dass eine Region eine Vertretung in Brüssel eröffnet, steigt, je besser die innerstaatlichen Partizipationsmöglichkeiten auf nationaler Ebene ausgestaltet sind. Die Variable zur Mitgestaltung der nationalen Position bei intergouvernementalen Verhandlungen („Kontrolle der Exekutiven") bleibt jedoch insignifikant.

Die Modelle 3 und 4 in Tabelle 8 unterscheiden sich von Modell 5 durch den Umgang mit den Variablen zur Kontrolle der zeitlichen Abhängigkeit. Während in den ersten beiden Modellen nur die im Modell 1 signifikanten Variablen „Dauer" und „Dauer²" übernommen wurden, sind in Modell 5 alle Variablen zur zeitlichen Abhängigkeit integriert. Die Resultate dieses Models bezüglich den

---

[108] Es ist zu vermuten, dass dies mit der Operationalisierung zusammenhängt. Ziel wäre, die elektorale Ungleichheit zwischen Regionen und Nationalstaaten bei den Wahlen zu den jeweiligen Volksvertretungen heranzuziehen. Zwar wurde dies in dem dieser Arbeit zur Verfügung gestellte Datensatz gemessen, allerdings liegen die Daten nur für wenige subnationale Entitäten vor, so dass die Fallzahlen der Analysen sehr klein wären.

erklärenden Variablen unterscheiden sich nicht zu denen der vorherigen Modellen. Sowohl die nationale Mitwirkungsvariable als auch der Sprachindex behalten ihren positiv signifikanten Koeffizienten bei. Von den Integrationsvariablen
scheint lediglich „Post-Lissabon" einen beständigen Einfluss zu haben. Bezüglich der geographischen Expansion der EU implizieren die beiden positiv signifikanten Faktoren zur Erweiterungen der Jahre 1995 und 2004, dass mit zunehmender Anzahl von Interessen auf der europäischen Ebene, der Anreiz für Regionen steigt, in Brüssel eine Vertretung zu eröffnen.

Zieht man das AIC oder auch das BIC zur Bewertung der Modelle der nationalen Nutzenfaktoren heran, schneidet das Modell 4 am besten ab. Auch der
Anteil der erklärten Varianz ist mit 29,2 Prozent (minimal) höher als bei Modell
2 (29,1 Prozent) und bei Modell 4 (27,7 Prozent). In Bezug auf die Ergebnisse
der erklärenden Variablen der nationalen Nutzenaspekte entsprechen die Variablen zur nationalen Mitwirkung und der Sprachindex den theoretischen Erwartungen. Dies gilt mit Ausnahme für das negative Vorzeichen des Diffusionsfaktors
auch für die Kontrollvariablen.

5.2.3 Modell zu den Kosten

Mit der Eröffnung einer Regionalvertretung sind auch Kosten verbunden. Der
theoretische Erklärungsansatz unterscheidet zwei Quellen potentieller Kosten
einer Vertretung. Die Investitionskosten können, wie in Abschnitt 3.3.3 dargelegt
wurde, als für alle Untersuchungseinheiten konstant angenommen werden. Die
Legitimationskosten hingegen können einerseits zwischen Nationalstaaten („Erlaubnis") und andererseits zwischen Regionen innerhalb eines Landes variieren
(„Identitätsdifferenz").

Im Mehrebenenmodell zu den Kostenfaktoren ohne Kontrolle auf zeitliche
Abhängigkeit (Modell 1) in Tabelle 9 ist von beiden Variablen nur „Erlaubnis"
signifikant. Der Koeffizient impliziert einen positiven Zusammenhang zwischen
der rechtlichen Erlaubnis für subnationale Gebietskörperschaften, ein Büro in
Brüssel zu unterhalten, und der Wahrscheinlichkeit, eine Vertretung zu eröffnen.
Besteht die rechtliche Sicherheit, dass einer subnationalen Gebietskörperschaft
außenpolitische Aktivität gestattet ist, sinken die potentiellen Kosten dieses Engagements, und die Wahrscheinlichkeit dessen steigt. Dieses Ergebnis entspricht
somit der theoretischen Erwartung des Erklärungsmodells. Die positiv signifikanten Faktoren der politischen Integrationsvariablen „Post-Maastricht", „Post-
Amsterdam" und „Post-Lissabon" sowie der Variablen für die Erweiterungswelle im Jahr 2004 weisen darauf hin, dass mit voranschreitender Integration und
dem Kompetenzzuwachs der europäischen Ebene auch der Anreiz der Regionen

steigt, in Brüssel mit einem Büro vertreten zu sein. Die Diffusionsvariable und die Variable zur Kontrolle auf die Erfahrung mit der EU („EU-Erfahrung") weisen hingegen keinen signifikanten Einfluss auf.

Wird im Kostenmodell die Kontrolle auf zeitliche Abhängigkeit eingeführt (vgl. Modell 2 in Tabelle 9), wird auch der Indikator der Legitimationskosten „Identitätsdifferenz" signifikant. Der positive Koeffizient steht in Einklang mit der theoretischen Erwartung, dass mit steigender Differenz zwischen regionaler und nationaler Identität das Risiko der Eröffnung einer Regionalvertretung steigt. Der zweite Indikator der Legitimationskosten („Erlaubnis") behält seinen ebenfalls der Erwartung entsprechenden positiven Koeffizienten bei. Unter den Kontrollvariablen selbst verlieren jedoch einige Faktoren ihren signifikanten Einfluss. Lediglich die Phase nach der Unterzeichnung des Vertrags von Amsterdam und die Erweiterungswelle von 2004 haben nach wie vor einen positiven Einfluss auf die Wahrscheinlichkeit, dass eine Region in Brüssel ein Büro eröffnet.

Reduziert man dieses Modell auf jene Faktoren, die signifikant sind, bleiben die Ergebnisse im Großen und Ganzen bestehen (vgl. Modell 3 in Tabelle 9). Beide Variablen der Legitimationskosten behalten ihren signifikanten Einfluss bei. Die Erweiterungs- sowie die Diffusionsvariablen deuten ebenfalls auf das Vorliegen eines Zusammenhangs mit der Wahrscheinlichkeit der Eröffnung einer Regionalvertretung hin. Lediglich die Integrationsvariable zum Vertrag von Amsterdam verliert ihren signifikanten Koeffizienten. Reduziert man jedoch das Modell 2 nicht um die insignifikante Variable der zeitlichen Abhängigkeit „Dauer[3]", so behält „Post-Amsterdam" seinen positiven Einfluss (vgl. Modell 4 in Tabelle 9), während alle anderen Variablen die gleichen Ergebnisse aufweisen wie in Modell 3.

Insgesamt deuten die Kennzahlen des AIC und des BIC darauf hin, dass das Modell 3 die beste Güte aller Kostenmodelle erreicht. Der Unterschied zu Modell 4 ist jedoch sehr gering und auch in Bezug auf den Anteil erklärter Varianz beträgt die Differenz zwischen den beiden Modellen lediglich 1,6 Prozent. In Bezug auf die erklärenden Variablen der Kostenkomponente des Erklärungsansatzes ist festzuhalten, dass die beiden Faktoren „Identitätsdifferenz" und „Erlaubnis" den erwarteten positiven Zusammenhang mit der Wahrscheinlichkeit der Büroeröffnung aufweisen, während die Kontrollvariable „Diffusion" wiederholt das nicht erwartete negative Vorzeichen besitzt.

Tabelle 9: Analyseergebnisse Kosten

	Modell 1	Modell 2	Modell 3	Modell 4
Identitätsdifferenz	3.866	8.894**	8.634**	9.575***
Erlaubnis	1.276***	1.685***	1.708***	1.850***
Post-Maastricht	1.148**	0.835		
Post-Amsterdam	1.524**	1.689*	0.495	0.581*
Post-Nizza	1.123	1.185		
Post-Lissabon	2.474**	2.727		
Erweiterung 1995	0.567	0.568		
Erweiterung 2004	1.842***	1.706**	0.771**	0.715**
Diffusion	-2.084	-4.899***	-3.236*	-3.599**
EU-Erfahrung	0.013	-0.008		
Dauer		0.828***	0.695***	0.900***
Dauer^2		-0.053**	-0.024***	-0.050**
Dauer		0.001	0.001	0.001
Konstante	-3.123***	-3.667***	-3.547***	-3.772***
Konstante-Staatsebene	1.701	4.387***	5.067***	5.795***
Konstante-Regionenebene	0.199	1.865	1.791	2.050

AIC	1033.493	1008.615	1002.701	1003.204
BIC	1103.174	1094.376	1056.302	1062.165
P	0.000	0.001	0.000	0.000
N	1572	1572	1572	1572
erklärte Varianz in Prozent	15.3	25.5	25.7	27.3

Anmerkungen: Die Variable „Erweiterung 2007" ist aufgrund von Kollinearität aus der Analyse herausgefallen. * $p<0.10$, ** $p<0.05$, *** $p<0.01$.

5.2.4 Gesamtmodell

Nachdem in den voranstehenden Abschnitten die Ergebnisse der Datenanalyse zu den drei Aspekten des theoretischen Erklärungsansatzes dargelegt wurden, ist nun das Gesamtmodell zu untersuchen, das alle Variablen aus den Einzelmodellen umfasst. Dabei ist zu fragen: Finden sich die Befunde der oben erörterten Modelle im Gesamtmodell wieder? Wie gut schneidet das Gesamtmodell ab?

In Tabelle 10 sind die Ergebnisse der Berechnung dieser Gesamtmodelle aufgeführt. Das erste Modell umfasst alle erklärenden Variablen der beiden Nutzenkomponenten, den Aspekt der Kosten einer Regionalvertretung sowie die Kontrollvariablen, jedoch ohne jene zur zeitlichen Abhängigkeit (Gesamtmodell 1). Wie in den Modellen zur europäischen Nutzenkomponente (vgl. Abschnitt 5.2.1 und Tabelle 7) sind lediglich die beiden Indikatoren der Interessendivergenz „Patentanmeldungen pro Einwohner" und die „Arbeitslosenquote" signifikant. Während der erste Indikator wiederholt das negative Vorzeichen aufweist und damit im Widerspruch zur theoretischen Erwartung steht, entspricht der positive Koeffizient der Arbeitslosenquote der Erwartung. Von den beiden Indikatoren des Konfliktpotentials ist im Gesamtmodell nur die Variable „Fiskalische Autonomie" einflussreich. Je stärker die Autonomie einer Region zur Erhebung von Steuern ausgestaltet ist, desto höher ist das Risiko, dass sie eine Vertretung in Brüssel eröffnet.

Auch unter den Variablen der nationalen Nutzenkomponente zeigt sich ein ähnliches Bild, wie es bereits im Einzelmodell zum nationalen Nutzen zu erkennen war (vgl. Abschnitt 5.2.2 und Tabelle 8). Während die Variable „Nationale Mitwirkung" wiederholt das erwartete positive Vorzeichen erhält, bleibt die Variable zur „Kontrolle der Exekutiven" insignifikant. Gleiches gilt für die „Elektorale Differenz" im Parteiensystem zwischen der nationalen und regionalen Ebene. Die Ungleichheit der Wahlergebnisse hat keinen Einfluss auf die Wahrscheinlichkeit der Eröffnung einer Regionalvertretung. Die anderen beiden Indikatoren der politisch-kulturellen Divergenz, der Sprach- und der Geschichtsindex, zeigen hingegen signifikante und positive Koeffizienten. Je stärker eine Region in einer eigenen sprachlichen und geschichtlichen Tradition verwurzelt ist, die der Nationalstaat nicht teilt, desto größer ist die Wahrscheinlichkeit, dass sie in Brüssel ein Büro eröffnet.

Tabelle 10: Analyseergebnisse Gesamtmodell

	Gesamtmodell 1	Gesamtmodell 2	Gesamtmodell 3	Gesamtmodell 4
BIP pro Kopf	-0.000	-0.000		
Bevölkerungsdichte	0.000	0.001		
Landwirtschaft	0.014	0.015		
Milchkühe pro Einwohner	-2.696	-5.851*	-3.220	-3.244
Patentanmeldungen pro Einwohner	-3842.244*	-4709.481		
Arbeitslosenquote	0.120***	0.119**	0.086*	0.084*
Kompetenzrahmen Policy	-0.112	0.183		
Fiskale Autonomie	0.504**	1.020**	0.810***	0.786***
Nationale Mitwirkung	1.411**	2.464*	1.244	1.215
Kontrolle der Exekutiven	-0.302	-1.740		
Sprachindex	0.300*	0.383		
Geschichtsindex	0.410*	0.675*	0.763**	0.744**
Elektorale Differenz	-0.009	-0.027		
Identitätsdifferenz	0.837	7.820		
Erlaubnis	0.962*	1.003*	1.055*	1.009*
Post-Maastricht	1.117**	0.713		
Post-Amsterdam	1.284	1.012		
Post-Nizza	1.125	1.353		
Post-Lissabon	2.319**	2.567		
Erweiterung 1995	0.313	0.276		

Erweiterung 2004	1.726***	1.530*	0.965***	1.002***
Diffusion	-1.228	-4.206**	-3.174*	-3.073*
EU-Erfahrung	-0.005	-0.016		
Dauer		0.891**	0.746***	0.663***
Dauer^2		-0.052*	-0.035	-0.025***
Dauer^3		0.001	0.000	
Konstante	-4.255***	-6.026***	-5.765***	-5.591***
Konstante-Staatsebene	1.790	5.123*	3.932*	3.731*
Konstante-Regionenebene	0.000	1.710	1.349	1.272
AIC	869.322	847.665	841.709	839.911
BIC	1004.649	998.607	914.578	907.575
P	0.000	0.041	0.000	0.000
N	1346	1346	1346	1346
erklärte Varianz in Prozent	25.9	37.7	30.9	30.3

Anmerkungen: Die Variable „Erweiterung 2007" ist aufgrund von Kollinearität aus der Analyse herausgefallen. * p<0.10, ** p<0.05, *** p<0.01.

Die beiden Kostenvariablen im Gesamtmodell 1 (vgl. Tabelle 10) beschränken sich auf die Legitimationskosten einer Repräsentanz. Der Indikator für mögliche Legitimationskosten gegenüber der Bevölkerung anhand der Variablen „Identitätsdifferenz" ist in diesem Modell nicht signifikant. Die potentiellen Kosten („Erlaubnis") eines verfassungsrechtlich nicht gedeckten außenpolitischen Engagements in Form einer eigenen Regionalvertretung in Brüssel hingegen weisen auch in diesem Modell den erwarteten positiven Zusammenhang auf. Besteht eine eindeutige gesetzliche Grundlage in einem Nationalstaat oder wurde in einer Gerichtsentscheidung klargestellt, dass die subnationalen Gebietskörperschaften des Staates eine Vertretung im Ausland unterhalten dürfen, steigt die Wahrscheinlichkeit der Eröffnung eines Büros in Brüssel.

Von den Kontrollfaktoren zur voranschreitenden politischen Integration sind die Variablen für die Zeit nach der Unterzeichnung des Vertrages von Maastricht sowie von Nizza positiv signifikant. Auch die Variable für die Zeit nach der Erweiterungswelle des Jahres 2004 weist einen positiven Koeffizienten auf. Auch hier gilt, dass mit voranschreitender Integration die Wahrscheinlichkeit der Büroeröffnung steigt.

Wie in den vorangehenden Abschnitten ist auch hier auf zeitliche Abhängigkeit zu kontrollieren (vgl. Gesamtmodell 2 in Tabelle 10). Infolgedessen verändern sich die Ergebnisse der Indikatoren der Interessendivergenz. Während das regionale „Bruttoinlandsprodukt pro Kopf", die „Bevölkerungsdichte" und die „Landwirtschaft" weiterhin nicht einflussreich sind, verlieren die Patentanmeldungen ihren Einfluss aus Gesamtmodell 1. An Signifikanz gewinnt hingegen die Variable „Milchkühe pro Einwohner". Allerdings widerspricht das negative Vorzeichen der theoretischen Erwartung. Das Ergebnis impliziert, dass die Wahrscheinlichkeit der Eröffnung einer Regionalvertretung mit zunehmender Differenz vom europäischen Mittelwert abnimmt. Die Variable zur regionalen Arbeitslosenquote behält indes ihren signifikanten Einfluss bei.

Die Ergebnisse der Variablen des nationalen Nutzenaspektes bleiben stabil. Obwohl die „Nationale Mitwirkung" in Politikentscheidungen an Signifikanz verliert, so behält sie doch das aus theoretischer Sicht erwartete Vorzeichen bei. In Bezug auf die zweite Komponente des nationalen Nutzens, der politisch-kulturellen Differenz zwischen einer Region und dem Nationalstaat, bleibt die „Elektorale Differenz" nach wie vor ohne Einfluss auf die Wahrscheinlichkeit einer Büroeröffnung. Unter der Kontrolle auf zeitliche Abhängigkeit verliert auch der „Sprachindex" seine Signifikanz, während der „Geschichtsindex" in einem positiven Zusammenhang mit der abhängigen Variablen steht.

Schließlich setzen sich die Ergebnisse für die Kostenfaktoren des ersten Gesamtmodells im Zweiten fort. Zum einen ist in diesem Modell die „Identitätsdifferenz" ohne Einfluss auf die Wahrscheinlichkeit einer Region, eine Vertretung in Brüssel zu eröffnen. Zum anderen impliziert der positiv signifikante Koeffizient der Variablen „Erlaubnis", dass auch unter Kontrolle der zeitlichen Abhängigkeit die rechtliche Ausgangssituation die Entscheidung einer subnationalen Gebietskörperschaft für eine Repräsentanz im Ausland beeinflusst. Von den zuvor signifikanten Kontrollvariablen bleibt im Gesamtmodell 2 lediglich die Variable zur Erweiterungswelle des Jahres 2004 einflussreich. Im Gegensatz dazu wird die Diffusionsvariable erst unter Kontrolle der zeitlichen Abhängigkeit signifikant. Wie bereits in den Modellen zu den einzelnen Komponenten des theoretischen Erklärungsansatzes weist auch in diesem Fall die Diffusionsvariable ein negatives Vorzeichen auf.

Reduziert man dieses Modell auf jene unabhängigen Variablen, die darin signifikant sind und überführt zudem alle Kontrollvariablen zur zeitlichen Abhängigkeit in das Gesamtmodell 3 (vgl. Tabelle 10), bleiben die Resultate im Großen und Ganzen gleich. Das Vorzeichen der „Arbeitslosenquote" als ein Indikator der Interessendivergenz des europäischen Nutzens ist weiterhin positiv signifikant. Der zweite Indikator, die Anzahl der „Milchkühe pro Einwohner", verliert jedoch seinen Einfluss. Bezüglich des zweiten Aspektes des europäischen Nutzens zeigt die „Fiskalische Autonomie" nach wie vor den erwarteten positiven Zusammenhang. In Bezug auf die zweite Nutzenkomponente, den nationalen Nutzen, waren im zweiten Modell lediglich die Mitwirkung subnationaler Entitäten bei nationalen Politikentscheidungen und der „Geschichtsindex" signifikant. Im reduzierten Modell (Gesamtmodell 3) verliert die institutionelle Variable ihren Einfluss auf die Wahrscheinlichkeit der Eröffnung einer Regionalvertretung. Im Gegensatz dazu entspricht der „Geschichtsindex" mit seinem positiven und signifikanten Vorzeichen den theoretischen Erwartungen. Von der dritten Komponente des theoretischen Erklärungsansatzes bleibt auch im reduzierten Modell die Kostenvariable „Erlaubnis" signifikant und weist den Erwartungen entsprechend ein positives Vorzeichen auf. Dies gilt zwar auch für die Kontrollvariable der EU-Erweiterungswelle des Jahres 2004, jedoch nicht für die signifikante Diffusionsvariable. Denn diese weist den aus theoretischer Sicht nicht erwarteten negativ signifikanten Koeffizienten auf.

Dieses, wie auch die übrigen Ergebnisse des Gesamtmodells 3 bleiben erhalten, wenn bei der Reduktion des Ausgangsmodells zusätzlich die insignifikante Variable zur Kontrolle der zeitlichen Abhängigkeit „Dauer[3]"eliminiert wird. Auch in diesem Fall (vgl. Gesamtmodell 4 in Tabelle 10) verpassen die Variablen „Milchkühe pro Einwohner" und „Nationale Mitwirkung" das Signifikanzniveau. Alle übrigen einflussreichen Variablen des Ausgangsmodells bleiben signifikant. In Bezug auf die Modellgüte liegen alle drei Modelle, die auf das Vorliegen zeitlicher Abhängigkeit kontrollieren, vergleichsweise nahe zusammen. Sowohl das AIC auch das BIC geben dem Gesamtmodell 4 den Vorzug. Mit rund 30 Prozent erklärter Varianz schneidet es jedoch schlechter ab als die Gesamtmodelle 2 und 3. Ist das Kriterium der erklärten Varianz entscheidend, würde man das zweite Modell mit 37,7 Prozent erklärte Varianz bevorzugen. Jedoch ist in diesem Zusammenhang anzumerken, dass die Gesamtmodelle 3 und 4 insgesamt betrachtet signifikanter sind als das Gesamtmodell 2.[109]

5.2.5 Eröffnung gemeinsamer Regionalvertretungen

Die Datenanalyse, wie sie bisher vorgestellt wurde, geht von der Annahme aus, dass die Investitionskosten für die Errichtung und den Unterhalt einer Regionalvertretung für alle subnationalen Gebietskörperschaften gleich sind. Diese Annahme hat, wie in Abschnitt 3.3.3 dargelegt wurde, ihre Berechtigung. Dennoch können Kosten einer Repräsentanz niedrig gehalten werden, indem zwei oder mehrere Regionen kooperieren und sich gemeinsam ein Büro teilen. Solche Kooperationen können unterschiedliche Formen annehmen. Sie können zwischen Regionen eines Nationalstaates (z.B. das Haus der slowakischen Regionen) oder aus Regionen verschiedener Nationalstaaten entstehen. Beispielsweise befindet sich die Vertretung von Rhône-Alpes mit weiteren französischen und italienischen Regionen in einem Gebäude, die gemeinsam die Euroregion „Alpes Méditerranée" bilden.[110]

Die abhängige Variable in der bisherigen Datenanalyse unterscheidet nicht, ob es sich um eine Eröffnung einer Regionalvertretung in Kooperation mit anderen Regionen handelt oder die Vertretung alleine unterhalten wird. Würde in diese Modelle eine erklärende Variable integriert werden, die misst, ob die Etablierung einer Regionalvertretung in Brüssel in Kooperation mit anderen Regionen stattfand, enthielte sie bereits einen Großteil der Information der eigentlichen abhängigen Variablen. Dies wird mit dem Problem der Endogenität beschrieben und würde zu verzerrten Analyseergebnissen führen. Aus diesem Grund wurde auf einen Indikator für die Investitionskosten bei der Etablierung einer Repräsentanz verzichtet.

Eine Möglichkeit dem Umstand dennoch Rechnung zu tragen, dass das gemeinsame Unterhalten einer Regionalvertretung in Brüssel die Investitionskosten reduziert und damit die Kosten-Nutzen-Analyse beeinflusst, ist es, die abhängige Variable neu zu definieren. Sie kann als ordinale Variable konzipiert werden, die den Wert 0 annimmt, wenn das Ereignis zu einem Beobachtungszeitpunkt nicht stattfindet, und den Wert 1, wenn eine Region ein Büro in Brüssel eröffnet, diese aber gemeinsam mit mindestens einem Partner geschieht. Etabliert eine subnati-

---

[109] Vergleiche hierzu die jeweiligen P-Werte („P") der Modelle in den Tabellen.
[110] Antwort der Region Rhône-Alpes im Fragebogen.

onale Entität ihre Vertretung alleine, nimmt die neu konzipierte Variable den Wert 2 an.[111] Diese abhängige Variable kann mit einem „ordered logit-Verfahren" analysiert werden.

Auf diese Weise findet die Komponente der Investitionskosten zwar nicht als unabhängige Variable Eingang in das Modell, dennoch wird sie durch die Differenzierung innerhalb der abhängigen Variablen berücksichtigt. Die interessierenden Fragen sind nun, ob sich die Ergebnisse der obigen Datenanalyse von denen der Modelle mit der ordinal konzipierten abhängigen Variablen unterscheiden. Behalten die oben als einflussreich identifizierten Variablen ihre Signifikanz? Weisen die signifikanten Variablen die erwarteten Vorzeichen auf?

---

[111] Die Entscheidung, ob es sich bei der Eröffnung der Vertretung einer subnationalen Gebietskörperschaft um eine Kooperation mit anderen Regionen handelt, wird an zwei Kriterien festgemacht. Ist im Fragebogen angegeben, dass eine Region die Vertretung mit anderen Regionen oder Unternehmen gemeinsam unterhält oder sich einem bestehenden Büro einer anderen Region anschloss, wird die Eröffnung der Regionalvertretung als Kooperation kategorisiert. Sie erhalten den Wert 1 auf der abhängigen Variablen. Für Regionen zu denen keine Angaben aus dem Survey zur Verfügung stehen, musste das Kriterium modifiziert werden. So erhalten jene Beobachtungen ebenfalls den Wert 1, für die offensichtlich ist, dass sie sich bestehenden Regionalvertretungen anschlossen. Beispielsweise werden die Eröffnungen der Büros der slowakischen Regionen als Kooperationen eingestuft, da sie im „Haus der slowakischen Regionen" untergebracht sind. Den Wert 2 nimmt die ordinal konzipierte abhängige Variable an, wenn die subnationale Entität eine eigenständige Vertretung eröffnet.

Tabelle 11: Analyseergebnisse des „ordered logit Mehrebenemmodells"

	Modell 1	Modell 2	Modell 3	Modell 4
BIP pro Kopf	-0.000		-0.000	
Bevölkerungsdichte	0.000		0.000	
Landwirtschaft	0.025**	0.027**	0.022*	0.026**
Milchkühe pro Einwohner	-4.412**	-3.827*	-7.190**	-7.145**
Patentanmeldungen pro Einwohner	-4331.839		-3598.126	
Arbeitslosenquote	0.122***	0.101**	0.100**	0.098**
Kompetenzrahmen Policy	-0.013		-0.037	
Fiskale Autonomie	0.848***	0.907***	0.914***	0.802***
Nationale Mitwirkung	1.488***	0.966***	0.704**	1.090***
Kontrolle der Exekutiven	-1.190**	-0.766**	-0.501	-1.084***
Kulturelle Divergenz	0.378***	0.416***	0.323**	0.368***
Elektorale Differenz	-0.020		-0.022	
Identitätsdifferenz	2.969		1.924	
Erlaubnis	0.912**	0.949**	0.473	0.953**
Post-Maastricht	0.877*	0.585	1.121**	0.610
Post-Amsterdam	1.418*	0.965	1.527*	1.012
Post-Nizza	2.032**	1.665**	2.141**	1.479*
Post-Lissabon	3.665**	1.701*	3.802***	1.363

	(1)	(2)	(3)	(4)
Erweiterung 1995	0.238	-0.782***	0.403	-0.776***
Erweiterung 2004	1.732***		1.785***	-1.828
Diffusion	-3.400**	-1.865	-2.768	
EU-Erfahrung	0.018		-0.025	
Dauer	0.566***	0.624***	0.499**	0.615***
Dauer^2	-0.042*	-0.042*	-0.031	-0.038*
Dauer^3	0.001	0.001	0.000	0.001
MilchküheXMitwirkung			5.680*	6.575**
Konstante_cut11	5.398***	6.287***	4.353***	5.916***
Konstante_cut12	6.290***	7.171***	5.246***	6.803***
Konstante-Staatsebene	1.247***	1.396***	1.490***	1.353***
Konstante-Regionenebene	-0.613	0.687**	0.662	0.671*
AIC	1059.428	1059.011	1060.195	1057.119
BIC	1210.369	1168.314	1216.341	1171.627
N	1346	1346	1346	1346

Anmerkungen: Ergebnisse eines ordinal logistischen Mehrebenenmodells; die Variable „kulturelle Divergenz" ist ein additiver Index aus den Variablen „Sprachindex" und Geschichtsindex". Ein Modell mit den beiden Einzelindikatoren konvergiert nicht, weshalb auf den additiven Index zurückgegriffen wurde. Die Ergebnisse eines Modells mit der dichotomen abhängigen Variablen und dem additiven Index „kulturelle Divergenz" unterscheiden sich nicht von dem mit den beiden Einzelindikatoren. Die Variable „Erweiterung 2007" ist aufgrund von Kollinearität aus der Analyse herausgefallen. * p<0.10, ** p<0.05, *** p<0.01.

Tabelle 11 zeigt die Ergebnisse eines „ordered logit Mehrebenenmodells", das der hierarchischen Struktur der bisher vorgestellten Modelle gleicht. Das Interesse liegt nun darin, ob sich die Ergebnisse des Gesamtmodells 2 (vgl. Tabelle 10) in den Berechnungen des „ordered logit Mehrebenenmodells (vgl. Modell 1 in Tabelle 11) wiederfinden. In Bezug auf die Indikatoren der Interessendivergenz bestätigen sich die Ergebnisse aus dem Gesamtmodell. Sowohl die Anzahl der „Milchkühe pro Einwohner" als auch die Arbeitslosenquote sind im „ordered logit Modell" signifikant und wiederholen das negative bzw. das positive Vorzeichen. Zusätzlich wird die Variable zum Anteil der landwirtschaftlich genutzten Fläche an der Gesamtgröße der Region („Landwirtschaft") signifikant. Der positive Koeffizient behält auch im reduzierten Modell (Modell 2 in Tabelle 11) seine Signifikanz. Je stärker eine Region hinsichtlich des Anteils agrarisch genutzter Fläche vom europäischen Mittelwert abweicht, desto größer wird die Wahrscheinlichkeit, dass die Region eine Vertretung in Brüssel eröffnet. Damit entspricht das Vorzeichen der theoretischen Erwartung. Von den Indikatoren für das Konfliktpotential ist nach wie vor ausschließlich die „Fiskale Autonomie" positiv einflussreich.

In Bezug auf die nationale Nutzenkomponente ist bemerkenswert, dass beide institutionellen Variablen signifikant sind. Während die „Nationale Mitwirkung" den positiven Einfluss aus dem Gesamtmodell 2 bestätigt, weist auch die Variable zur „Kontrolle der Exekutiven" nun einen signifikanten Koeffizienten auf. Jedoch deutet das negative Vorzeichen darauf hin, dass die Wahrscheinlichkeit der Eröffnung einer Regionalvertretung sinkt, je besser subnationale Gebietskörperschaften die nationale Position bei intergouvernementalen Verhandlungen mitbestimmen können. Indikatoren für die politische und kulturelle Divergenz bestätigen die Befunde des Gesamtmodells. Die „Elekotrale Differenz" zwischen dem regionalen und nationalen Parteiensystem bleibt auch im „ordered logit Modell" ohne Einfluss. Im Gegensatz dazu wird der positive Einfluss der kulturellen Divergenz zwischen einer Region und dem Nationalstaat bestätigt.[112]

Als Indikatoren für die Kosten einer Repräsentanz wurden die Legitimationskosten gegenüber der regionalen Bevölkerung und die verfassungsrechtliche Erlaubnis herangezogen. Auch für diese Variablen wiederholen sich die Ergebnisse aus dem zuvor diskutierten Gesamtmodell. Die „Identitätsdifferenz" bleibt nicht signifikant, wohingegen die Variable zur verfassungsrechtlichen „Erlaubnis" wiederum positiv signifikant ist und damit auch der theoretischen Erwartung entspricht.

---

[112] Im „ordered logit Mehrebenenmodell" wurden der Sprach- und Geschichtsindices durch die Variable „Kulturelle Divergenz" ersetzt. Die „Kulturelle Divergenz" ist ein additiver Index der beiden Indizes zur sprachlichen und geschichtlichen Divergenz zum Nationalstaat.

Schließlich können unter den Kontrollfaktoren Variablen identifiziert werden, die im Gesamtmodell nicht einflussreich waren, jedoch in Bezug auf die ordinal skalierte abhängige Variable signifikante Koeffizienten aufweisen. Dies ist der Fall für fast alle Variablen zur fortschreitenden politischen Integration der EU. Mit Ausnahme der Phase der Unterzeichnung des Vertrages von Amsterdam behalten diese Integrationsvariablen ihre positiv signifikanten Koeffizienten im reduzierten Modell bei (vgl. Modell 2). Auch die Beitrittswelle des Jahres 2004 bestätigt den positiven Einfluss aus dem Gesamtmodell, so wie die Diffusionsvariable ihr negatives Vorzeichen beibehält.

Insgesamt entsprechen die vorgestellten Ergebnisse des „ordered logit Modells" denen des Gesamtmodells für die dichotom kodierte abhängige Variable. Die einflussreichen Variablen weisen in beiden Modellvarianten jeweils die gleichen Vorzeichen auf. Zusätzlich gewinnt ein weiterer Indikator der Interessendivergenz („Landwirtschaft") an signifikantem Einfluss und bestätigt die theoretische Erwartung, dass mit steigender Interessendivergenz, die Wahrscheinlichkeit einer Büroeröffnung ebenfalls steigt. Diese Befunde untermauern die bereits in der Analyse der dichotomen abhängigen Variablen dargelegten Ergebnisse. Mit wenigen Ausnahmen, auf die im Rahmen der inhaltlichen Bewertung eingegangen wird (vgl. Abschnitt 5.3.2), unterstützen die Ergebnisse die Stichhaltigkeit des entwickelten theoretischen Erklärungsmodels.

5.3 Bewertung der Analyseergebnisse

Nach der Präsentation der Ergebnisse der logistischen Mehrebenenanalyse sind diese sowohl vor einem inhaltlichen als auch statistischen Hintergrund zu bewerten. Als erstes werden verschiedene Aspekte der Regressionsdiagnostik diskutiert. Dabei werden neben den einzelnen Modellen zum europäischen und nationalen Nutzen sowie zum Kostenaspekt insbesondere das Gesamtmodell 4 näher beleuchtet, da dieses alle signifikanten Variablen aus dem Erklärungsmodell umfasst. Nach der statistischen Begutachtung werden die Ergebnisse aus der Datenanalyse und der Diagnostik in einem zweiten Schritt vor dem Hintergrund des entwickelten theoretischen Erklärungsmodells inhaltlich bewertet.

5.3.1 Statistische Bewertung der Analyseergebnisse

Zunächst steht die allgemeine Güte und Passgenauigkeit der vorgestellten Modelle im Vordergrund. In der Erörterung der jeweiligen Modelle ist bereits auf die verschiedenen Kriterien der Passgenauigkeit eingegangen worden. Während die AIC- und BIC-Kriterien die allgemeine Güte des Modells in einer Maßzahl wiedergeben, geben die Werte zum Anteil der erklärten Varianz Hinweise über den Informationsgehalt der Modelle. Aufschlussreich ist aber vor allem die Information, wie viel Varianz *nicht* erklärt werden kann. Das eröffnet die Möglichkeit in der Fortentwicklung des Erklärungsansatzes, gezielt nach Wegen der Verbesserung des Modells zu suchen.

Bei Mehrebenenmodellen lässt sich der Anteil unerklärter Varianz auf die verschiedenen Analyseebenen aufteilen. Tabelle 12 gibt eine Übersicht, in welchem Modell wie viel der nicht erklärten Varianz auf welche Ebene zurückzuführen ist.[113] Auffällig ist, dass in jedem Modellblock, also sowohl in dem zum europäischen Nutzen, dem zum nationalen Nutzen, dem zu den Kosten als auch in jenem Modellblock zu den Gesamtmodellen, jeweils im ersten Modell viel unerklärte Varianz auf der ersten Ebene („Regionen-Jahre") liegen bleibt. Diese ersten Modelle sind jeweils ohne die Kontrollfaktoren auf zeitliche Abhängigkeit gerechnet worden. Auch im Modell 3 zum europäischen Nutzen (vgl. Tabelle 7) fehlen alle Variablen der zeitlichen Abhängigkeit. Dass für diese Modelle der Anteil nicht erklärter Varianz hoch ausfällt, verdeutlicht, wie wichtig die Modellierung dieser Faktoren ist.

Ein weiterer Befund ist, dass häufig der größte Anteil unerklärter Varianz auf die nationale Ebene zurückgeht. Insbesondere bei den Modellen zum Kostenaspekt und bei den Gesamtmodellen ist dieser Anteil in der Regel größer als der auf der regionalen Ebene oder den Regionen-Jahren. Dies impliziert, dass der entwickelte Erklärungsansatz und/oder dessen Operationalisierung insbesondere mit Blick auf die Erklärung von Unterschieden zwischen den Nationalstaaten verbessert werden kann. Im Gegensatz dazu erklären die Modelle bereits sehr viel Varianz auf der Ebene der Regionen. Lediglich bei den Modellen zum nationalen Nutzenaspekt entfallen mehr als 20 Prozent der unerklärten Varianz auf die regionale Ebene.

Darüber hinaus kann die allgemeine Güte der Modelle anhand von Residuen beurteilt werden. Ein Residuum gibt die Differenz zwischen dem durch das statistische Modell vorhergesagten und dem beobachteten Wert der abhängigen Variablen wieder. Je größer ein Residuum einer Beobachtung ist, desto schlechter wird diese durch das Modell vorhergesagt. In der vorliegenden Datenanalyse werden die „Deviance-Residuen" herangezogen, die sich auf die allgemeine Passgenauigkeit eines Modells beziehen (Singer/Willett 2003). In den Quantil-Grafiken der Deviance-Residuen der ersten Ebene zu den verschiedenen Modellen sollten bei einer sehr guten Passgenauigkeit die Residuen auf der Diagonale liegen (vgl. Abbildung 17). In den Grafiken liegen die Residuen jedoch zum Teil

---

[113] Zur Berechnung der nicht erklärten Varianz vgl. Snijders und Bosker (1994, 1999).

deutlich von ihr entfernt, was eine schlechte Passgenauigkeit der Modelle impliziert. Dieser Befund der grafischen Analyse der Deviance-Residuen bestätigt den zuvor angesprochenen großen Anteil an unerklärter Varianz auf der ersten Ebene, den „Regionen-Jahren", und der dritten Ebene, den Staaten (vgl. Tabelle 12).

Tabelle 12: Anteil nicht erklärter Varianz

		Ebene 1	Ebene 2	Ebene 3
		Regionen-Jahre	Region	Staat
Europäischer Nutzen	Modell 1	58.6	2.9	19.0
	Modell 2	33.9	11.4	25.1
	Modell 3	64.1	1.4	18.5
	Modell 4	22.6	12.1	32.6
Nationaler Nutzen	Modell 1	68.6	4.3	14.6
	Modell 2	25.0	23.3	22.6
	Modell 3	26.6	21.6	25.2
	Modell 4	21.0	24.6	25.2
	Modell 5	24.5	22.2	25.6
Kosten	Modell 1	53.7	3.2	27.8
	Modell 2	25.7	14.6	34.2
	Modell 3	24.1	13.1	37.1
	Modell 4	21.5	13.4	37.8
Gesamtmodell	Modell 1	42.9	0	23.3
	Modell 2	18.6	9.7	29.0
	Modell 3	22.9	9.4	27.4
	Modell 4	23.8	9.2	27.0

Anmerkungen: Die Tabelle gibt für jedes diskutierte Modell der Abschnitte 5.2.1 bis 5.2.4 an, wie viel der nicht erklärten Varianz, auf welche Ebene zurückzuführen ist (vgl. Snijders/Bosker 1994, 1999).

Abbildung 17: Deviance-Residuen der Gesamtmodelle

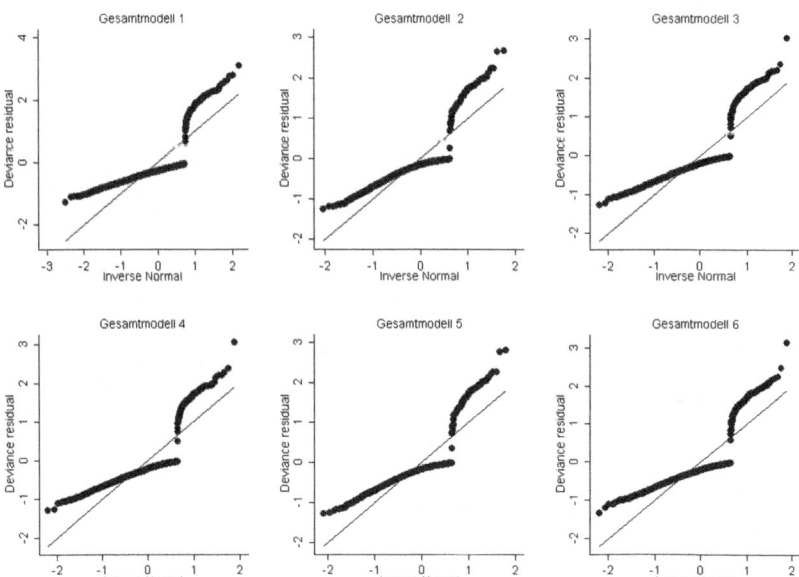

Anmerkungen: Abgebildet sind die Quartilplots der Deviance-Residuen der Gesamtmodelle (vgl. Tabelle 10).

Für eine weitergehende Bewertung der vorgestellten Gesamtmodelle, die alle Komponenten des Erklärungsansatzes umfassen, werden weitere Diagnostiken zum Gesamtmodell 4 dargelegt.[114] Der Quantils-Plot der Deviance-Residuen unterscheidet sich kaum von denen der übrigen Gesamtmodelle. Durch die Reduzierung des Modells auf die zuvor signifikanten Variablen verschlechtern sich die Residuen demnach nicht. Eine weitere Möglichkeit der Residualanalyse besteht darin, die Residuen für die einzelnen Regionen aufzusummieren. So können Untersuchungseinheiten entdeckt werden, die besonders schlecht durch das Modell vorhergesagt werden (Singer/Willett 2003). Betrachtet man das korrespondierende Schaubild (Abbildung 18) fallen einige Regionen ins Auge, die einen hohen Wert der Summe von Deviance-Residuen aufweisen. Darunter befindet sich neben den beiden französischen Regionen Auvergne und Limousin auch das österreichische Bundesland Vorarlberg, das als einziges österreichi-

---

[114] Die Ergebnisse der Modellberechnungen sind der Tabelle 10 zu entnehmen.

sches Bundesland keine Vertretung in Brüssel unterhält und deshalb einen „Sonderfall" darstellt.[115]

Abbildung 18: Summe der Deviance-Residuen pro Region

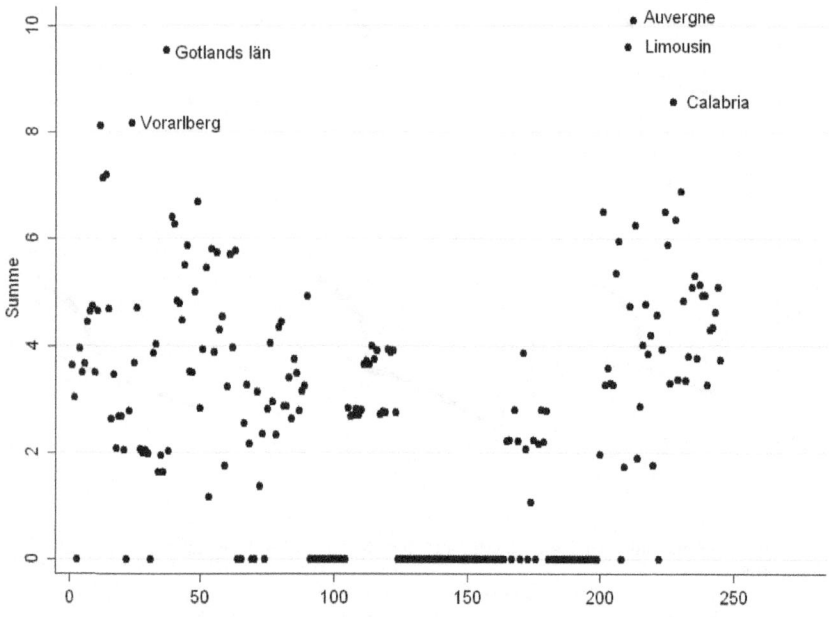

Anmerkungen: Die Grafik bildet für jede Region die Summe der absoluten Werte der Deviance-Residuen für das Gesamtmodell 4 ab (vgl. Tabelle 10).

Die bisherige Diagnostik der Mehrebenenanalyse fokussierte auf die einzelnen Beobachtungen („Regionen-Jahre"). Doch wie gut ist das Modell in Bezug auf die zweite und dritte Analyseebene? Anhand von Quantil-Grafiken zu vorhergesagten empirischen Bayes-Schätzern können Informationen über eventuell sehr abweichende Analyseeinheiten auf der zweiten und dritten Ebene gewonnen werden.[116] Abbildung 19 zeigt die Verteilung der standardisierten empirischen Bayes-Schätzer für die regionale und die nationale Ebene. Auch in dieser Visua-

---

[115] Für eine ausführliche Diskussion des „Sonderfalls Vorarlberg" vgl. Abschnitt 5.4.

[116] Die Vorhersage der standardisierten empirischen Bayes-Schätzer erfolgte mit dem Stata-Befehl „gllapred". Zuvor wurde das Gesamtmodell 4 mit dem Befehl „gllamm" geschätzt. Die Ergebnisse unterscheiden sich von denen mit dem Befehl „xtmelogit" nur geringfügig in den Werten der Koeffizienten.

lisierung wird deutlich, dass die Passgenauigkeit des Modells in Bezug auf die regionale als auch die nationale Ebene verbessert werden kann. Die Abweichungen zwischen den vorhergesagten empirischen Bayes-Schätzern und der Diagonalen sind für manche Beobachtungen vergleichsweise hoch. Zum Beispiel weicht der Schätzer der Regionen Vorarlberg und Toskana oder auch des Nationalstaates Portugal von den Diagonalen ab. Toskana hat bereits im Jahr 1988 ein Büro in Brüssel eröffnet, wohingegen die übrigen italienischen Regionen erst in den 1990er Jahren ihre Repräsentanz in Brüssel etablierten.[117] Auch die Abweichung Portugals von der Diagonalen kann darauf zurückgeführt werden, dass die beiden autonomen Regionen Azoren und Madeira ebenfalls noch keine Vertretung in Brüssel unterhalten.

Schließlich kann als ein weiterer Aspekt der Diagnostik nach einflussreichen Fällen gesucht werden. Als wichtiges Maß gilt dabei „Cook's D", das mit dem Befehl „gllapred" berechnet werden kann. Jedoch kann diese Einflussgröße mit Stata nur für die höchste Analyseebene, den Nationalstaaten, berechnet werden. Während die Abbildung im Appendix 7.5 zeigt, dass die Niederlande einen sehr großen Einfluss auf die Ergebnisse der logistischen Mehrebenenanalyse haben, scheint für Belgien das Gegenteil der Fall zu sein. Der Cook's D-Wert für Belgien ist mit Abstand der kleinste.

Ebenfalls Einfluss auf die Analyseergebnisse hat die Kontrolle auf zeitliche Abhängigkeit. Wie beim Vergleich der ersten und zweiten Modelle festzustellen ist, kann die Kontrolle auf zeitliche Abhängigkeit durchaus die Analyseergebnisse beeinflussen. Da im entsprechenden Abschnitt des Forschungsdesigns auf verschiedene Möglichkeiten der Modellierung zeitlicher Abhängigkeit eingegangen und gleichzeitig dargelegt wurde, dass in der Literatur keine Einigkeit über das beste Vorgehen besteht (vgl. Abschnitt 4.4.1), wurden das Gesamtmodell 2 mit verschiedenen Varianten der Spezifikation der zeitlichen Abhängigkeit gerechnet.

---

[117] Die Information zum Eröffnungsjahr des Büros der Region Toskana wurde durch den Fragebogen erhoben (vgl. Abschnitt 4.2). Diese Angabe stimmt überein mit denen auf der Internetseite http://lobbyismus.karsten-wenzlaff.de/index.php?title=Liste_der_Regionalb%C3%BCros_in_Br%C3%BCssel&oldid=1328 (aufgerufen am 18.12.2010), so dass in diesem Fall ein Datenfehler als Grund für den Befund ausgeschlossen werden kann.

Abbildung 19: Empirischen Bayes-Schätzer

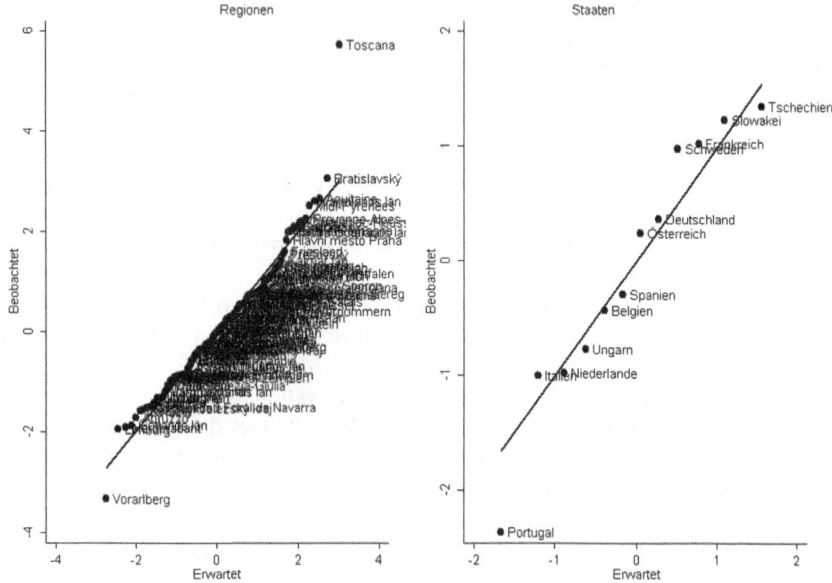

Anmerkungen: Die Grafik zeigt die Verteilung der standardisierten Bayes-Schätzer für die Regionen und die Nationalstaaten in Bezug auf das Gesamtmodell 4 (vgl. Tabelle 10).

In Tabelle 13 sind die Ergebnisse zweier weiterer Spezifikationsvarianten angegeben. Die hervorgehobenen Koeffizienten weichen von den Ergebnissen des Gesamtmodells 2 (vgl. Tabelle 10) mit kubischer Spezifikation der zeitlichen Abhängigkeit ab.[118] Die Differenzen beziehen sich nicht auf drastische Signifikanzschwankungen. Zum einen verliert die Variable „Milchkühe pro Einwohner" ihre Signifikanz, wenn wie im zweiten Modell die DummyVariablen zu Phasen zusammengefasst werden. Gleiches gilt für die beiden Kontrollvariablen „Erweiterung 2004" und die „Diffusion". Als einzige Variable in dieser Modellvariante gewinnt der „Sprachindex" an Signifikanz und weist den erwarteten positiven Koeffizienten auf. Die Modellergebnisse der Spezifikationsvariante mit einer „Lowess-Funktion" gleichen im Wesentlichen denen des kubischen Gesamtmodells. Lediglich die Kontrollvariablen zur politischen Integrationsvertiefung werden in dieser Variante zusätzlich signifikant. Da diese je-

---

[118] Die zeitliche Abhängigkeit wurde in den bisherigen Modellberechnungen durch die kubische Funktion spezifiziert.

doch auch den erwarteten Richtungszusammenhang anzeigen, werden die Schlussfolgerungen bezüglich des Erklärungsmodells nicht in Frage gestellt, vielmehr trifft das Gegenteil zu. Die gefundenen Ergebnisse der obigen Analysen demonstrieren Robustheit bezüglich verschiedenen Varianten der Modellspezifikation.[119]

---

[119] Die Tabelle im Appendix 7.7 beinhaltet die Ergebnisse eines „crossed random effects"-Modells, das neben den drei Ebenen der bisher diskutierten Modellspezifikationen eine zusätzliche Ebene beinhaltet, welche die nicht strikt-hierarchische Struktur des Datensatzes adäquat widerspiegelt (vgl. Abschnitt 4.4.2). Die Ergebnisse sind nahezu identisch mit den Dreiebenenmodellen. Auf die detaillierten Ergebnisse wird nicht eingegangen.

Tabelle 13: Varianten der zeitlichen Abhängigkeit

	„Lowess-Funktion"	„Phase"	„Kubisch"
BIP pro Kopf	-0.000	-0.000	-0.000
Bevölkerungsdichte	0.001	0.000	0.001
Landwirtschaft	0.017	0.014	0.015
Milchkühe pro Einwohner	-4.710*	-2.919	-5.851*
Patentanmeldungen pro Einwohner	-4374.149	-3658.844	-4709.481
Arbeitslosenquote	0.112**	0.115**	0.119**
Kompetenzrahmen Policy	0.240	-0.145	0.183
Fiskale Autonomie	0.907***	0.560**	1.020**
Nationale Mitwirkung	1.882**	1.607**	2.464*
Kontrolle der Exekutiven	-1.285	-0.442	-1.740
Sprachindex	0.304	0.322*	0.383
Geschichtsindex	0.566*	0.482*	0.675*
Elektorale Differenz	-0.021	-0.010	-0.027
Identitätsdifferenz	5.667	1.479	7.820
Erlaubnis	0.927*	0.869*	1.003*
Post-Maastricht	1.077**	0.208	0.713
Post-Amsterdam	1.519*	0.522	1.012
Post-Nizza	2.252**	-0.135	1.353
Post-Lissabon	3.953***	-0.609	2.567
Erweiterung 1995	0.308	-0.051	0.276

Erweiterung 2004	1.849***	**-0.720**	1.530*
Diffusion	-3.354*	**1.784**	-4.206**
EU-Erfahrung	0.021	-0.006	-0.016
Lowess-Funktion	35.794***		
Phase 1994 bis 1995		1.003**	
Phase 1997 bis 1999		-0.066	
Phase 2002		1.282**	
Phase 2004 bis 2007		2.483**	
Dauer			0.891**
Dauer^2			-0.052*
Dauer^3			0.001
Konstante	-8.534***	-5.031***	-6.026***
Konstante - Staatsebene	2.594	1.894	5.123*
Konstante - Regionenebene	0.856	0.173	1.710
AIC	844.571	861.870	847.665
BIC	985.103	1018.017	998.607
P	0.003	0.002	0.041
N	1346	1346	1346
Erklärte Varianz in Prozent	34.6	29.2	37.7

Anmerkungen: Die kubische Spezifikation der zeitlichen Abhängigkeit wurde den Modellen des Abschnitts 4.4.1 zu Grunde gelegt. Fett hervorgehoben sind die Koeffizienten, die sich vom Gesamtmodell mit der kubischen Spezifikationsweise der zeitlichen Abhängigkeit unterscheiden; die Variable „Erweiterung 2007" ist aufgrund von Kollinearität aus der Analyse herausgefallen. * $p<0.10$, ** $p<0.05$, *** $p<0.01$.

5.3.2   Inhaltliche Bewertung der Analyseergebnisse

In den vorangehenden Analysen der einzelnen Modelle zum europäischen und
nationalen Nutzen sowie der Kostenkomponente des theoretischen Erklärungsansatzes wird deutlich, dass die Ergebnisse davon abhängen, ob auf die zeitliche
Abhängigkeit kontrolliert wird. In Modellen, in denen diese Kontrollfaktoren
integriert sind, gewinnen bzw. verlieren manche unabhängigen Variablen an
Signifikanz. Auch die Gütekriterien der Modelle sprechen dafür, Spezifikationen
mit Kontrolle auf zeitliche Abhängigkeit zu bevorzugen. Betrachtet man ausschließlich diese Modelle, bestätigen sich die aus dem theoretischen Erklärungsansatz abgeleiteten Erwartungen über die Wirkungsrichtung der unabhängigen
Variablen. Mit Ausnahme der „Patentanmeldungen pro Einwohner" in Modell 2
zum EU-Nutzen (vgl. Tabelle 7) und der „Milchkühe pro Einwohner" im Gesamtmodell 2 (vgl. Tabelle 10) stimmen die Vorzeichen der Koeffizienten mit
den Erwartungen überein.

Die Milchwirtschaft war über viele Jahrzehnte hinweg der Sektor der Gemeinsamen Agrarpolitik, auf den die meisten Subventionen entfielen. Im Jahr
1980 flossen rund 41 Prozent der Agrarsubventionen in den Milchsektor. Unter
dem Budgetdruck, der auf der Gemeinsamen Agrarpolitik lastete, wurde dieser
Sektor zu einem Hauptadressat der Reformanstrengungen (Ackrill 2000: 86).
Doch selbst nach der Einführung der Quotenregelung im Jahr 1984 hatte die
Milchwirtschaft sechs Jahre später immer noch einen Anteil von 20 Prozent an
den Gesamtausgaben der Gemeinsamen Agrarpolitik und behält somit ihre Bedeutung bei.[120] Zwar konnten die Ausgaben durch die Quotenregelung reduziert
werden, doch die Mitgliedsstaaten gewannen an Handlungsspielraum im Milch-
wirtschaftssektor (Grant 1997: 108). Diese Konstellation lässt darauf schließen,
dass der Grund für den negativen Effekt des Indikators der regionalen Interessendivergenz in der Milchwirtschaft im Handlungsspielraum der Nationalstaaten
zu finden ist. Nicht die europäische, sondern die nationale Arena ist in dieser
Angelegenheit das Ziel der Vertretung der regionalen Interessen. Sind diese
subnationalen Gebietskörperschaften aber gleichzeitig an den Entscheidungen
des Nationalstaates beteiligt, können sie den vorhandenen Gestaltungsspielraum
des Nationalstaates im Milchsektor ausnutzen, um ihre Interessen durchzusetzen.
Um den innerstaatlichen Gestaltungsspielraum innerhalb der nationalen Politikarena effektiv nutzen zu können, ist aber notwendig, frühzeitig und gut informiert zu sein.

---

[120] Eine Übersicht der Verteilung der Agrarsubventionen auf verschiedene Sektoren bietet Ackrill
(2000: 110).

Tabelle 14: **Modelle mit Interaktionseffekt**

	Modell 1	Modell 2	Modell 3
BIP pro Kopf	-0.000		
Bevölkerungsdichte	0.001		
Landwirtschaft	0.016		
Milchkühe pro Einwohner	-8.531**	-7.026*	-7.042**
Patentanmeldungen pro Einwohner	-4761.833		
Arbeitslosenquote	0.123**	0.095*	0.094*
Kompetenzrahmen Policy	0.247		
Fiskale Autonomie	0.960**	0.794***	0.778***
Nationale Mitwirkung	1.935	0.937	0.916
Kontrolle der Exekutiven	-1.564		
Sprachindex	0.297		
Geschichtsindex	0.628*	0.731**	0.718**
Elektorale Differenz	-0.021		
Identitätsdifferenz	6.724		
Erlaubnis	0.907	0.959*	0.926*
Post-Maastricht	0.796		
Post-Amsterdam	1.119		
Post-Nizza	1.511		
Post-Lissabon	2.769		
Erweiterung 1995	0.285		

	Modell 1	Modell 2	Modell 3
Erweiterung 2004	1.578*	0.962***	0.988***
Diffusion	-3.866*	-2.944*	-2.872*
EU-Erfahrung	-0.004		
Dauer	0.783**	0.711**	0.653***
Dauer^2	-0.046*	-0.032	-0.024***
Dauer^3	0.001	0.000	
MilchküheXMitwirkung	5.858	7.088*	7.095*
Konstante	-6.043***	-5.630***	-5.512***
Konstante -Staatsebene	4.187	3.813*	3.677*
Konstante- Regionenebene	1.274	1.201	1.151
AIC	847.220	839.786	837.883
BIC	1003.367	917.860	910.752
P	0.032	0.001	0.000
N	1346	1346	1346
Erklärte Varianz in Prozent	36.9	31.6	47.3

Anmerkungen: Die Variable „Erweiterung 2007" ist aufgrund von Kollinearität aus der Analyse herausgefallen. * p<0.10, ** p<0.05, *** p<0.01.

Deshalb erscheint die Vermutung plausibel, dass Regionen mit einer spezifischen Interessenlage in diesem Politikaspekt über solche Entwicklungen im agrarpolitischen Sektor informiert sein müssen, um die zu implementierenden europäischen Vorgaben innerhalb des Nationalstaates für die Region positiv beeinflussen zu können. Mit dem Interaktionsterm der Variablen Anzahl der „Milchkühe pro Einwohner" und der Variablen „Nationale Mitwirkung" („MilchküheXMitwirkung") wird auf diese Konstellation eingegangen. Führt man im ursprünglichen Gesamtmodell 3 zusätzlich diesen Interaktionseffekt ein, so findet sich tatsächlich ein signifikant positiver Effekt dessen (vgl. Modell 1 in Tabelle 14). Je größer die Interessendivergenz bezüglich dieses Aspektes der Agrarpolitik und je stärker die innerstaatliche Beteiligung der Region an der nationalen Politik ausgestaltet ist, desto höher ist die Wahrscheinlichkeit der Eröffnung einer Regionalvertretung. Während der Interaktionsterm positiv signifikant auf die Wahrscheinlichkeit der Eröffnung eines Büros in Brüssel wirkt, bleibt der negative Zusammenhang zwischen der Variablen zur Anzahl der „Milchkühe pro Einwohner" und der abhängigen Variablen bestehen. Der Anteil der erklärten Varianz steigt auf 31,6 Prozent. Eliminiert man zusätzlich die insignifikante Variable zur Kontrolle auf zeitliche Abhängigkeit („Dauer[3]"), so steigt der Anteil erklärter Varianz auf 47,3 Prozent (vgl. Modell 3 in Tabelle 14).

Interessant sind auch die Befunde für die beiden Variablen „Kompetenzrahmen Policy" und „Identitätsdifferenz", die zwar nicht im Gesamtmodell, sondern in den Modellen zum europäischen und nationalen Nutzen jeweils signifikant sind (vgl. Abschnitt 5.2.1 und 5.2.2). Deren Vorzeichen entsprechen ebenfalls der erwarteten Wirkungsrichtung. Dass diese Ergebnisse nicht in den Berechnungen des Gesamtmodells zu finden sind (vgl. Abschnitt 5.2.4), könnte dem Umstand geschuldet sein, dass die in die Analysen eingehenden Beobachtungen aufgrund fehlender Werte nicht komplett deckungsgleich sind, was sich an den unterschiedlichen Fallzahlen erkennen lässt.

Die Differenzierung von europäischem und nationalem Nutzen als Komponente des Nutzens der subnationalen Mobilisierung bringt einen klaren Mehrwert für die (Fort-)Entwicklung eines theoretischen Erklärungsansatzes zur subnationalen Mobilisierung. Es kann ein genaues Bild über die Motivationsfaktoren der Mobilisierung gezeichnet werden. Insbesondere die damit einhergehende trennscharfe Untersuchung des Wirkens verschiedener Aspekte institutioneller Stärke einer Region auf deren Mobilisierungsaktivität bringt neue Erkenntnisse. Bisherige Mobilisierungsliteratur stellt hauptsächlich auf die institutionelle Autonomie und Stärke von Regionen im Allgemeinen ab (z.B. Nielsen/Salk 1998). Die vorliegende Analyse nutzt hingegen die Möglichkeit, mithilfe einzelner Komponenten des „Regional Authority Index" ein wesentlich differenzierteres Bild über das

Wirken der institutionellen Verfasstheit zu zeichnen, als dies andere Studien bisher taten.

Die Analyse beleuchtet den Mechanismen der institutionellen Verfasstheit genau, indem Teilaspekte der Selbstbestimmungsgrad von Regionen („Kompetenzrahmen Policy" und „Fiskale Autonomie") sowie deren Mitwirkungskompetenzen auf nationaler Ebene („Nationale Mitwirkung" und „Kontrolle der Exekutive") unterschieden werden. Wären lediglich die groben Indikatoren des „Regional Authority Index" zur Selbstbestimmung und Mitwirkung – „Self Rule" und „Shared Rule" – oder gar die allgemeine regionale Autonomie („RAI") in die Analysen integriert worden, hätten einige interessante Erkenntnisse nicht realisiert werden können.[121] Eine erste Erkenntnis liefert der Vergleich von Modell 2 zum europäischen Nutzen (vgl. Tabelle 7) mit den Ergebnissen von Modell 1 in Tabelle 15, das die Variablen „Kompetenzrahmen Policy" und „Fiskale Autonomie" durch den allgemeinen Indikator „Self Rule" ersetzt. Sowohl die eigenständige Finanzkompetenz als auch die Anzahl der Politikfelder, in denen eine Region über Kompetenzen verfügt, haben Einfluss auf die Wahrscheinlichkeit der Eröffnung einer Repräsentanz in Brüssel. Wäre lediglich der allgemeine Indikator „Self Rule" in die Analyse aufgenommen worden, hätten die Unterschiede im Einfluss der beiden Variablen „Fiskale Autonomie" und „Kompetenzrahmen Policy" nicht entdeckt werden können.

Weitere detaillierte Erkenntnisse deckt die Analyse in Bezug auf den Aspekt der institutionellen Stellung einer Region innerhalb des Nationalstaates auf. Ersetzt man in Modell 2 zum nationalen Nutzen (vgl. Tabelle 8) die beiden institutionellen Variablen „Nationale Mitwirkung" und „Kontrolle der Exekutiven" durch die Variable „Shared Rule", welche den allgemeinen Einfluss von Regionen auf nationalstaatliche Politik misst, ist diese nicht signifikant (vgl. Tabelle 15). Im Gegensatz dazu impliziert die signifikante Variable „Nationale Mitwirkung" in Modell 2 des nationalen Nutzens (vgl. Tabelle 8), dass die Beteiligung bei Entscheidungen zur Gestaltung von Policies im Nationalstaat einen positiven Einfluss auf die Wahrscheinlichkeit der Büroeröffnung dieser Einheit hat. Gleichzeitig deutet der nicht signifikante Koeffizient der Variablen „Kontrolle der Exekutiven" darauf hin, dass die formale Mitwirkungskompetenz bei intergouvernementalen Vereinbarungen keinen Einfluss hat. Auch in Modell 2 ist „Shared Rule" insignifikant, währenddessen die Variable „Nationale Mitwir-

---

[121] Im Folgenden wird darauf eingegangen, welchen Mehrwert die Integration der Einzelindikatoren „Kompetenz Policy", „Fiskale Autonomie", „Nationale Mitwirkung", und „Kontrolle der Exekutive" gebracht haben. Diese Analyseergebnisse werden mit Modellen verglichen, in denen die beiden weniger spezifischen Indikatoren „Self Rule" und „Shared Rule" integriert wurden. Ein Vergleich mit Modellen, die als einzige Variable zur institutionellen Kompetenz den Gesamtindex des „Regional Authority Index" (Variable „RAI") beinhalten, wird nicht ausgeführt. Die Modellergebnisse sind jedoch in Tabelle 15 angegeben.

kung" (zumindest in dieser Modellspezifikation) einen positiv signifikanten Koeffizienten aufweist (vgl. Tabelle 15).

Schließlich kommt die Diskussion der Ergebnisse noch einmal auf das Thema der Diffusion zurück, da die Kontrollvariable für das potentielle Wirken eines Diffusionsprozesses in allen Modellen mit Variablen zur Kontrolle auf zeitliche Abhängigkeit negativ signifikant ist. Je größer der Anteil der in Brüssel vertretenen Regionen am Risikoset ist, desto geringer ist die Wahrscheinlichkeit, dass eine subnationale Gebietskörperschaft, die noch kein Büro in Brüssel unterhält, dort eines eröffnet. Das kann nach der deskriptiven Datenanalyse (vgl. Abschnitt 5.1.2) als weiteres Indiz dafür herangezogen werden, dass der Entwicklung der Regionalvertretungen tatsächlich *kein* Diffusionsprozess zugrunde liegt. Wäre dies nämlich doch der Fall, würden die in der Diffusionsforschung identifizierten Mechanismen nahelegen, dass mit zunehmenden Werten der Diffusionsvariablen das Risiko der Regionen für eine Büroeröffnung steigt. Die negativ signifikanten Koeffizienten der Modellergebnisse widersprechen dem jedoch.

Nun stellt sich die Frage, warum dieser negative Effekt in den Analyseergebnissen zu finden ist. Ein Grund für dieses Ergebnis könnte sein, dass jene Regionen, die sich zwar schon seit langer Zeit im Risikoset befinden, aber immer noch keine Vertretung unterhalten, sich bewusst gegen diesen Mobilisierungskanal entschieden haben und dieser Beweggrund durch die Operationalisierung nicht oder nicht adäquat erfasst wird. Auch ist es möglich, dass das theoretische Modell in seiner derzeitigen Spezifizierung einen Aspekt vernachlässigt, der mit der Diffusionsvariablen korreliert. Eine Fallstudie zu Vorarlberg kann Antworten auf diese Frage liefern, weil es die einzige österreichische Region ist, die keine Vertretung in Brüssel unterhält und deshalb stellvertretend für diese Fälle nähergehend betrachtet werden kann.

Tabelle 15: Varianten institutioneller Kompetenz

	Modell 1	Modell 2	Modell 3	Modell 4
BIP pro Kopf	-0.000	-0.000		-0.000
Bevölkerungsdichte	0.000	0.000		0.000
Landwirtschaft	0.017	0.009		0.017
Milchkühe pro Einwohner	-4.477*	-2.689		-5.011*
Patentanmeldungen pro Einwohner	-4508.210	-5141.067*		-4951.552
Arbeitslosenquote	0.112**	0.095*		0.108*
Self rule	0.496***	0.554***		
Shared rule	-0.162		0.315	
Sprachindex	0.309		0.431	0.258
Geschichtsindex	0.561*		0.581	0.573
Elektorale Differenz	-0.019		-0.029	-0.023
Identitätsdifferenz	5.607		6.099	6.099
Erlaubnis	1.241**		1.377**	1.377**
Post-Maastricht	0.636	0.901	0.965*	0.605
Post-Amsterdam	1.156	1.622*	1.934**	1.292
Post-Nizza	1.160	1.421	1.254	1.282
Post-Lissabon	2.301	2.918	2.972*	2.224
Erweiterung 1995	0.239	0.578	0.910**	0.218
Erweiterung 2004	1.490*	1.858**	1.931***	1.357*
Diffusion	-4.098**	-3.915**	-5.470***	-4.198**

EU-Erfahrung	0.011	0.000	-0.040	-0.031
Dauer	0.683**	0.499	0.901**	0.731**
Dauer²	-0.041	-0.020	-0.042	-0.038
Dauer³	0.001	-0.000	0.001	0.001
RAI				0.238**
Konstante	-7.884***	-7.830***	-4.142***	-6.010***
Konstante-Staatsebene	4.323**	2.750	3.288	4.851**
Konstante-Regionenebene	0.870	1.139	3.058	1.161
AIC	849.868	898.073	1010.314	852.083
BIC	990.400	1008.216	1106.876	987.411
P	0.006	0.009	0.078	0.012
N	1346	1401	1579	1346
Erklärte Varianz in Prozent	32.6	33.1	27.1	35.7

Anmerkungen: Die Variable „Erweiterung 2007" ist aufgrund von Kollinearität aus der Analyse herausgefallen. * $p < 0.10$. ** $p < 0.05$, *** $p < 0.01$.

5.4 Exkurs: Der Fall Vorarlberg

Die Region Vorarlberg ist aus mehreren Gründen ein interessanter Fall, den es sich lohnt näher zu betrachten. In der Diagnostik der Datenanalyseergebnisse sticht die Region Vorarlberg heraus (vgl. Abschnitt 5.3.1). Zum einen fällt die Summe der Deviance-Residuen für das österreichische Bundesland sehr hoch aus (vgl. Abbildung 18). Auch im Vergleich zu den übrigen österreichischen Bundesländern hat Vorarlberg mit Abstand den höchsten Wert der Deviance-Residuen.[122] Zum anderen wird die Sonderstellung Vorarlbergs bei der grafischen Analyse der empirischen Bayes-Schätzer deutlich (vgl. Abbildung 19). Insgesamt wird der Fall Vorarlberg in der Datenanalyse schlecht modelliert. Ist der Grund hierfür im theoretischen Erklärungsansatz oder in der Operationalisierung des Kosten-Nutzen-Modells zu suchen?

Anhand des Falles Vorarlberg kann der Erklärungsansatz auf seine Stichhaltigkeit hin überprüft werden. Gegebenenfalls können weitere Faktoren identifiziert werden, um welche der theoretische Ansatz ergänzt werden muss, um ihn in seiner Erklärungskraft zu verbessern. Die Prüfung der Stichhaltigkeit ist mit der Frage verbunden, warum sich Vorarlberg als einziges österreichisches Bundesland bisher nicht dazu entschließen konnte, nach Brüssel zu gehen. Weisen österreichische Länder, die eine Vertretung in Brüssel unterhalten, Charakteristiken auf, welche die Region Vorarlberg nicht hat, aber die Wahrscheinlichkeit der Eröffnung eines Büros erhöhen? Oder umgekehrt, weist Vorarlberg auf den erklärenden Variablen Ausprägungen auf, die einen geringeren Nutzen und höhere Kosten einer Vertretung implizieren?

Hinsichtlich des europäischen Nutzens können die institutionellen Faktoren „Kompetenzrahmen Policy" und „Fiskalische Autonomie" vernachlässigt werden, da alle österreichischen Länder diesbezüglich mit den gleichen Kompetenzen ausgestattet sind und diese deshalb keine Erklärung bieten können. Auch die Interessendivergenz scheint als mögliche Quelle einer Erklärung, warum alle österreichischen Länder außer Vorarlberg eine Vertretung unterhalten, auszuscheiden. Vorarlberg weist ähnliche Muster der Abweichung vom europäischen Mittelwert auf wie die übrigen Regionen Österreichs. Lediglich beim Indikator der „Patentanmeldungen pro Einwohner" nimmt Vorarlberg eine Sonderstellung ein. Im Vergleich zu den übrigen österreichischen Ländern weist Vorarlberg eine hohe Interessendivergenz auf (vgl. Abbildung 20). Die Differenz zum europäischen Mittelwert ist größer als die der anderen Länder. Dies würde der theoretischen Argumentation folgend einen größeren Anreiz zur Eröffnung eines Büros in Brüssel implizieren. Dass Vorarlberg dennoch keine Vertretung unterhält,

---

[122] Vergleich hierzu Abbildung 5.7.

steht im Konflikt mit der theoretischen Erwartung. Allerdings zeigte die quantitative Datenanalyse, dass dieser Indikator nicht einflussreich ist. In allen übrigen Variablen – auch der in der Analyse signifikanten Arbeitslosenquote – bestehen keine eindeutigen Unterschiede zwischen Vorarlberg und den übrigen österreichischen Ländern.[123]

Abbildung 20: Interessendivergenz bzgl. der Patentanmeldungen

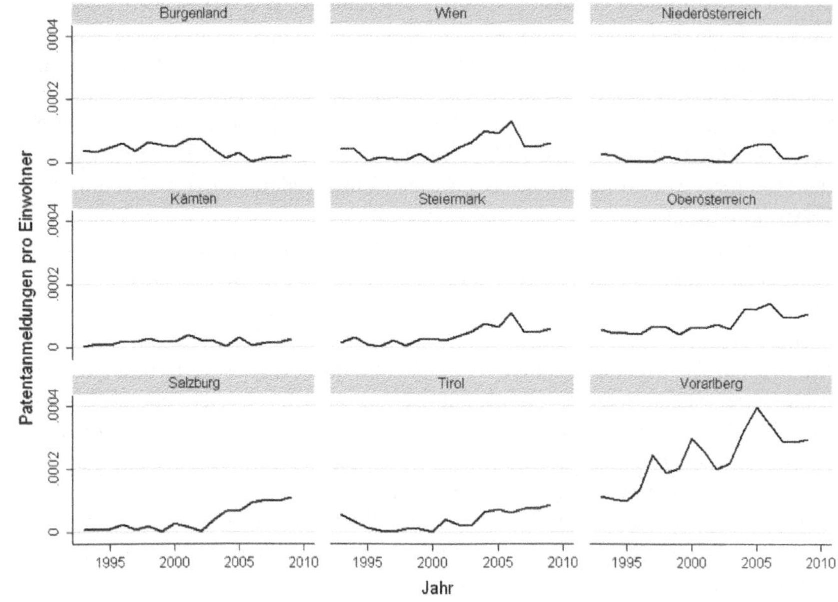

Anmerkungen: Die Grafik zeigt die Entwicklung der Interessendivergenz der österreichischen Länder in Bezug auf den Indikator der „Patentanmeldungen pro Einwohner".

Der theoretische Erklärungsansatz argumentiert in Bezug auf den nationalen Nutzen, dass innerstaatliche Partizipationsmöglichkeiten effektiver genutzt werden können, wenn Regionen frühzeitig und umfassend über europäische Politikentwicklungen informiert sind.[124] In diesem Zusammenhang sind die einheitli-

---

[123] Vergleiche hierzu die Abbildung im Appendix 7.6.

[124] In Vorbereitung des EU-Beitritts Österreichs wurden im Nationalstaat Mitwirkungsmöglichkeiten der Regionen und der Regionalparlamente beraten. Insbesondere das deutsche System wurde zur Orientierung herangezogen (Schreiner 1998), weshalb Parallelitäten in den Mitwirkungsmöglichkeiten der deutschen und österreichischen Regionen am EU-Willensbildungsprozesses erkennbar sind. Die Wege der Interessenvertretung über den AdR, direkte Kontakte zur Kommission oder auch durch

chen Stellungnahmen der österreichischen Länder hervorzuheben, die mit ihrer bindenden Wirkung die Nationalregierung dazu verpflichten können, die gemeinsame Position der Länder in den Verhandlungen auf europäischer Ebene zu vertreten. Die Regierung ist an die einheitliche Stellungnahme gebunden und darf nur davon abweichen, wenn dies zwingende außen- und integrationspolitische Gründe erfordern. Die einheitlichen Stellungnahmen werden in der Regel über die Verbindungsstelle der Länder beim Bund koordiniert. Die Verbindungsstelle ist als zentrale Verwaltungseinheit der Länder zu betrachten. Sie wird gemeinsam finanziert und erfüllt alle Informations- und Koordinationsaufgaben zwischen den Ländern und dem Bund. Da Vorarlberg über die gleichen innerstaatlichen Zugangsmöglichkeiten zur Bestimmung der nationalen Position in EU-Fragen und bei der nationalen Politikgestaltung verfügt wie die anderen österreichischen Länder, bieten die Indikatoren der nationalen Beteiligungsmöglichkeiten kein Erklärungspotential für die Nicht-Existenz einer Vertretung Vorarlbergs in Brüssel.

Auch das zweite Element der nationalen Nutzenkomponente, die politisch-kulturelle Divergenz einer Region zum Nationalstaat, kann den Fall Vorarlberg nicht erklären. Sowohl auf dem Geschichts- als auch dem Sprachindex hat Vorarlberg den Wert 0. Zwar besteht deshalb kein erhöhter Anreiz zur Mobilisierung, was unter Umständen den Verzicht auf die Präsenz in Brüssel erklären könnte, aber sechs weitere Bundesländer Österreichs weisen ebenfalls keine kulturelle Divergenz zum Nationalstaat auf.[125] Hingegen besteht ein starker Unterschied zwischen den Regionen Österreichs und Vorarlberg bezüglich der Variable „Elektorale Divergenz". Mit Werten von 11,6 Prozent bis 17,9 Prozent weist Vorarlberg nach Kärnten die zweithöchsten Werte der Ungleichheit des regionalen und nationalen Parteiensystems auf. Der Argumentation des theoretischen Rahmens folgend müssten dadurch der Nutzen Vorarlbergs aus einer Regionalvertretung und die Wahrscheinlichkeit der Existenz eines Büros steigen. Dass Vorarlberg jedoch keine Vertretung in Brüssel unterhält, widerspricht der theoretischen Erwartung. Allerdings zeigt die quantitative Analyse, dass die „Elektorale Divergenz" keinen Einfluss auf die Wahrscheinlichkeit der Eröffnung einer Repräsentanz hat.

In Bezug auf den Kostenaspekt des Erklärungsansatzes kann wiederum eine Variable ausgeschlossen werden, die für alle Regionen Österreichs gleich ist.

---

die Entsendung eines Vertreters der Regionen zu Ministerratssitzungen (vgl. Abschnitt 2.1) stehen den Ländern beider Staaten offen. Unterschiede für die Regionen der beiden Staaten bestehen hingegen in Bezug auf die jeweilige Ausgestaltung des innerstaatlichen Partizipationsmöglichkeiten und Koordinationsmechanismen zwischen den Regionen und der Nationalregierung (vgl. Hübner 2007).

[125] In Österreich sind nur Kärnten und Burgenland mit jeweils dem Wert 1 auf dem Sprachindex kodiert. Auf dem Geschichtsindex weisen alle Länder Österreichs den Wert 0 auf.

Dabei handelt es sich um die Legitimationskosten der verfassungsrechtlichen Erlaubnis für österreichische Länder, im Ausland Vertretungen zu unterhalten. Im Gegensatz dazu unterscheiden sich die Regionen in den Werten der zweiten Variablen der Legitimationskosten: Die „Identitätsdifferenz" dient als Indikator dafür, wie hoch die Kosten sind, die zusätzlichen Ausgaben für den Unterhalt einer Regionalvertretung gegenüber der Bevölkerung zu legitimieren. Im theoretischen Erklärungsansatz wird argumentiert, dass die Legitimationskosten gegenüber der Bevölkerung geringer ausfallen, wenn sich die Bevölkerung stärker mit der Region als dem Nationalstaat verbunden fühlt (vgl. Abschnitt 3.3.3). In Vorarlberg fühlt sich die regionale Bevölkerung etwas stärker mit dem Nationalstaat als mit der Region verbunden. Dies stellt eine potentielle Erklärung dar, weil in diesem Fall die bestehende Loyalität mit dem Nationalstaat ein Argument wäre, auf die Etablierung einer eigenen Repräsentanz zu verzichten. Allerdings deuten die Ergebnisse der quantitativen Datenanalyse darauf hin, dass die entsprechende Variable („Identitätsdifferenz") keinen Einfluss auf die Wahrscheinlichkeit der Eröffnung einer Vertretung in Brüssel hat. Folglich ist auch diese mögliche Begründung hinfällig.

Insgesamt betrachtet finden sich somit keine konkreten Anhaltspunkte, warum Vorarlberg als einziges österreichisches Bundesland keine Vertretung in Brüssel unterhält. Die einzigen Variablen, in denen sich die Länder voneinander unterscheiden und in denen Erklärungspotential liegen könnte, konnten als entscheidende Faktoren weitestgehend ausgeschlossen werden. Doch was erklärt nun die Abstinenz Vorarlbergs in Brüssel? Der einzige bisher nicht diskutierte Aspekt des Erklärungsmodells, der auch keinen Eingang in die Datenanalyse fand, sind die Investitionskosten einer Repräsentanz.

Vorarlberg traf die politische Entscheidung, keine Vertretung in Brüssel einzurichten, und sieht bis heute keine Gründe, diese Auffassung zu ändern.[126] Zwar wurde bereits vor dem EU-Beitritt Österreichs darüber diskutiert, ob das Land eine Vertretung errichten soll, doch fiel die Entscheidung negativ aus und blieb bis heute unverändert. Für diesen Entschluss ist die Sparsamkeit von großer Bedeutung, für die Vorarlberg bekannt ist.[127] Ein weiteres Indiz, dass die Kosten eines Verbindungsbüros für die Vorarlberger Entscheidungsträger tatsächlich ausschlaggebend sind, ist der Umstand, dass auch die Vertretung Vorarlbergs zum Bund in Wien aus Sparsamkeitsgründen aufgelöst wurde.

---

[126] Gespräch mit dem Vorstand der Abteilung Europaangelegenheiten des Landes Vorarlberg am 11. August 2011.
[127] Auf dem Internetauftritt wird auch die Sparsamkeit der Landesverwaltung hervorgehoben (http://www.vorarlberg.at/vorarlberg/land_politik/land/landesverwaltung/neuigkeiten_mitbild_/einlei tung.htm; aufgerufen am 20. September 2011).

Ein mögliches Gegenargument zu dieser Schlussfolgerung könnte lauten, dass nicht die eigentlichen Kosten entscheidend sind, sondern Vorarlberg den Politikentscheidungen auf EU-Ebene keine große Bedeutung beimisst und deshalb in einer Regionalvertretung keinen Nutzen erkennt. Diese Alternativhypothese kann jedoch widerlegt und im gleichen Zug das Kostenargument weiter untermauert werden. Vorarlberg misst der europäischen Ebene eine wichtige Rolle bei. Dies wird aus der Personalstruktur der Landesverwaltung ersichtlich. Mit vier Mitarbeitern in den EU-Koordinationsstellen der Landesverwaltung liegt Vorarlberg mit Niederösterreich (4,7 Stellen) an der Spitze der österreichischen Länder (vgl. Der Rechnungshof 2010).[128] Die übrigen Länder sind mit drei und zwei oder weniger EU-Koordinationsstellen in Vollzeit hinter Vorarlberg zu finden. Bei den Ausgaben für diese Stellen schlägt hingegen die vorarlbergische Sparsamkeit durch. Mit rund 100.000 bis 130.000 Euro an Personalausgaben für die vier EU-Koordinationsstellen liegt das Land Vorarlberg im Vergleich ähnlich wie Tirol und Wien, die jedoch nur halb so viele EU-Koordinationsstellen ausgewiesen haben (vgl. Der Rechnungshof 2010). Insgesamt betrachtet zeigt die Fallstudie zu Vorarlberg, dass die Investitionskosten einer Vertretung in der Kosten-Nutzen-Kalkulation von Bedeutung sind und somit dieser Kostenfaktor seine Berechtigung im Modell zur Erklärung der Entwicklung regionaler Interessenvertretung in Brüssel hat.

5.5 Zusammenfassung der Analyse

Dieses Kapitel widmet sich der eingehenden Analyse der Entwicklung regionaler Interessenvertretungen in Brüssel. Im ersten Teil der Datenanalyse wird der für diese Arbeit zusammengestellte Datensatz deskriptiv aufgearbeitet. Dabei wird ersichtlich, dass die Entwicklung der Regionalvertretungen keine typische Form einer Diffusion aufzeigt. Dieses Zwischenergebnis stützt die Grundannahme des spezifizierten Erklärungsmodells, dass subnationale Entitäten die Entscheidung über eine etwaige Mobilisierungsaktivität eigenständig auf Basis einer Abwägung von Kosten und Nutzen treffen und nicht vom Handeln anderer Regionen abhängig machen.

Die Ergebnisse der im zweiten Teil vorgestellten quantitativen Datenanalyse stützen ebenfalls die Kernargumente des theoretischen Erklärungsansatzes. Aus allen drei Komponenten des Modells sind Faktoren signifikant. In Bezug auf den europäischen Nutzen, der sich aus dem Konfliktpotential und der Interessendivergenz zusammensetzt, beeinflussen verschiedene Indikatoren die Wahr-

---

[128] Die Angaben beziehen sich auf die Jahre 2005 bis 2008.

scheinlichkeit der Eröffnung einer Regionalvertretung. Des Weiteren finden sich klare Anzeichen für den zusätzlichen innerstaatlichen Nutzen aus einer Repräsentanz in Brüssel. Sowohl die kulturelle Divergenz als auch die Mitentscheidungskompetenzen einer Region in der nationalen Gesetzgebung wirken positiv auf die Wahrscheinlichkeit der Eröffnung eines Büros.

Schließlich liefert die Fallstudie zum österreichischen Bundesland Vorarlberg einen „crucial case" (Gerring 2007). Da es sich dabei um die einzige österreichische Region ohne Repräsentanz in Brüssel handelt und sie auf den meisten unabhängigen Variablen der Modelle der quantitativen Analyse den übrigen österreichischen Ländern sehr ähnlich ist, liefert Vorarlberg einen Testfall für die Bedeutung von Investitionskosten für subnationale Mobilisierung. In der Tat lässt die Fallstudie den Rückschluss zu, dass die entscheidende Besonderheit dieser Region deren Sparsamkeit ist, die der Mobilisierung in Form der Eröffnung eines Büros in Brüssel im Wege steht.

6 Zusammenfassung

Regionalvertretungen sind bereits seit vielen Jahren prominente Untersuchungsgegenstände innerhalb des Forschungsbereiches zur subnationalen Mobilisierung, der sich mit der Rolle und dem Einfluss subnationaler Gebietskörperschaften in europäischer Politik beschäftigt (z.b. Badiello 1998; Bauer 1996; Huysseune/Jans 2005; Moore 2007; Neunreither 2001). Die ersten und einzigen quantitativen Analysen zur Entstehung von Vertretungen subnationaler Entitäten liegen rund 15 Jahre zurück (Marks et al. 1996; Nielsen/Salk 1998). Seitdem haben sich zahlreiche Rahmenbedingungen auf europäischer wie nationaler und regionaler Ebene verändert. Zudem ist für die vergangenen 15 Jahre ein rasanter Anstieg in der Zahl der regionalen Repräsentanzen in Brüssel zu verzeichnen. Aktuellere Studien, welche Regionalbüros zum Gegenstand haben, fokussieren stärker auf deren Funktionen und behandeln die eigentlichen Beweggründe einer Region für die Eröffnung eines Büros in Brüssel lediglich als Seitenaspekt. Damit bleibt unklar, welche Faktoren den Ausschlag für Regionen geben, ein eigenes Büro in Brüssel zu eröffnen.

Da gegenwärtig die meisten europäischen Regionen in Brüssel vertreten sind, wäre eine Untersuchung dieses Status quo, eine Erklärung der Präsenz und Nicht-Präsenz subnationaler Gebietskörperschaften in Brüssel aufgrund der geringen Varianz wenig aufschlussreich. Vielversprechender ist hingegen die Entwicklung dieser Mobilisierungsform im Zeitverlauf. Substantielle Varianz zwischen den verschiedenen subnationalen Gebietskörperschaften liegt in der zeitlichen Abfolge der Eröffnung derer Brüsseler Büros. Um die skizzierte Forschungslücke zu schließen, widmet sich die Arbeit der Frage, welche Faktoren dazu führen, dass manche Regionen früher als andere eine Vertretung eröffnen und dritte (noch) keine eröffnet haben.

Ein Defizit ist jedoch nicht nur in Bezug auf die Empirie zu verzeichnen. Insbesondere hinsichtlich der Entwicklung eines allgemeinen Erklärungsansatzes konnte die Mobilisierungsforschung keine bedeutenden Fortschritte erzielen (vgl. Kapitel 2.1). Zwar wurden in einzelnen Studien Hinweise auf potentielle Erklärungsfaktoren erarbeitet, doch waren diese meist spezifisch auf unterschiedliche Mobilisierungskanäle ausgerichtet. Das systematische Vergleichen und Zusammenführen der Erkenntnisse, was erforderlich wäre, um einen allgemeinen Erklärungsansatz zu bilden, blieb bisher aus. Deshalb ist ein Ziel der vorliegenden Arbeit, einen kohärenten theoretischen Rahmen zu entwickeln, der auf bereits gewonnene Erkenntnissen der Mobilisierungsforschung aufbaut. Darüber hinaus macht sich die Arbeit Ergebnisse aus benachbarten Bereichen zu Nutze. Einschlägig sind insbesondere die Ergebnisse von Studien zu (privaten) Interessengruppen (z.B. Coen 1997; Dür 2008b; Poloni-Staudinger 2008) herangezogen (vgl. Kapitel 2.2).

In Bezug auf die eigentliche Entwicklung eines kohärenten Erklärungsansatzes für den Forschungsbereich der subnationalen Mobilisierung wird eine formale Modellierung vorgenommen. Der Vorteil dieser Modellierungsstrategie liegt in der Präzision der Formulierung der Annahmen und Erwartungen über die Zusammenhänge zwischen der abhängigen und den unabhängigen Variablen des Modells (Fiona 1975; Morton 2005; Powell 1999). Da die einem formalen Modell zugrundeliegenden Mechanismen in der Regel allgemein gehalten sind, kann dieses auf eine Vielzahl von Fragestellungen angewandt werden. Insbesondere der Forschungsbereich subnationale Mobilisierung kann hiervon profitieren, weil bisher kein einheitlicher Erklärungsansatz zur Verfügung steht, auf dessen Grundlage die verschiedenen Aspekte und Mobilisierungskanäle (Hooghe/Marks 1996) hätten untersucht werden können. Ein solch allgemeines Modell bietet die Möglichkeit des Zusammenführens und des Vergleiches von Ergebnissen zu unterschiedlichen Aspekten des Forschungsbereiches.

Die vorliegende Arbeit entwickelt in einem ersten Schritt ein allgemeines Modell (vgl. Kapitel 3.2). Es basiert auf dem zentralen Argument, dass subnationale Gebietskörperschaften dann in Mobilisierungsaktivität investieren, wenn der Nutzen größer ist als die mit ihr verbundenen Kosten. Maßgebliche Einflussgrößen sind die spezifische Interessenlage einer Region und die perzipierte Effektivität der Interessenvertretung sowie die Kosten des europapolitischen Engagements. Die EU wird hierbei als einheitlichen Akteur angenommen; die detaillierten Abstimmungsprozesse auf europäischer Ebene zwischen Europäischem Parlament, der Europäischen Kommission, Ministerrat und weiteren Institutionen werden ausgeklammert. Gleichzeitig wird angenommen, dass Entscheidungen über Regulierung von Politiken und Umverteilung von Finanzmitteln die Kosten- und Nutzenverteilung für die subnationalen Gebietskörperschaften bestimmen. Regionen mobilisieren demnach dann, wenn sie befürchten, von EU-Politikentscheidungen negativ betroffen zu sein bzw. wenn sie größeren Nutzen daraus ziehen wollen.

In einem zweiten Schritt, wird das allgemeine Modell auf die Beantwortung der dieser Arbeit zugrundeliegenden Forschungsfrage, warum manche Regionen früher als andere eine Vertretung in Brüssel eröffnen, hin spezifiziert (vgl. Kapitel 3.3). Die Vielfältigkeit der Funktionen von Regionalvertretungen findet hierbei besondere Berücksichtigung. Zum einen können subnationale Entitäten durch den Kanal der Vertretungen ihre Interessen besser gegenüber der EU repräsentieren und ziehen daher einen Nutzen aus der Eröffnung eines Verbindungsbüros. Dieser europäische Nutzen wird als Funktion der regionalen Interessenspezifität, welche durch die Interessenlage und das Konfliktpotential (mit EU-Politikentscheidungen) einer Region bestimmt wird, beschrieben. Zum anderen haben Studien gezeigt, dass subnationale Mobilisierung auch innerhalb der Nationalstaaten stattfindet und sich im Zuge der europäischen Integration auch die innerstaatlichen Beziehungen zwischen den subnationalen Gebietskörperschaften und der nationalen Ebene verändert haben (z.b. Jeffery 2000). Um dieser Tatsache gerecht zu werden, wird die Nutzenkomponente des Modells um einen nationalen Nutzenaspekt ergänzt. Der nationale Nutzen wird als Funktion der Emanzipation einer Region vom Nationalstaat konzipiert. Die Eigenständigkeit in der Informationsbeschaffung und –verarbeitung versetzt Regionen in die Lage, bestehende innerstaatliche Beteiligungsmöglichkeiten effektiv zu nutzen, um ihre Interessen in die nationale Position zu europapolitischen Fragen einfließen zu lassen. Daneben beeinflusst der Grad der politisch-kulturellen Divergenz zwischen Nationalstaat und Region ebenfalls den Nutzen aus der Emanzipationsbestrebung der subnationalen Gebietskörperschaften vom Zentralstaat.

Zusätzlich zur Innovation hinsichtlich der Entwicklung des theoretischen Erklärungsrahmens leistet die Arbeit einen empirischen Mehrwert für die Regionalforschung im Allgemeinen. Der zusammengetragene Datensatz zeichnet die Entwicklung der Regionalvertretungen in Brüssel im Beobachtungszeitraum von 1986 bis 2009 nach und enthält zudem Zeitreihendaten zu sozioökonomischen, kulturellen, parteipolitischen und institutionellen Variablen (vgl. Kapitel 4). Diese Zeitreihendaten können auch für Studien mit anderen Forschungsfragen und Regionen als Untersuchungseinheiten genutzt werden. Insgesamt umfasst der zusammengetragene Datensatz 225 Regionen aus 17 Nationalstaaten und enthält Informationen darüber, ob eine Region eine Vertretung in Brüssel unterhält und wann diese eröffnet wurde. Die deskriptive Analyse der Entwicklung der Regionalvertretungen verdeutlicht, dass dieser kein reiner Diffusionsprozess zugrunde liegt (vgl. Kapitel 5.1).[129] Das europapolitische Engagement einer Region ist somit nicht reine Symbolik oder vollständig vom Handeln anderer Regionen abhängig, sondern die Entscheidung zur subnationalen Mobilisierung wird von Regionen bewusst getroffen basierend auf der Abwägung von Kosten und Nutzen des Mobilisierungskanals.

---

[129] Wäre die Entscheidung einer Region, in Brüssel eine Vertretung zu eröffnen, Teil eines reinen Diffusionsprozesses, wären nur Faktoren einflussreich, welche das Handeln der übrigen Regionen aufgreifen. Bei einem klassischen Diffusionsprozess folgt die Adaptionsrate einer Politik (hier: Eröffnung einer Regionalvertretung) einer S-Kurve. Die Ergebnisse der deskriptiven Datenanalyse hingegen deuten nicht auf dieses typische Ausbreitungsmuster hin.

In der Tat sprechen die Ergebnisse der Datenanalyse für den entwickelten theoretischen Erklärungsansatz (vgl. Kapitel 5.2). Sowohl Faktoren, welche den Nutzen aus einer Regionalvertretung beeinflussen, als auch jene, die Teil der Kostenkomponente sind, haben einen Effekt auf die Wahrscheinlichkeit, dass eine Region eine Vertretung in Brüssel eröffnet. Der auf die europäische Ebene bezogene Nutzen aus einer Regionalvertretung wird beeinflusst durch den Grad fiskalischer Autonomie subnationaler Gebietskörperschaften und weniger durch den Umfang der regionalen Kompetenzen in Politikbereichen. Auch die Interessendivergenz zwischen regionaler und europäischer Interessenlage als Merkmal der subnationalen Interessenspezifität hat einen positiven Einfluss auf die Wahrscheinlichkeit der Eröffnung eines Regionalbüros in Brüssel. Die Datenanalyse gibt klare Evidenz für die Berechtigung der expliziten Integration einer nationalen Nutzenkomponente, die auf Aspekte einer potentiellen Stärkung einer Region in der nationalen Politikarena abzielt. Konkret zeigen die Ergebnisse, dass die Wahrscheinlichkeit der Eröffnung einer Vertretung für Regionen höher ist, die sich sprachlich und geschichtlich vom Nationalstaat unterscheiden. Die Beteiligung an der nationalen Politikgestaltung, d.h. auch an der Umsetzung von EU-Recht innerhalb des Nationalstaates, hat ebenfalls einen positiven Effekt auf die Entscheidung von Regionen, nach Brüssel zu gehen. Das Ausmaß der Möglichkeiten von Regionen, die Position des Nationalstaates für intergouvernementale Verhandlungen mitzubestimmen steht jedoch nicht in dem theoretisch erwarteten positiven Zusammenhang. Vielmehr bestehen sogar Anzeichen einer negativen Beziehung. Dies könnte damit erklärt werden, dass ausschließlich formale Mitbestimmungsmöglichkeiten untersucht wurden. Zukünftige Studien sollten deshalb auch verstärkt informelle Beteiligungsoptionen berücksichtigen und hierzu Daten erheben.

Dass bei der Entscheidung einer Region für oder gegen die Eröffnung einer Repräsentanz in Brüssel auch der Kostenaspekt eine maßgebliche Rolle spielt, wird anhand der signifikanten Ergebnisse der Indikatoren der Legitimationskosten deutlich. Dieser Befund wird darüber hinaus von den Ergebnissen der Fallstudie zu Vorarlberg, dem einzigen österreichischen Bundeslandes, das keine Vertretung in Brüssel unterhält, bestätigt (vgl. Kapitel 5.4). Die Fallanalyse dieses „crucial case" (Gerring 2007) zeigt, dass für Vorarlberg die für die Etablierung eines Regionalbüros notwendigen Investitionskosten ausschlaggebend sind, nicht nach Brüssel zu gehen. Dies deutet darauf hin, dass subnationale Gebietskörperschaften den Kostenaspekt subnationaler Mobilisierung in ihren Entscheidungen berücksichtigen.

Insgesamt unterstützen die Befunde das Kernargument, dass Entscheidungen für oder gegen subnationale Mobilisierungsaktivität auf Basis der Abwägung von Kosten und Nutzen getroffen werden. Die Ergebnisse der vorliegenden empirischen Analyse beziehen sich auf die Entscheidungen regionaler Gebietskörperschaften, früher oder später im Zeitverlauf ein Büro zu eröffnen und basieren auf dem Modell, das zur Untersuchung des Mobilisierungskanals der Regionalvertretungen spezifiziert worden ist. Deren Verallgemeinerung wird jedoch ermöglicht durch die deduktive Herangehensweise bei der Entwicklung des angewandten Erklärungsmodells. Die Ergebnisse können als robuste Basis für weitere Untersuchungen anderer Aspekte des Phänomens subnationale Mobilisierung angenommen werden.

Das allgemeine Erklärungsmodell, das in einem ersten Schritt entwickelt wurde, bietet den adäquaten Rahmen, die interessierenden Aspekte subnationaler Mobilisierung zu untersuchen. Das Modell kann angewandt werden auf Fragen nach Aktivität subnationaler Gebietskörperschaften in einzelnen Mobilisierungskanälen oder aber in Politikfeldern. Beispielsweise könnte untersucht werden, welche Gebietskörperschaften in welchen konkreten Politikfragen aktiv Lobbying betreiben. Hierzu müssten die Interessenlagen der subnationalen Entitäten und die zur Diskussion stehende EU-Politik miteinander verglichen werden. Für jene Gebietskörperschaften, für die eine große Differenz zwischen EU-Politik und eigener Präferenz festzustellen ist, sind dem theoretischen Erklärungsmodell zufolge intensive Lobbyingbemühungen zu erwarten.

Für solche und ähnliche Fragestellungen dient das allgemeine Erklärungsmodell als geeigneter Ausgangspunkt. Es ist offen gehalten, um auf die unterschiedlichen Formen und Aspekte der Mobilisierung Anwendung zu finden. Gleichzeitig können Ergebnisse aus Studien, die unterschiedliche Aspekte des Phänomens zum Gegenstand haben, besser miteinander in Beziehung gesetzt werden, da sie auf einen gemeinsamen Erklärungsrahmen zurückzuführen sind. Die formale Modellierung stellt dabei das ideale Verfahren zur Spezifizierung des Erklärungsmodells auf die zu untersuchenden Aspekte der Mobilisierung dar. Diese Herangehensweise ist insofern von Vorteil, als dass sie für Eindeutigkeit in der Formulierung der Annahmen und postulierten Zusammenhänge zwischen den Erklärungsfaktoren und der abhängigen Variablen sorgt. Damit wird die Voraussetzung geschaffen, um ein übergreifendes Verständnis für das vielschichtige Phänomen der subnationalen Mobilisierung zu erlangen. Diese Strategie sollte weiter verfolgt werden, um auf diesem Wege durch weitere Studien ein noch besseres Verständnis für die beschriebenen Mechanismen zu erlangen und die Entwicklung eines theoretischen Erklärungsmodells subnationaler Mobilisierung zu forcieren.

Nicht nur die Forschung zur subnationalen Mobilsierung selbst profitiert von den in der vorliegenden Arbeit erzielten Ergebnissen und dem vorgeschlagenen theoretischen Ansatz. Auch die Diskussion um den Multilevel Governance Ansatz wird durch die erarbeiteten Ergebnisse bereichert. Die Unterscheidung und explizite Modellierung einer europäischen Nutzenkomponente von Regionalvertretungen in Brüssel auf der einen und einer nationalen Komponente auf der anderen Seite hat verdeutlicht, dass sich das europapolitische Engagement subnationaler Akteure nicht nur auf der EU-Ebene manifestiert, sondern eng mit den Eigenschaften und Strukturen der jeweiligen nationalen Politikarena verbunden ist. Zwischen den Akteuren der europäischen, nationalen und subnationalen Ebene, deren Interessenlagen und den institutionellen Strukturen besteht eine Vielschichtigkeit von Interdependenzen, die von zukünftigen Forschungsbeiträgen stärker in den Fokus genommen werden sollte. In der systematischen Analyse der Komplexität des Zusammenspiels dieser Faktoren liegt der Schlüssel zu einem besseren Verständnis des europäischen Mehrebenensystems und der theoretischen Fortentwicklung des Multilevel Governance Ansatzes. Dabei kommt der „bottom-up"-Perspektive – der Sichtweise und Motivation subnationaler Akteure auf das europäische Politikgeschehen – eine bedeutsame Rolle zu, denn diese wurde in der bisherigen Debatte vernachlässigt.

7 Appendix

7.1 Fragebogen

Name der Vertretung:

Adresse:

1. In welchem Jahr eröffnete Ihr Land die Vertretung in Brüssel?
   (Jahr)

2. Was ist die Hauptaufgabe der Vertretung?
   (Zutreffendes bitte ankreuzen. Mehrfachnennungen sind möglich.)

   ☐ Informationsbeschaffung und Informationsweitergabe ins Bundesland.
   ☐ „politische Vertretung".
   ☐ Wirtschaftsförderung.

3. Die Vertretung ist
   (Zutreffendes bitte ankreuzen.)

   ☐ an eine Verwaltungseinheit oder eine Volksversammlung Ihres Landes
     angeschlossen.
   ☐ eine öffentliche Agentur.
   ☐ eine private Organisation.

4. Die Vertretung bezieht ein Gebäude
   (Zutreffendes bitte ankreuzen.)

   ☐ alleine.
   ☐ zusammen mit anderen *nationalen* Regionen.
   ☐ zusammen mit anderen *ausländischen* Regionen.
   ☐ zusammen mit einer privaten Organisation.
   ☐ andere Antwort

5. Das Land unterhält die Vertretung
   (Zutreffendes bitte ankreuzen.)

☐ alleine.
☐ gemeinsam mit anderen *nationalen* Regionen.
☐ gemeinsam mit anderen *ausländischen* Regionen.
☐ gemeinsam mit einer privaten Organisation.
☐ andere Antwort

6. War Ihr Land davor schon einmal in Brüssel mit einem Büro vertreten?
   (Zutreffendes bitte ankreuzen.)

☐ Ja, in einer *eigenen* Vertretung von   (Jahr) bis   (Jahr).
☐ Ja, *gemeinsam mit anderen nationalen* Regionen von   (Jahr) bis
   (Jahr).
☐ Ja, *gemeinsam mit anderen ausländischen* Regionen von   (Jahr) bis
   (Jahr).
☐ Nein, davor existierte kein Büro des Landes in Brüssel.

7. Anmerkungen

7.2 Übersicht zu Regionen der vorliegenden Studie

	Nuts1	Nuts2	Nuts3	Anzahl
BELGIEN	Bruxelles-Capitale Flandern Wallonie			*3 von 3*
DEUTSCHLAND	Baden-Württemberg Bayern Berlin Brandenburg Bremen Hamburg Hessen Mecklenburg-Vorpommern Niedersachsen Nordrhein-Westfalen Rheinland-Pfalz Saarland Sachsen Sachsen-Anhalt Schleswig-Holstein Thüringen			*16 von 16*
FRANKREICH		Alsace Aquitaine Auvergne Basse-Normandie Bourgogne		*22 von 22*

Bretagne
Centre
Champagne-Ardenne
Corse
Franche-Comté
Haute-Normandie
Île-de-France
Languedoc-Roussillon
Limousin
Lorraine
Midi-Pyrénées
Nord-Pas-de-Calais
Pays de la Loire
Picardie
Poitou-Charentes
Provence-Alpes-Côte d'Azur
Rhône-Alpes

GROSSBRITANNIEN
Northern Ireland
Scotland
Wales

3 von 3

ITALIEN
Basilicata
Bozen
Calabria
Campania
Emilia-Romagna
Friuli-Venezia-Giulia
Liguria

18 von 21

	Lombardia	
	Molise	
	Piemonte	
	Puglia	
	Sardegna	
	Sicilia	
	Toscana	
	Trento	
	Umbria	
	Valle d'Aosta	
	Veneto	10 von 12
NIEDERLANDE	Drenthe	
	Flevoland	
	Friesland	
	Gelderland	
	Groningen	
	Nordholland	
	Overijssel	
	Südholland	
	Utrech	
	Zeeland	
PORTUGAL	Azoren	
	Madeira	2 von 2
SPANIEN	Andalucía	19 von 19
	Aragón	
	Asturias	

Baleares
Canarias
Cantabria
Castilla y Léon
Castilla-La Mancha
Catalunia
Ciudad Autónoma de Ceuta
Ciudad Autónoma de Melilla
Comunidad Floral de Navarra
Comunidad Valenciana
Extremadura
Galicia
La Rioja
Madrid
Pais Vasco
Región de Murcia

FINNLAND

Etelä-Pohjanmaa
Etelä-Savo
Helsinki-Uusima
Itä-Uusimaa
Kainuu
Kanta-Häme
Keski-Pohjanmaa
Keski-Suomi
Lappi
Päijät-Häme
Pirkanmaa
Pohjanmaa

		Pohjois-Karjala Pohjois-Pohjanmaa Pohjois-Savo Satakunta Varsinais-Suomi	*9 von 9*
ÖSTERREICH	Burgenland Kärnten Niederösterreich Oberösterreich Salzburg Steiermark Tirol Vorarlberg Wien		
SCHWEDEN		Blekinge län Dalarnas län Gävleborgs län Gotlands län Hallands län Jämtlands län Jönköpings län Kalmar län Kronobergs län Norrbottens län Örebro län Östergötlands län Skåne län	*21 von 21*

	Södermanlands län Stockholms län Uppsala län Värmlands län Västerbottens län Västernorrlands län Västmanlands län Västra Götalands län	*14 von 16*
POLEN	Dolnośląskie Kujawsko-Pomorskie Łódzkie Lubelskie Lubuskie Malopolskie Mazowieckie Opolskie Pomorskie Śląskie Podlaskie Warmińsko-Mazurskie Wielkopolskie Zachodniopomorskie	
SLOWAKEI	Banskobystrický Bratislavský Nitrianský Prešovský	*6 von 8*

Trenčiansky
Žilinský

TSCHECHIEN

Hlavní město Praha
Jihočeský kraj
Jihomoravský kraj
Karlovarský kraj
Kraj Vysočina
Královéhradecký kraj
Liberecký kraj
Moravskoslezský kraj
Olomoucký kraj
Pardubický kraj
Plzeňský kraj
Středočeský kraj
Ústecký kraj
Zlínský kraj

UNGARN

Bács-Kiskun
Baranya
Békés
Budapest
Csongrád
Fejér
Győr-Moson-Sopron
Hajdú-Bihar
Jász-Nagykun-Szolnok
Komárom-Esztergom
Pest

	Somogy
	Szabolcs-Szatmár-Bereg
	Tolna
	Vas
	Veszprém
	Zala
KROATIEN	Bjelovarsko-bilogorska
	Brodsko-posavska
	Dubrovacko-neretvanska
	Grad Zagreb
	Istarska
	Karlovacka
	Koprivnicko-krizevacka
	Krapinsko-zagorska
	Licko-senjska
	Medimurska
	Osjecko-baranjska
	Pozesko-slavonska
	Primorsko-goranska
	Sibensko-kninska
	Sisacko-moslavacka
	Splitsko-dalmatinska
	Varazdinska
	Virovriticko-podravska
	Vukovarsko-srijemska
	Zadarska
	Zagrebacka

NORWEGEN

- Akershus
- Buskerud
- Hedmark
- Nord-Trøndelag
- Nordland
- Oppland
- Oslo
- Østfold
- Rogaland
- Sør-Trøndelag
- Telemark
- Troms
- Vestfold

| gesamt | *225 von 245* |

7.3 Variablen-Übersicht

	Indikator	Kodierung	Datenquelle
Europäischer Nutzen	Bruttoregionalprodukt pro Kopf		Eurostat und ergänzende Datenquellen (vgl. Tabelle im online-Appendix, s. Appendix, 7.8); eigene Berechnungen
	Bevölkerungsdichte		
	Anteil landwirtschaftlich genutzter Fläche an Gesamtfläche	Absolute Abweichung vom Mittelwert aller Regionen der Grundgesamtheit, deren Nationalstaaten im jeweiligen beobachteten Jahr Mitglieder der EU sind.	
	Anzahl Milchkühe pro Einwohner		
	Anzahl Patentanmeldungen pro Einwohner		
	Arbeitslosenquote		
	Kompetenzrahmen Policy	Breite der Politikfelder, in denen eine Regionalregierung Kompetenzen ausübt; Wertebereich 0 bis 4.	Hooghe et al. (2010)
	Fiskale Autonomie	Ausmaß, in dem eine Regionalregierung ihre Bevölkerung besteuern kann; Wertebereich 0 bis 4.	
	Self rule	Autorität einer Regionalregierung über die Einwohner, die in der Region leben; Wertebereich 1 bis 15.	
	RAI	Regional Authority Index, Summe von „Self rule" und „Shared rule"; Wertebereich 1 bis 24.	
Nationaler Nutzen	Nationale Mitwirkung	Ausmaß, in dem eine Regionalregierung nationale Gesetzgebung mitbestimmt; Wertebereich 0 bis 2	Hooghe et al. (2010)
	Kontrolle der Exekutiven	Ausmaß, in dem eine Regionalregierung die Position des Nationalstaats in intergouvernementalen Verhandlungen mitbestimmt; Wertebereich 0 bis 2	
	Shared rule	Autorität, die von einer Regionalregierung im Nationalstaat als Ganzes ausgeübt wird; Wertebereich 0 bis 9	

	Variable	Beschreibung	Quelle
Nationaler Nutzen	Elektorale Differenz	Ungleichheit zwischen dem nationalen und regionalen Parteiensystem basierend auf den Ergebnissen von Nationalwahlen; Berechnung: Summe der absoluten Differenzen der Stimmenanteile der Parteien, dividiert durch 2.	Schakel (2013) und eigene Berechnungen; Quellen vgl. Länderberichte (online-Appendix, s. Appendix 7.8)
	Sprachindex	Eine einheimische regionale Sprache, die sich von der im Nationalstaat dominanten Sprache unterscheidet; Regionalsprache wird mindestens von der Hälfte der Regionalbevölkerung gesprochen; Die Sprache ist nicht die dominante Sprache eines anderen Staates; Wertebereich 0 bis 3.	Fitjar (2010); ergänzt durch eigene Berechnungen auf Basis von Mackenzie (1994), Minahan (2000, 2002)[*1]
	Geschichtsindex	Die Region war nicht Teil des derzeitigen Staates seit seiner Gründung; Die Region war nicht Teil des derzeitigen Staates während des kompletten 20. Jahrhunderts ; Die Region war ein unabhängiger Staat; Wertebereich 0 bis 3.	
	Kulturelle Divergenz (Index)	Additiver Index aus Sprachindex und Geschichtsindex.	
Kosten	Kooperation[*2]	1 = Die Eröffnung der Regionalvertretung findet in Kooperation mit mindestens einem Partner statt. 0 = keine Eröffnung oder Eröffnung ohne Kooperationspartner.	Eigener Survey
	Identitätsdifferenz	Differenz des Anteils der Personen einer Region, die sich ihrer Region verbunden fühlen und derer, die sich mit ihrem Nationalstaat verbunden fühlen (Mittelwerte verschiedener Eurobarometer).	Eurobarometer und eigene Berechnungen
	Erlaubnis	Besteht die gesetzliche Erlaubnis für eine Vertretung, ist die Wahrscheinlichkeit der Eröffnung einer Regionalvertretung größer.	Hübner (2007) und eigene Recherchen

Kontrollfaktoren	Post-Maastricht	1 = Phase nach Unterzeichnung des Vertrags von Maastricht bis Amsterdam (1992 bis 1996) 0 = Zeit vor der Unterzeichnung des Vertrags von Maastricht und nach der von Amsterdam
	Post-Amsterdam	1 = Phase nach Unterzeichnung des Vertrags von Amsterdam (1997 bis 2000) 0 = Zeit vor der Unterzeichnung des Vertrags von Amsterdam und nach der von Nizza
	Post-Nizza	1 = Phase nach Unterzeichnung des Vertrags von Nizza (2001 bis 2006) 0 = Zeit vor der Unterzeichnung des Vertrags von Nizza
	Post-Lissabon	1 = Phase nach Unterzeichnung des Vertrags von Lissabon (ab 2007) 0 = Zeit vor der Unterzeichnung des Vertrags von Lissabon
	Erweiterung1995	1 = Jahre 1995 bis 2003 0 = 1986 bis 1994 und 2004 bis …
	Erweiterung2004	1 = Jahre 2004 bis 2006 0 = 1986 bis 2003 und 2007 bis …
	Erweiterung2007	1 = Jahre 2007 bis … 0 = Jahre 1986 bis 2006
	Diffusion	Anteil der Regionen, die in Brüssel ein Büro unterhalten, an der Gesamtzahl der Regionen, die im Risikoset enthalten sind und zu denen Information über (Nicht-)Existenz einer Vertretung vorliegt; Variable um ein Jahr verzögert.
	EU-Erfahrung	Anzahl der Jahre, die ein Staat Mitglied in der EU ist. Kandidatenländer erhalten den Wert 0.

	Lowesst-Funktion	Lowess-Funktion der Dauer und der abhängigen Variablen
Kontrollfaktoren	Dauer	Verweildauer im Risikoset bis zur Eröffnung in Jahren
	Dauer^2	Quadrat der Variable „Dauer"
	Dauer^3	Dritte Potenz der Variable „Dauer"
	Phase1	1 = 1994 bis 1995 0 = 1986 bis 1993
	Phase2	1 = 1997 bis 1999 0 = 1986 bis 1996 und 2000 bis …
	Phase3	1 = 2002 0 = 1986 bis 2001 und 2003 bis …
	Phase4	1 = 2004 bis 2007 0 = 1986 bis 2003

Anmerkungen: [*1] Zusätzlich Datenquellen sind die Internetseiten http://www.ethnologue.com/country_index.asp?place=Europe (zuletzt aufgerufen am 10. November 2010) und http://ec.europa.eu/education/languages/archive/languages/langmin/euromosaic/slok2_de.html (zuletzt aufgerufen 10. November 2010); [*2] Diese Variable dient ausschließlich der Generierung der abhängigen Variablen für die „ordered logit Mehrebenenmodelle", bei welchen berücksichtigt wird, ob eine Region die Vertretung in Kooperation eröffnet hat (vgl. Abschnitt 5.2.5).

7.4 Tabelle kumulierter Anteil der Regionalvertretungen

Dauer	EU-15 Staaten	neue Mitgliedsstaaten	Kroatien/Norwegen
		kumulierte Prozent	
0	8,5	4,7	10,0
1	20,8	9,3	20,0
2	32,3	16,3	60,0
3	40,8	23,7	80,0
4	45,4	44,2	100,0
5	55,4	60,5	
6	60,8	67,4	
7	63,9	86,1	
8	71,5	100,0	
9	78,5		
10	81,5		
11	86,2		
12	87,7		
13	91,5		
14	94,6		
15	96,9		
16	98,5		
17	98,5		
18	98,5		
19	99,2		
20	100,0		

Anmerkungen: Die Tabelle zeigt den kumulierten Anteil der Eröffnung von Regionalvertretungen in Brüssel (in Prozent) nach der Verweildauer von Regionen im Risikoset.

7.5 Cook's D

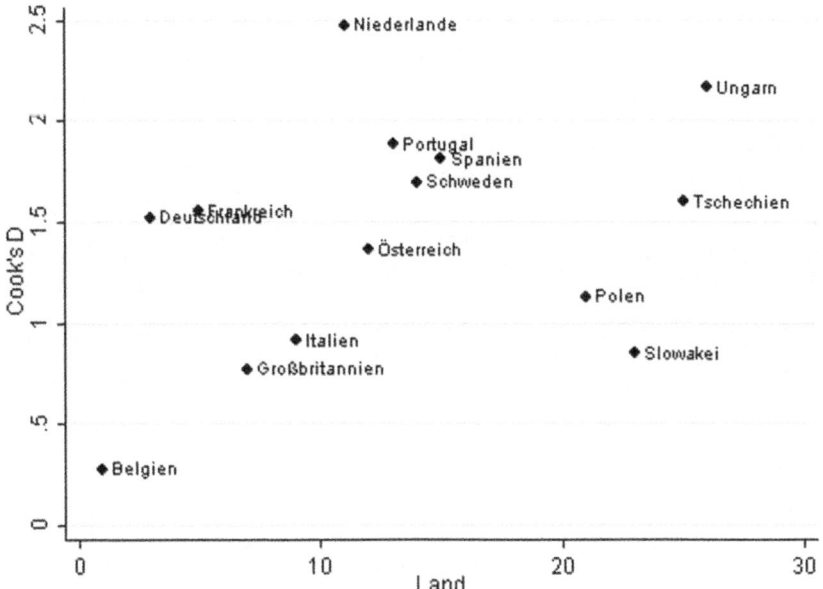

Anmerkungen: Die Grafik zeigt den Einfluss der Staaten auf die Modellergebnisse des Gesamtmodells 4 (vgl. Tabelle 10).

7.6 Arbeitslosigkeit Österreich

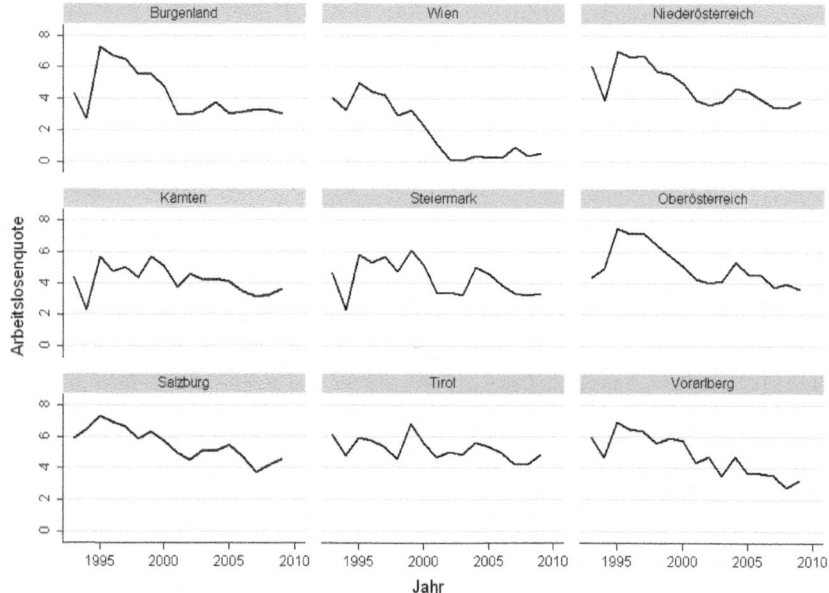

Anmerkungen: Die Grafik zeigt die Entwicklung der Interessendivergenz der österreichischen Länder in Bezug auf den Indikator der „Arbeitslosenquote".

7.7 „Crossed Random Effects"-Modell

	Modell 1	Modell 2
BIP pro Kopf	-0.000	
Bevölkerungsdichte	0.001	
Landwirtschaft	0.015	
Milchkühe pro Einwohner	-5.851*	-3.244
Patentanmeldungen pro Einwohner	-4709.480	
Arbeitslosenquote	0.119**	0.084*
Kompetenzrahmen Policy	0.183	
Fiskale Autonomie	1.020**	0.786***
Nationale Mitwirkung	2.464*	1.215
Kontrolle der Exekutiven	-1.740	
Sprachindex	0.383	
Geschichtsindex	0.675*	0.744**
Elektorale Differenz	-0.027	
Identitätsdifferenz	7.820	
Erlaubnis	1.003*	1.009*
Post-Maastricht	0.713	
Post-Amsterdam	1.012	
Post-Nizza	1.353	
Post-Lissabon	2.567	

Erweiterung 1995	0.276	
Erweiterung 2004	1.530*	1.002***
Diffusion	-4.206**	-3.073*
EU-Erfahrung	-0.016	
Dauer	0.891**	0.663***
Dauer²	-0.052*	-0.025***
Dauer³	0.001	
Konstante	-6.026***	-5.591***
Konstante lns1_1_1	0.000	0.000
Konstante lns2_1_1	5.123*	3.731*
Konstante lns3_1_1	1.710	1.272
AIC	849.665	841.911
BIC	1005.812	914.780
P	0.041	0.000
N	1346	1346

Anmerkungen: Die Tabelle zeigt Ergebnisse eines „crossed random effects Modell", das im Vergleich zu den anderen Modellen der Mehrebenenanalyse die nicht strikt-hierarchische Struktur des Datensatzes aufgreift. Es beinhaltet alle Variablen des Gesamtmodells 2. Die Variable „Erweiterung 2007" ist aufgrund von Kollinearität aus der Analyse herausgefallen. * p<0.10, ** p<0.05, *** p<0.01.

7.8 Länderberichte/ online-Appendix www.springer-vs.de/Buch/978-3-658-00420-0/Wettrennen-der-Regionen-nach-Brüssel.html

Im online-Appendix sind weitere Angaben zu den genutzten Datenquellen zu finden. Auch die genauen Verfahrensweisen, wie mit fehlenden Werten in den Zeitreihen umgegangen wurde, sind in den Länderberichten im online-Appendix festgehalten. Der online-Appendix kann unter dem nachstehenden Link abgerufen oder auf beim Autor dieses Buches angefragt werden.

www.springer-vs.de/Buch/978-3-658-00420-0/Wettrennen-der-Regionen-nach-Brüssel.html

8 Literatur

Ackrill, Robert W. (2000): *The Common Agricultural Policy*, Sheffield: Sheffield Academic Press.

Adam, Christian, Bauer, Michael, Knill, Christoph (2008): Ausmaß und Ursachen von Organisationsabbau in der deutschen Verwaltung: Eine empirische Analyse der unmittelbaren Bundesverwaltung, *Verwaltungs-Archiv: Zeitschrift für Verwaltungslehre, Verwaltungsrecht und Verwaltungspolitik*, 99(1), 154-172.

Adam, Christian, Bauer, Michael, Knill, Christoph und Philipp Studinger (2007): The Termination of Public Organizations: Theoretical Perspectives to Revitalize a Promising Research Area, *Public Organization Review*, 7(3), 221-236.

Allen, David (2000): *Cohesion and the structural funds: transfer and trade-offs*, 4. Auflage, Oxford: Oxford University Press.

Ausschuss der Regionen (2009): *Initiativstellungnahme des Ausschusses der Regionen: 'Weißbuch des Ausschusses der Regionen zur MULTI-LEVEL-GOVERNANCE'*, Luxemburg: Amt für amtliche Veröffentlichungen der Europäischen Gemeinschaften.

Bache, Ian (1998): *Politics of European Union Regional Policy: Multi-level Governance or Flexible Gatekeeping?*, Sheffield: Sheffield University Press.

Badiello, Lorenza (1998): Regional Offices in Brussels: Lobbying from the Inside, in Paul-H. Clayes, Corinne Gobin, Isabelle Smets und Winand, Pascaline (Hrsg.), *Lobbyisme, Pluralisme et Intégration Européenne*, Brüssel: European Interuniversitary Press, 328-344.

Banks, Jeffrey und D. Roderick Kiewiet (1989): Explaining Patterns of Candidate Competition in Congressional Elections, *American Journal of Political Science*, 33(4), 997-1015.

Bauer, Michael W. (1996): Die Verbindungsbüros der deutschen Länder bei der Europäischen Union in Brüssel, *Verwaltungsrundschau*, 12/96, 417-420.

Beck, Nathaniel (2010): Time is Not A Theoretical Variable, *Political Analysis*, 18(3), 293-294.

Beck, Nathaniel, Katz, Jonathan N. und Richard Tucker (1998): Taking Time Seriously: Time-Series-Cross-Section Analysis with a Binary Dependent Variable, *American Journal of Political Science*, 42(4), 1260-1288.

Bennett, D. Scott (1999): Parametric Models, Duration Dependence, and Time-Varying Data Revisited, *American Journal of Political Science*, 43(1), 256-270.

Benz, Arthur (2007): Multilevel Governance, in Arthur Benz, Susanne Lütz, Uwe Schimank und Simonis, Georg (Hrsg.), *Handbuch Governance - Theoretische Grundlagen und empirische Anwendungsfelder*, Wiesbaden: Verlag für Sozialwissenschaften, 297-310.

Bernhagen, Patrick und Neil J. Mitchell (2009): The Determinants of Direct Corporate Lobbying in the European Union, *European Union Politics*, 10(2), 155-176.

Beyers, Jan (2002): Gaining and seeking access: The European adaptation of domestic interest associations, *European Journal of Political Research*, 41(5), 585-612.

Beyers, Jan, Eising, Rainer und William Maloney (2008a): Researching Interest Group Politics in Europe and Elsewhere: Much We Study, Little We Know? *West European Politics*, 31(6), 1103-1128.

Beyers, Jan, Eising, Rainer und William Maloney (2008b): Conclusion: Embedding Interest Group Research, *West European Politics*, 31(6), 1292-1302.

Blatter, Joachim, Kreutzer, Matthias, Rentl, Michaela und Jan Thiele (2008): The Foreign Relations of European Regions: Competences and Strategies, *West European Politics*, 31(3), 464-490.

Blossfeld, Hans-Peter, Golsch, Katrin und Rohwer Götz (2007): *Event History Analysis With Stata*, Mahwah: Erlbaum.

Boehmke, Frederick J., Morey, Daniel S. und Megan Shannon (2006): Selection Bias and Continuous-Time Duration Models: Consequences and a Proposed Solution, *American Journal of Political Science*, 50(1), 192-207.

Bomberg, Elizabeth und John Peterson (1998): European Union Decision Making: the Role of Sub-national Authorities, *Political Studies*, 46(2), 219-235.

Borchmann, Michael (1994): Die Aktivitäten der deutschen Länder: Das Beispiel Hessen, in Udo Bullmann (Hrsg.), *Die Politik der dritten Ebene. Regionen im Europa der Union*, Baden-Baden: Nomos Verlags-Gesellschaft, 110-119.

Bourne, Angela K. (2003): The Impact of European Integration on Regional Power, *Journal of Common Market Studies*, 41(4), 597-620.

Bouwen, Pieter (2002): A comparative study of business lobbying in the European Parliament, the European Commission and the Council of Ministers, *Diskussionspapier 02/7 Max-Planck-Institut für Gesellschaftsforschung*.

Bouwen, Pieter (2004a): Exchanging access goods for access: A comparative study of business lobbying in the European Union institutions, *European Journal of Political Research*, 43(3), 337-369.

Bouwen, Pieter (2004b): The Logic of Access to the European Parliament: Business Lobbying in the Committee on Economic and Monetary Affairs, *Journal of Common Market Studies*, 42(3), 473-495.

Bouwen, Pieter und Margaret McCown (2007): Lobbying versus litigation: political and legal strategies of interest representation in the European Union, *Journal of European Public Policy*, 14(3), 422-443.

Box-Steffensmeier, Janet und Bradford Jones (2004): *Event History Modeling. A Guide for Social Scientists*, Cambridge: Cambridge University Press.

Braun, Dietmar und Fabrizio Gilardi (2006): Taking `Galton's Problem' Seriously: Towards a Theory of Policy Diffusion, *Journal of Theoretical Politics*, 18(3), 298-322.

Braun, Dietmar, Gilardi, Fabrizio, Füglister, Katharina und Stéphane Luyet (2007): 'Ex Pluribus Unum: Integrating the Different Strands of Policy Diffusion Theory', in Katharina Holzinger, Helge Jörgens und Knill, Christoph (Hrsg.), *Transfer, Diffusion und Konvergenz von Politiken*, Wiesbaden: Verlag für Sozialwissenschaften, 39-55.

Broscheid, Andreas und David Coen (2007): Lobbying activity and fora creation in the EU: empirically exploring the nature of the policy good, *Journal of European Public Policy*, 14(3), 346-365.

Bullmann, Udo (1996): The Politics of the Third Level, *Regional and Federal Studies*, 6(2), 3-19.

Bursens, Peter (2002): How Multi-level are IGCs? The Belgian Federation and the 2000 Conference, *Regional and Federal Studies*, 12(3), 181-204.

Carter, David B. und Curtis S. Signorino (2010a): Reply to "Time is Not A Theoretical Variable", *Political Analysis*, 18(3), 295-296.

Carter, David B. und Curtis S. Signorino (2010b): Back to the Future: Modeling Time Dependence in Binary Data, *Political Analysis*, 18(3), 271-292.

Christiansen, Thomas und Pamela Lintner (2005): The Committee of the Regions after 10 Years: Lessons from Past and Challenges of the Future, *Eipascope*, 2005(1), 7-13.

Clement, Wolfgang und Friedrich Merz (2010): *Was jetzt zu tun ist. Deutschland 2.0*, Freiburg: Herder.

Coen, David (1997): The evolution of the large firm as a political actor in the European Union, *Journal of European Public Policy*, 4(1), 91-108.

Coen, David (1998): The European Business Interest and the Nation State: Large-firm Lobbying in the European Union and Member States, *Journal of Public Policy*, 18(1), 75-100.

Coen, David (2007): Empirical and theoretical studies in EU lobbying, *Journal of European Public Policy*, 14(3), 333-345.

Crombez, Christophe (2002): Information, Lobbying and the Legislative Process in the European Union, *European Union Politics*, 3(1), 7-32.

Della Porta, Donatella und Hanspeter Kriesi (1999): Social Movements in a Globalizing World: An Introduction, in Donatella Della Porta, Hanspeter Kriesi und Rucht, Dieter (Hrsg.), *Social Movements in a Globalizing World*, Basingstoke: Macmillan, 3-22.

Der Rechnungshof (2010): Ständige Vertretung Österreichs bei der EU in Brüssel, *Bund 2010/ 9*.

Desideri, Carlo und Vincenzo Santantonio (1996): Building an Third Level in Europe: Prospects and Difficulties in Italy, *Regional and Federal Studies*, 6(2), 96-116.

Downs, Anthony (1975): *An Economic Theory of Democracy*, New York: Harper und Row.

Dür, Andreas (2008a): Measuring Interest Group Influence in the EU, *European Union Politics*, 9(4), 559-576.

Dür, Andreas (2008b): Interest Groups in the European Union: How Powerful Are They? *West European Politics*, 31(6), 1212-1230.

Dür, Andreas und Dirk de Bièvre (2007): Inclusion without Influence? NGOs in European Trade Policy, *Journal of Public Policy*, 27(1), 79-101.

Egdell, Janet und Kenneth Thomson (1999): The Influence of UK NGOs on the Common Agricultural Policy, *JCMS: Journal of Common Market Studies*, 37(1), 121-131.

Eising, Rainer (2004): Multilevel Governance and Business Interests in the European Union, *Governance*, 17(2), 211-245.

Eising, Rainer (2007): The access of business interests to EU institutions: towards élite pluralism? *Journal of European Public Policy*, 14(3), 384-403.

Elias, Anwen (2008): Introduction: Whatever Happened to the Europe of the Regions? Revisiting the Regional Dimension of European Politics, *Regional and Federal Studies*, 18(5), 483-492.

Elkins, Zachary und Beth Simmons (2005): On Waves, Clusters, and Diffusion: A Conceptual Framework, *The ANNALS of the American Academy of Political and Social Science*, 598, 33-51.

Esman, M.J. (1979): Perspectives on Ethnic Conflict in Industrialized Societies, in M.J. Esman (Hrsg.), *Ethnic conflict in the western world*, Ithaca: Cornell University Press, 371-390.

Fastenrath, Ulrich (1990): Länderbüros in Brüssel, *Die Öffentliche Verwaltung*, 43, 125-136.

Fearon, James D. (1994): Signaling Versus the Balance of Power and Interests : An Empirical Test of a Crisis Bargaining Model, *Journal of Conflict Resolution*, 38(2), 236-269.

Fiorina, Morris P. (1975): Formal Models in Political Science, *American Journal of Political Science*, 19(1), 133-159.

Fitjar, Rune Dahl (2010): *The Rise of Regionalism. Causes of Regional Mobilisation in Western Europe*, New York: Routledge.

Geddes, Andrew (2000): Lobbying for migrant inclusion in the European Union: new opportunities for transnational advocacy? *Journal of European Public Policy*, 7(4), 632-649.

Gelman, Andrew (2006): Multilevel (Hierarchical) Modeling: What It Can and Cannot Do, *Technometrics*, 48(3), 432-435.

George, Stephen (2004): Multi-level Governance and the European Union, in Ian Bache und Flinders, Matthew (Hrsg.), *Multi-level Governance*, Oxford: Oxford University Press, 107-126.

Gerring, John (2007): Is There a (Viable) Crucial-Case Method? *Comparative Political Studies*, 40(3), 231-253.

Gerstenlauer, Hans-Georg (1995): German Länder and the European Community, in James Barry Jones und Keating, Michael J. (Hrsg.), *The European Union and the Regions*, Oxford: Clarendon Press, 191-213.

Goldstein, Harvey (2003): *Multilevel statistical models*, 3. ed Auflage, London: Arnold.

Golub, Jonathan (2008): Survival Analysis, in Janet Box-Steffensmeier, Henry Brady und Collier, David (Hrsg.), *The Oxford handbook of political methodology*, Oxford: Oxford University Press, 530-544.

Grande, Edgar (1996): The state and interest groups in a framework of multi-level decision-making: The case of the European Union, *Journal of European Public Policy*, 3(3), 318-338.

Grant, Wyn (1997): *The Common Agricultural Policy*, Basingstoke: Palgrave Macmillan.

Greenwood, Justin (2007): *Interest representation in the European Union*, 2. Auflage, Basingstoke: Palgrave Macmillan.

Greenwood, Justin und Mark Aspinwall (1998): *Collective action in the European Union. Interests and the new politics of associability*, London: Routlege.

Greenwood, Justin, Grote, Jürgen und Karsten Ronit (1992): *Organized Interests and the European Community*, London: Sage Publications.

Greer, Scott L., da Fonseca, Elize Massard und Christopher Adolph (2008): Mobilizing Bias in Europe, *European Union Politics*, 9(3), 403-433.

Guo, Guang und Hongxin Zhao (2000): Multilevel Modeling for Binary Data, *Annual Review of Sociology*, 26(1), 441-462.

Hepburn, Eve (2008): The Rise and Fall of a 'Europe of the Regions', *Regional and Federal Studies*, 18(5), 537-555.

Hix, Simon (2005): *The political system of the European Union*, 2. Auflage, Basingstoke: Palgrave Macmillan.

Holzinger, Katharina, Jörgens, Helge und Christoph Knill (2007): Transfer, Diffusion, Konvergenz: Konzepte und Kausalmechanismen, in Katharina Holzinger, Helge Jörgens und Knill, Christoph (Hrsg.), *Transfer, Diffusion und Konvergenz von Politiken*, Wiesbaden: VS-Verlag für Sozialwissenschaften, 11-35.

Hooghe, Liesbet (1995): Subnational Mobilisation in the European Union, *West European Politics*, 18(3), 175-198.

Hooghe, Liesbet und Gary Marks (1996): 'Europe with the Regions': Channels of Regional Represenation in the European Union, *Publius: The Journal of Federalism*, 26(1), 73-91.

Hooghe, Liesbet und Gary Marks (2001): *Multi-level governance and European integration*, Lanham: Rowman & Littlefield.

Hooghe, Liesbet, Marks, Gary und Arjan H. Schakel (2010): *The Rise of Regional Authority: A Comparative Study of 42 Countries*, London: Routledge.

Hox, Joop (2002): *Multilevel analysis*, Mahwah, NJ: Erlbaum.

Hübner, Oliver Michael (2007): *Die Rolle der regionalen und lokalen Gebietskörperschaften im Entscheidungsprozess der Europäischen Union. Eine Analyse vor der Erweiterung der Europäischen Union am 1. Mai 2004*, Frankfurt am Main: Lang.

Hughes, James, Sasse, Gwendolyn und Claire Gordon (2004): Conditionality and Compliance in the EU's Eastward Enlargement: Regional Policy and the Reform of Subnational Government, *Journal of Common Market Studies*, 42(3), 523-551.

Huysseune, Michel und Theo Jans (2005): *Representations of local and regional authorities at the European Union, Final Report*, Brussels: UB (IES/POLI) & Brussels-Europe Liaison Office.

Huysseune, Michel und Theo Jans (2007): The Third Level in Brussels? Regional Information Offices and the European Community, in Kris Deschouwer und Jans, Theo (Hrsg.), *Politics Beyond the State. Actors and Politicies in Complex Institutional Settings*, Brussels: VUB Press, 139-156.

Huysseune, Michel und Theo Jans (2008): Brussels as the capital of a Europe of the regions? Regional offices as European policy actors, *Brussel Studies*, 16.

Jeffery, Charlie (1996a): Farewell the Third Level? The German Lander and the European Policy Process, *Regional and Federal Studies*, 6(2), 56-75.

Jeffery, Charlie (1996b): Conclusions: Sub-national authorities and 'European domestic policy', *Regional and Federal Studies*, 6(2), 204-219.

Jeffery, Charlie (1996c): Regional Information Offices in Brussels and Multi-Level Governance in the EU: A UK-German Comparison, *Regional and Federal Studies*, 6(2), 183-203.

Jeffery, Charlie (2000): Sub-National Mobilization and European Integration: Does it Make Any Difference? *Journal of Common Market Studies*, 38(1), 1-23.

John, Peter (1996): Europeanization in a Centralizing State: Multi-level Governance in the UK, *Regional and Federal Studies*, 6(2), 131-144.

John, Peter (2000): The Europeanisation of Sub-National Governance, *Urban Studies*, 37(5-6), 877-894.

John, Peter und Mark McAteer (1998): Sub-national institutions and the new European governance: UK local authority lobbying strategies for the IGC, *Regional and Federal Studies*, 8(3), 104-124.

Jones, Bradford S. (2008): Multilevel Models, in Janet Box-Steffensmeier, Henry Brady und Collier, David (Hrsg.), *The Oxford handbook of political methodology*, Oxford: Oxford University Press, 605-623.

Jordan, Andrew (2001): The European Union: an evolving system of multi-level governance. or government? *Policy and Politics*, 29(2), 193-208.

Keating, Michael (1998): *The New Regionalism in Western Europe*, Cheltenham: Elgar.

Keating, Michael (1999a): Regions in the European Union, *Journal of International Relations and Development*, 2(1), 67-77.

Keating, Michael (1999b): Regions and International Affairs: Motives, Opportunities and Strategies, in Francisco Aldecoa und Keating, Michael (Hrsg.), *Paradiplomacy in Action - The Foreign Relations of Subnational Governments*, London: Cass, 1-39.

Keating, Michael (2008): A Quarter Century of the Europe of the Regions, *Regional and Federal Studies*, 18(5), 629-635.

Keating, Michael J. (1995): Europeanism and Regionalism, in James Barry Jones und Keating, Michael J. (Hrsg.), *The European Union and the Regions*, Oxford: Clarendon Press, 1-22.

Keating, Michael und Liesbet Hooghe (2001): Bypassing the nation-state? Regions and the EU policy process, in Jeremy J. Richardson (Hrsg.), *European Union - power and policy-making*, London: Routledge, 239-252.

Keating, Michael, Loughlin, John und Kris Deschouwer (2003): *Culture, institutions and economic development*, Cheltenham: Edward Elgar.

Kerremans, Bart (2000): Determining a European policy in a multi-level setting: The case of specialized co-ordination in Belgium, *Regional and Federal Studies*, 10(1), 36-61.

Kerremans, Bart und Jan Beyers (1996): The Belgian Sub-National Entities in the European Union: Second or Third Level Players? *Regional and Federal Studies*, 6(2), 41-55.

King, Gary (1991): On Political Methodology, *Political Analysis*, 2(1), 1-30.

Knodt, Michèle (2002): Europäisierung regionalen Regierens: Mit Sinatra zum „autonomieorientierten Systemwechsel" im deutschen Bundesstaat? *Politische Vierteljahresschrift*, 43(2), 211-234.

Korhecz, Tamas (2002): Democratic Legitimacy and Election Rules of National Ethnic Minority Bodies and Representatives - Reflections on Legal Solutions in Hungary and Slovenia, *International Journal on Minority and Group Rights*, 9, 161-181.

Kreft, Ita und Jan de Leeuw (1998): *Introducing multilevel modeling*, Reprinted Auflage, London: Sage.

Kreps, David M. (1990): *Game theory and economic modelling*, Oxford: Clarendon.

Loughlin, John (1996): "Europe of the Regions" and the Federalization of Europe, *Publius: The Journal of Federalism*, 26(4), 141-162.

Loughlin, John (2001): Introduction, in John Loughlin (Hrsg.), *Subnational democracy in the European Union. Challenges and Opportunities*, Oxford: Oxford University Press, 1-33.

Lynch, Peter (2004): Regions and the Convention on the Future of Europe: A dialogue with the deaf? *European Urban and Regional Studies*, 11(2), 170-177.

Mackenzie, J.L. (1994): Western Europe, in Christopher Moseley, R. E. Asher und Tait, Mary (Hrsg.), *Atlas of the World's Languages*, London: Routledge.

Magone, José (2003): The Third Level of European Integration: New and Old Insights, in José María Magone (Hrsg.), *Regional institutions and governance in the European Union*, Westport: Praeger Publishers, 1-28.

Mahoney, Christine und Frank Baumgartner (2008): Converging Perspectives on Interest Group Research in Europe and America, *West European Politics*, 31(6), 1253-1273.

Mahoney, Christine (2007): Lobbying Success in the United States and the European Union, *Journal of Public Policy*, 27(1), 35-56.

March, James G. (1955): An Introduction to the Theory and Measurement of Influence, *The American Political Science Review*, 49(2), 431-451.

Marks, Gary (1992): Structural policy in the European Community, in Alberta M. Sbragia (Hrsg.), *Euro-politics - institutions and policymaking in the "new" European Community*, Washington, DC: Brookings Institution, 191-224.

Marks, Gary (1993): Structural Policy and Multilevel Governance in the EC, in Alan W. Cafruny und Rosenthal, Glenda G. (Hrsg.), *The State of the European Community*, New York: Lynne Rienner, 391-410.

Marks, Gary (1996a): Exploring and Explaining Variation in Cohesion Policy, in Liesbet Hooghe (Hrsg.), *Cohesion Policy and European Integration - Building Multi-Level Governance*, Oxford: Oxford University Press, 388-422.

Marks, Gary (1996b): Politikmuster und Einflusslogik in der Strukturpolitik, in Markus Jachtenfuchs und Kohler-Koch, Beate (Hrsg.), *Europäische Integration*, Opladen: Leske + Budrich, 313-344.

Marks, Gary und Doug McAdam (1996): Social Movements and the Changing Structure of Political Opportunity in the European Union, in Gary Marks, Fritz W. Scharpf, Philippe C. Schmitter und Streeck, Wolfgang (Hrsg.), *Governance in the European Union*, London: Sage, 95-120.

Marks, Gary, Haesly, Richard und Heather Mbaye (2002): What Do Subnational Offices Think They Are Doing in Brussels? *Regional and Federal Studies*, 12(3), 1-23.

Marks, Gary, Hooghe, Liesbeth und Kermit Blank (1996): European Integration from the 1980s: State-Centric v. Multi-level Governance, *Journal of Common Market Studies*, 34(3), 341-378.

Marks, Gary, Nielsen, Francois, Ray, Leonard und Jane E. Salk (1996): Competencies, Cracks, and Conflicts: Regional Mobilization in the European Union, *Comparative Political Studies*, 29(2), 164-192.

Mazey, Sonia (1994): French Regions and the European Union, *Regional and Federal Studies*, 4(3), 132-157.

Mazey, Sonia und Jeremy John Richardson (1993): Europe of the Regions: Territorial Interests and European Integration: The Scottish Experience, in Sonia Mazey und Richardson, Jeremy John (Hrsg.), *Lobbying in the European Community*, Oxford: Oxford University Press, 95-121.

McAteer, Mark und Duncan Mitchell (1996): Peripheral Lobbying! The Territorial Dimension of Euro Lobbying by Scottish and Welsh Sub-central Government, *Regional and Federal Studies*, 6(3), 1-27.

McCarthy, John D. und Mayer N. Zald (1977): Resource Mobilization and Social Movements: A Partial Theory, *The American Journal of Sociology*, 82(6), 1212-1241.

Michalowitz, Irina (2004): *EU Lobbying - Principals, Agents and Targets.Strategic interest intermediation in EU policy-making*, Münster: Lit Verlag.

Michalowitz, Irina (2007): *Lobbying in der EU*, Wien: facultas.wuv.

Michie, Rona und Rona Fitzgerald (1997): The Evolution of the Structural Funds, in John Bachtler und Turok, Ivan (Hrsg.), *The Coherence of EU Regional Policy. Contrasting Perspectives on the Structural Funds*, London: Jessica Kingsley Publisher and Regional Studies Association.

Millan, Bruce (1997): The Committee of the Regions: In at the Birth, *Regional and Federal Studies*, 7(1), 5-10.

Minahan, James (2002): *Encyclopedia of the stateless nations. Ethnic and national groups around the world*, Westport, Conn.: Greenwood Press.

Minahan, James B. (2000): *One Europe, Many Nations. A Historical Dictionary of European National Groups*, Westport: Greenwood Press.

Moore, Carolyn (2006): 'Schloss Neuwahnstein'? Why the Länder continue to strengthen their representations in Brussels, *German Politics*, 15(2), 192-205.

Moore, Carolyn (2007): The Impact of Devolution on EU-level Representation: British Regional Offices in Brussels, *Regional and Federal Studies*, 17(3), 275-291.

Moore, Carolyn (2008): A Europe of the Regions vs. the Regions in Europe: Reflections on Regional Engagement in Brussels, *Regional and Federal Studies*, 18(5), 517-535.

Morass, Michael (1996): Austria: The Case of a Federal Newcomer in European Union Politics, *Regional and Federal Studies*, 6(2), 76-95.

Moravcsik, Andrew (1998): *The Choice for Europe*, Ithaca: Cornell University Press.

Morton, Rebecca B. (2005): *Methods and Models: A Guide to the Empirical Analysis of Formal Models in Political Science*, Cambridge: Cambridge University Press.

Murphy, Mary C. (2011): Regional Representation in Brussels and Multi-level Governance: Evidence from Northern Ireland, *The British Journal of Politics und International Relations*, 13(4), 551-556.

Neunreither, Esther Bettina (2001): *Die Interessenvertretung der Regionen bei der Europäischen Union. Deutsche Länder, spanische autonome Gemeinschaften und französische Regionen*, Frankfurt am Main: Lang.

Nielsen, François und Jane Salk (1998): The Ecology of Collective Action and Regional Representation in the European Union, *European Sociological Review*, 14(3), 231-254.

Olson, Mancur (2004): *Die Logik des kollektiven Handelns. Kollektivgüter und die Theorie der Gruppen*, Tübingen: Mohr.

Paquin, Stéphane (2003): Paradiplomatie identitaire et diplomatie en Belgique fédérale: le cas de la Flandre, *Canadian Journal of Political Science*, 36(3), 621-642.

Peters, B. Guy und Jon Pierres (2002): Multi-level governance: a view from the garbage can, *Manchester Papers in Politics: EPRU Series no. 1/2002. Manchester European Policy Research Union*.

Peters, Guy B. und Jon Pierre (2001): Developments in intergovernmental relations: towards multi-level governance, *Policy und Politics*, 29(2), 131-135.

Pierson, Paul (2004): *Politics in Time. History, Institutions, and Social Analysis*, Princeton, NJ: Princeton University Press.

Pitschel, Diana und Michael W. Bauer (2009): Subnational Governance Approaches on the Rise—Reviewing a Decade of Eastern European Regionalization Research, *Regional and Federal Studies*, 19(3), 327-347.

Pollack, Mark (1997): Representing diffuse interests in EC policy-making, *Journal of European Public Policy*, 4(4), 572-590.

Poloni-Staudinger, Lori M. (2008): The Domestic Opportunity Structure and Supranational Activity, *European Union Politics*, 9(4), 531-558.

Powell, Robert (1999): *In the Shadow of Power. States and Strategies in International Politics*, Princeton, New Jersey: Princeton University Press.

Princen, Sebastiaan und Bart Kerremans (2008): Opportunity Structures in the EU Multi-Level System, *West European Politics*, 31(6), 1129-1146.

Rabe-Hesketh, Sophia und Anders Skrondal (2008): *Multilevel and Longitudinal Modeling Using Stata*, 2. Auflage, College Station, Tex: Stata Press.

Rogers, Everett M. (2003): *Diffusion of innovations*, 5. Auflage, New York: Free Press.

Saurugger, Sabine (2008): Interest Groups and Democracy in the European Union, *West European Politics*, 31(6), 1274-1291.

Schakel, Arjan H. (2009): Explaining policy allocation over governmental tiers by identity and functionality, *Acta Politica*, 44(4), 385-409.

Schakel, Arjan H. (2013): Congruence between regional and national elections, *Comparative Political Studies*, im Erscheinen.

Scherpereel, John A. (2007): Sub-National Authorities in the EU's Post-Socialist States: Joining the Multi-Level Polity? *Journal of European Integration*, 29(1), 23-46.

Scherpereel, John A. (2010): EU Cohesion Policy and the Europeanization of Central and East European Regions, *Regional and Federal Studies*, 20(1), 45-62.

Schneider, Gerald und Konstantin Baltz (2003): The Power of Specialization: How Interest Groups Influence EU Legislation, *Rivista di Politica Economica*, 93(1), 253-288.

Schreiner, Helmut (1998): Die europapolitische Rolle der Landesparlamente in Österreich, in Peter Straub und Hrbek, Rudolf (Hrsg.), *Die europapolitische Rolle der Landes- und Regionalparlamente in der EU*, Baden-Baden: Nomos Verlagsgesellschaft, 19-30.

Shor, Boris, Bafumi, Joseph, Keele, Luke und David Park (2007): A Bayesian Multilevel Modeling Approach to Time-Series Cross-Sectional Data, *Political Analysis*, 15(2), 165-181.

Simmons, Beth A. und Zachary Elkins (2004): The Globalization of Liberalization: Policy Diffusion in the International Political Economy, *American Political Science Review*, 98(1), 171-189.

Singer, Judith D. und John B. Willett (2003): *Applied Longitudinal Data Analysis. Modeling Change and Event Occurrence*, Oxford: Oxford University Press.

Smeets, Isabelle (1998): Les régions se mobilisent - Quel "lobby régional" à Bruxelles, in Paul-H. Claeys, Paul-H. Claeys, Corinne Gobin, Isabelle Smeets und Winand, Pascaline (Hrsg.), *Lobbyisme, pluralisme et intégration européenne - Lobbying, pluralism and European integration*, Bruxelles: Presses Interuniversitaires Européennes, 303-327.

Smith, Andy (1996): The French Case: The Exception or the Rule? *Regional and Federal Studies*, 6(2), 117-130.

Smyrl, Marc E. (1997): Does European Community Regional Policy Empower the Regions? *Governance*, 10(3), 287–309.

Snijders, Tom A.B. und Roel J. Bosker (1994): Modeled Variance in Two-Level Models, *Sociological Methods und Research*, 22(3), 342-363.

Snijders, Tom A.B. und Roel J. Bosker (1999): *Multilevel Analysis. An introduction to basic and advanced multilevel modeling*, London: Sage.

Stahl, Gerhard (2010): Neues Regieren in Partnerschaft: Das Weißbuch des Ausschusses der Regionen zur Multi-Level-Governance in der EU, in Europäisches Zentrum für Föderalismus-Forschung (Hrsg.), *Jahrbuch des Föderalismus 2010*, Baden-Baden: Nomos Verlagsgesellschaft, 426-434.

Steenbergen, Marco R. und Bradford S. Jones (2002): Modeling Multilevel Data Structures, *American Journal of Political Science*, 46(1), 218-237.

Stein, Hans H. (2007): Vorfeldbeobachtung und Einflussnahme bei der europäischen Rechtsetzung: Politikberatung durch die Vertretung des Landes Nordrhein-Westfalen bei der Europäischen Union, in Steffen Dagger und Kambeck, Michael (Hrsg.), *Politikberatung und Lobbying in Brüssel*, Wiesbaden: Verlag für Sozialwissenschaften, 136-145.

Studinger, Philipp (2006): Analyse Bremen, in Michaela Leis und Studinger, Philipp (Hrsg.), *Internationale Aktivitäten subnationaler Einheiten. Prozessanalyse der deutschen Länder Bayern und Bremen*, unveröffentlichte Seminararbeit im Seminar "Glokalisierung" an der Universität Konstanz, Wintersemester 2005/2006.

Sturm, Roland und Jürgen Dieringer (2005): The Europeanization of regions in Eastern and Western Europe: Theoretical perspectives, *Regional and Federal Studies*, 15(3), 279-294.

Sutcliffe, John B. (2000): The 1999 reform of the structural fund regulations: multi-level governance or renationalization? *Journal of European Public Policy*, 7(2), 290.

Tatham, Michaël (2008): Going Solo: Direct Regional Representation in the European Union, *Regional and Federal Studies*, 18(5), 493-515.

Tatham, Michaël (2010): 'With or without you'? Revisiting territorial state-bypassing in EU interest representation, *Journal of European Public Policy*, 17(1), 76-99.

Tenbücken, Marc (2002): *Corporate lobbying in the European Union. Strategies of Multinational Companies*, Frankfurt am Main: Peter Lang.

Thomson, Robert, Stokman, Frans N., Achen, Christopher H. und Thomas König (2006): The European Union decides,*The European Union Decides*, Cambridge: Cambridge University Press.

Tömmel, Ingeborg (2008): Governance und Policy-Making im Mehrebenensystem der EU, in Ingeborg Tömmel (Hrsg.), *Die Europäische Union - Governance und Policy-Making. PVS- Sonderheft*, Wiesbaden: Verlag für Sozialwissenschaften, 13-35.

Urwin, Derek W. (1982): Conclusion: Perspecitves on Conditions of Regional Protest and Accommodation, in Stein Rokkan und Urwin, Derek W. (Hrsg.), *Economy, territory, identity - politics of West European peripheries*, London: Sage Publications, 425-436.

van den Hoven, Adrian und John B. Sutcliffe (2003): Subnational Lobbying and Structural Funds: A French-Scottish Comparison, *Local Government Studies*, 29(2), 107-135.

van Houten, Pieter (2001): Regional Assertiveness in Western Europe. A Statistical Exploration, *Working Paper, presented at ECPR joint sessions, Grenoble, 6-11 April 2001*.

van Houten, Pieter (2003): Globalization and Demands for Regional Autonomy in Europe, in Miles Kahler und Lake, David (Hrsg.), *Governance in a Global Economy. Political Authority in Transition*, Cambridge: Cambridge University Press, 105-135.

van Houten, Pieter (2007): Regionalist Challenges to European States: A Quantitative Assessment, *Ethnopolitics*, 6(4), 545-568.

Wessels, Wolfgang (1998): Comitology: fusion in action. Politico-administrative trends in the EU system, *Journal of European Public Policy*, 5(2), 209-234.

Westerwelle, Guido (1989): Auswärtiger Dienst der Länder? *Zeitschrift für Rechtspolitik*, 22(4), 121-125.

Zorn, Christopher J. W. (2000): Modeling Duration Dependence, *Political Analysis*, 8(3), 367-380.

Zumschlinge, Konrad (1989): Die Informationsbüros der Bundesländer in Brüssel, *Die Verwaltung*, 2/89, 217-236.

VS Forschung | VS Research
Neu im Programm Politik

The manufacturer's authorised representative in the EU is Springer
Nature Customer Service Centre GmbH, Europaplatz 3, 69115 Heidelberg,
Germany. If you have any concerns regarding our products, please
contact ProductSafety@springernature.com

Printed and bound by CPI Group (UK) Ltd, Croydon, CR0 4YY
28/04/2026
02098468-0002